RECHERCHES

Sur l'Histoire du Langage et des Patois

DE CHAMPAGNE.

Cette édition se tire à 350 exemplaires, dont 16 sur papier de couleur.

Reims. — Imp. de P. REGNIER.

RECHERCHES
SUR
L'HISTOIRE DU LANGAGE ET DES PATOIS
DE CHAMPAGNE.

P. TARBÉ.

TOME SECOND.

J'aimons noute villège,
Là voùs qu'en parle bié,
Où qu'jons noute hirétège,
Que j'n'y manquom' de rié.
J'aimons noute villège,
Et pis nont' vié queuchié,
Là voùs qu'edsous l'herbège
Erpousont lés ancié.
J'aimons nonte villège,
Là voùs qu'é ma boun' mé,
L'anmin de mou june ège,
Et stell' qu'a m'amiquié.

REIMS.

1851.

GLOSSAIRE DE CHAMPAGNE
ANCIEN ET MODERNE.

ABRÉVIATIONS.

A. — Département des Ardennes.
L. — Langres et département de la Haute-Marne.
M. — Reims et département de la Marne.
T. — Troyes et département de l'Aube.
Y. — Département de l'Yonne.

GLOSSAIRE DE CHAMPAGNE
Ancien et Moderne.

A

Aacher. — a : Attirer.
Aachi. — a : Perclus, estropié.
Aagement. — a : Majorité.
Aager. — a : Émanciper.
Aarbrer. — m, a : Dresser, grandir.
Aastir, aatir. — m, a : Brûler, hâter, combattre.
Aatie, aatine, aastie. — m, a : Colère, zèle, hâte, combat, lutte.
Abarupte. — a : A l'improviste.
Abace, abacie, abaco, abaque. — m, a : Buffet, table, damier, calcul, tableau de figures géométriques, chiffre.
Abahier, abaier, abailler. — m, a : Abboyer, désirer, attendre, atteindre, écouter, faire le guet.
Abaiette. — a : Sentinelle, alarme.
Abander, s'. — m, a : Se mettre en bande.
Abastonner, s'. — S'armer, se battre.
Abat. — m : Bête tuée par un boucher.
Abatteur. — m : Vert-galant.
Abaubi. — m : Étonné, ébahi.
Abaxier. — a : Appaiser.
Abec. — a : Amorce.
Abée. — a : Baie, ouverture.
Abenevis. — a : Droit de prendre de l'eau dans un cours d'eau et d'avoir une vanne.
Aberluder. — m : Éblouir, aveugler.
Aberupte. — a : Leste, rapide.
Aberuquer. — a : Bafouer, chasser.
Abeson, abson. — a : Champignon.
Abet. — t : Cri, calomnie, ruse, fraude.
Abetir. — l : Rendre fou, ennuyer.
Abeveter. — a : Abuser, tromper.
Abeyance. — a : Désir, attente.
Ablaier. — a : Semer, cultiver en bled.
Ablais. — a : Bled, moisson.
Ablancer. — l : Balancer.
Ablançoire. — l : Balançoire.

Able. — m : Poisson, ablette.
Ablère. — y : Engin de pêche.
Abominer. — m : Détester.
Abonner. — t : Limiter, fixer, aboutir.
Abotir. — m : Regarder furtivement.
Aboucheton. — t : A terre, sur le ventre.
Abouler. — m, l : Apporter, rouler.
About. — a : Bout, borne, limite.
Abrancer. — l : Balancer.
Abrançoire. — l : Balançoire.
Abre, abreissel. — y, m, a : Arbre, arbrisseau.
Abreu, abrieu — a : Avril.
Abuchier, abuscier. — m : Trébucher, heurter, aboutir.
Abuder, abuitier. — m, a : Aboutir, appuyer, atteindre.
Acagnardir, s'. — l : Devenir poltron, paresseux.
Acanner. — a : Aboyer, injurier.
Acau, à. — a : A l'abri, en cachette.
Accée. — a : Bécasse.
Acciper. — a : Prendre, voler, recevoir.
Accordée. — m : Fiancée.
Accords. — m : Fiançailles.
Accrampir, s'. — m : Avoir des crampes.
Acculer, s'. — m : Se mettre en retard.
Acerin. — t, m : D'acier, aigu.
Acertener. — m : Certifier.
Acesin. — a : Beau, coquet.

Acesmer. — m, a : Parer, décorer.
Acevelle. — a : Ecuelle.
Achapit — a : Bâton, canne.
Ache. — m : Persil.
Achelette. — a : Clochette.
Achelle. — t : Planche posée sur des chevilles.
Achier. — a : Bûcher, remise.
Achiez. — m : Chez.
Acne. — a : Ane, haquenée.
Acoi, à l'. — m : A l'abri.
Açon. — a : Sorte de barque.
Acorer, acourer. — m, a : Arracher le cœur, donner la curée.
Acoter, s'. — m : S'accouder, s'appuyer.
Acouet. — m : Abri, asile.
Acoueter. — Abriter, réparer.
Acourer. — m : Inquiéter.
Acousiner. — m : Traiter en parent.
Acouster. — m, a : Approcher, appuyer.
Acoustrée. — a : Veuvage.
Acouveter. — m : Remplir, couver, coucher.
Acrais, acroit. — m : Accroissement.
Acracher, acrasser. — a : Engraisser.
Acrape. — m : Crochet, agraffe.
Acraper. — m : Saisir.
Acroire. — t, m : Emprunter, prêter, donner ou prendre à crédit.
Acrouptoner, s'. — m : S'accroupir.

Actaber. — a : Tuer.
Acy, assy. — m, a : Ici, si, aussi, autant.
Adarler. — a: Etourdir.
Adart. — a : Appentis.
Adaviner. — m: Deviner.
Adcertes. — m : Certainement.
Adésier. — Approcher, adhérer.
Adestrer. — m : Diriger, accompagner.
Adirer, — m : Détruire, perdre.
Ados. — m : Monticule entre deux fossés.
Adresse, être d'. — m : Être habile, adroit, malin.
Advenas. — a : Paille ou farine d'avoine.
Advertin. — m, a : Vertige, inquiétude, inquiet, attentif.
Advertir. — m : Faire attention.
Advolé. — a : Etranger, vagabond.
Advoultre. — m, t : Adultère, adultérin.
Aé. — t, m : Age, vie.
Ael. — a : Ayeul.
Aengier. — m : Souffrir, tourmenter.
Aerdre. — m : Attacher, lier.
Aernovel. — a : Août.
Aerole. — a : Cruche.
Aers. — t : Adhérent, uni.
Aeschier. — t : Amorcer.
Aestraite. — a : Aile.
Aestre. — a : Taon, mouche.
Afaineur, afanour. — a: Ouvrier.
Afaiteure. — m : Achèvement, perfection.
Afebloier. — m: Affaiblir, ruiner.

Afferon. — m : Bout d'un lacet garni de métal.
Afferré. — m : Garni de fer, fait de fer.
Affichet, afficquot, affiquet. — m, a, t : Epingle, agrafe, bijoux, parure.
Affiement. — t, m : Parole, foi.
Affier. — t, m : Affirmer.
Affiquet. — l : Petit bâton, qui sert aux tricoteuses.
Affistoler. — m : Tromper, déguiser. — Affistoleur: oiseleur, trompeur.
Afflatir. — t : Verser de l'eau, lancer dans l'eau.
Afflis. — m : Affligé, abattu.
Afflux. — m : Abondance, foule.
Affoler, affouler. — m, i : Tuer, blesser, écraser, rendre fol.
Affrioler. — y, m : Séduire, attirer.
Affuler. — m : Vêtir, couvrir.
Affulure. — m : Coiffure, vêtement.
Affutiaus. — l, m : Petits outils, petits objets, choses inutiles.
Aforer. — m : Mettre un prix, acheter.
Aga. — a : Exclamation : voyez !
Agache, agasse. — m : Pie.
Agacher. — m, t : Crier comme une pie.
Agait apensé. — m : Guet-à-pens.
Ageloingnier, s'. — m : S'agenouiller
Agesir. — m : Coucher, accoucher. — Il ajut : il se coucha.
Aggregi. — a : Aigri, vert, acide.
Agiaux. — a : Joyaux.

Agies d'une maison, les. — m : Ses détails intérieurs.
Agland. — a : Glandée.
Agobilles. — m : Vêtements, hardes.
Agonir, agoniser de sottises. — l, m : Accabler d'injures.
Agourdinement. — m : Garniture.
Agout. — m : Egout, gouttière.
Agrapin, agrappe. — m : Agrafe, poignée, anse, mordant d'une boucle.
Agrenet, agrun. — a : Fruit vert.
Aguerocher. — a. Guerroyer, expulser.
Aguillier. — t : Etui.
Aguillier. — m : Coudre, cheviller.
Aguincher. — m : Parer, habiller.
Ahan. — t, m : Peine, fatigue, labour, soupir.
Ahanner. — m, a : Herser, labourer, travailler, se donner du mal.
Ahannier. — m : Laboureur.
Ahans-terres. — a : Terres préparées pour les semailles.
Ahaux. — a : Immondices.
Ahennable. — m : Labourable.
Ahir. — t : Marcher avec peine.
Ahoche. — m : Amorce
Ahoter. — m : Embarrasser, vexer.
Ahouler — m : Désespérer, opprimer.
Ahour, ahur. — a : Voleur.
Ahurir. — m : Étourdir, rendre fol, assommer.
Aiains, aiais. — a : Mais, avant,

Aiduie, aïe, aïue. — m : Aide.
Aige, aigue. — m, t : Eau.
Aigledon. — l, m : Edredon.
Aigrefin. — m : Sorte de poisson.
Aigrelet, aigrun. — m, a : Fruit vert.
Aiguillette. — l : Crampe, tiraillement, piqûre.
Ailages d'une ferme, les. — a : Les champs, qui en dépendent et en sont voisins.
Ailler, aillier. — a : Filet à prendre les cailles, oiseau de proie.
Aillie. — l, a, m : Sauce à l'ail, ail, oignon.
Ailoche. — l : Alise, fruit de l'alisier.
Aimé, faire le bel. — m : Faire l'aimable, le fat.
Ainla, ainsla. — m : Mais là, ainsi là.
Ains, ainsinc, ainsinche, ainsinque. — t, m, a : Mais, avant, ainsi, autant, comme.
Ainsjornée, à l'. — t, m : Avant le jour.
Aioner. — a : Bégayer, hésiter en récitant.
Aipand. — a : Dépendance.
Aïr, aïré. — m : Colère, ardeur, rapidité.
Aire. — m : Champ, place, terrain, famille, nid.
Aireau. — a : Charrue.
Airée, airault. — m, a : Aire à battre le blé.
Airher, airrer. — m : Donner des arrhes, acheter à l'avance.
Airic. — a : Jardin potager.

Airure. — a : Culture.

Aisé, mal. — l, m : Gêné, difficile à vivre.

Aisement commun. — m : Place publique.

Aisil, aissil, aissis. — m, t : Latte, planchette, écorce, poutre, chalumeau, vinaigre.

Aistres d'une maison, les. — m : Son intérieur.

Ait, se Dieu m'. — m, t : Si Dieu m'aide.

Ajonc. — m : Jonc marin, broussailles, roseau.

Ajornant. — t : Point du jour.

Alan. — a, m : Chien de chasse.

Alberon. — a : Sorte de froment.

Albornos. — a : Manteau à capuchon.

Albun. — a : Blanc d'œuf.

Alebiqueux. — a : Difficultueux.

Alemande. — a : Amande.

Alemandier. — a : Amandier.

Alemarche, alemaire. — a : Armoire.

Alemelle. — m : Petite lame.

Alemoire. — a : Sorte de bateau, armoire.

Alénée. — m : Haleine, souffle.

Alenti. — m : Paresseux, lâche.

Alevain, alevin, — m : Menus poissons. —Aleviner un étang : le repeupler.

Alezan. — a, m : Leste, aisé, à l'aise.

Alinet. — m : Ligne, alignement.

Alingé, linge. — m : Linge usé.

Alipe. — m : Coup, soufflet.

Alie, als.— m : Ail, oignon.

Alis. — a : Compacte, ferme.

Allée. — m : Voyage.

Allemagne, mal d'. — m : Maladie des chevaux : le mal de feu, ou gras fondu.

Alloé. — m : Allouette, aloès.

Alloir, allour. — t : Promenade, portique, cloître..

Allouer. — m : Recommander.

Alloutrer, s'. — m : Se crotter.

Alloyer, alloyère, aloière. — a : Bourse, gibecière.

Almoire. — m : Armoire.

Alne. — m, a : Aune. — Alnoy : t : Bois d'aunes.

Alondre. — t, m : Hirondelle.

Alos. — a : Lot, louange, avis.

Aloser. — m : Louer, conseiller.

Alquant. — a, m : Serviteur : quelqu'un.

Alumelle. — m : Lame, petite lame.

Aluré. — l : Rusé, roué.

Alvasse. — a : Grande pluie, (lavasse).

Alvet. — a : Terrain d'alluvion.

Amancher. — m : Mettre un manche.

Amand. — a : Notaire, greffier, clerc.

Amandelier. — m : Amandier.

Amanevis. — m, t : Aimable.

Amasement, amaisonement. — a : Construction, maison.

Amaser. — a : Bâtir.

Amassoir, amassouer. — a : Rateau.

Amatir. — m : Vaincre, abattre.

Amatir, s'. — m : S'embourber.
Amblai. — a : Claye, ridelle.
Amblant, cheval. — t, m : Qui marche le pas d'amble.
Ambsuy. — a : Tous deux.
Amelette. — l : Omelette.
Ament, si Dieu m'. — m : Si Dieu m'entend, si Dieu pense à moi.
Amenuiser. — m : Réduire, diminuer.
Amermer. — a : Amoindrir.
Amerouche. — t : Un peu amer.
Amesnement. — m, a : Économie, ménagement.
Amey, amy. — a : Demi, à moitié.
Ami, l'. — m : Surnom donné au troisième garçon d'une famille.
Amietter. — t : Mettre en miettes.
Amignotter. — l : Caresser, gâter.
Ammesure. — m : Accusation, immodération.
Ammettre. — m : Omettre, admettre, transmettre, accuser.
Amodération. — m : Tempérance, soulagement.
Amonition. — l : Munition, vivres.
Amont. — a, t, m : En haut, chez.
Amorti. — m : Mort, insensible, dépourvu.
Amoteur. — t : Au contraire.
Ampallerie. — a : Plaidoyer, négociation.
Ampolie. — t : Poulie.
Amuis. — a : Muet, mort.
Anable. — a : Habile.
Anate. — a : Canard.

Ancelle. — m : Servante.
Ancuerter. — a : Prendre à cœur.
Ancusançon. — t, m : Reproche, querelle.
Andier. — a : Chenet, (v. Landier).
Ane, pas d'. — m : Plante, *tussilago farfara*.
Anforge. — a : Bourse, sac.
Ange, anghet, anglet. — t, m, a : Coin, fossé, cachette.
Angier. — m : Tourmenter.
Anglois. — m : Flaon de prunes, créancier.
Angonne. — a : Hanche, aine.
Angordre. — t : Gauche, maladroit.
Angouler. — t : Avaler.
Anguster. — m : Serrer, étrangler.
Anicroche. — m : Embarras, imbécile.
Anlay, en — a : En allant, au voyage.
Annel. — m : Cercle qui servait à mesurer le bois. — Anneler : mesurer du bois. — Annelage : Droit dû aux mesureurs.
Anneus, anniaux. — m : Annuel.
Annotain. — a : Anniversaire.
Annuée. — m : Annuité, rente, fermage.
Annuy. — m, t : Aujourd'hui, cette nuit.
Anoi. — m, a : Ennui, vexation : lieu planté d'aunes.
Anquant. — m : Quelqu'un, quelques-uns.
Anseor. — m, a : Arbitre,

vieillard, ancêtre.
Ansiau. — t : Vase à anse.
Ansite. — a : Statuette, image.
Anson. — t, m : Au sommet, en face.
Ansus. — m : Rendez-vous.
Antan. — m, a : Avant, l'an passé.
Ante. — m : Tante.
Antheurle. — t : Gauche, maladroit.
Anti, antie. — m, a : Antique, haut.
Antion. — l : Gauche, niais.
Anu. — a : Consentement, âme, an, vie.
Anuble. — t : Nuageux, obscur.
Anuit. — t : Cette nuit, la nuit dernière, aujourd'hui.
Anuitir. — m : Nantir. — Anuitissement : nantissement.
Anwille. — a : Aiguille.
Aonier. — t, a : Unir, raser, polir.
Aorbir. — a : Arrondir.
Aoust, faire l'. — a : Moissonner.
Aouster. — a : Faire la moisson.
Aousterelle. — a : Sauterelle.
Aousteron. — a : Moissonneur.
Apaillarder. — m : Corrompre, amollir.
Apautelette. — m : Boutonnière.
Aplainesse, place. — m : Terrain uni, plaine.
Aplait, apliet, appliect. — a : Harnais.
Appaisantèr. — m : Calmer, juger, arbitrer.
Appaisanteux — m : Arbitre.
Appert. — m : Evident, franc, ouvert. — En appert : d'une manière évidente.
Appesart. — a : Cauchemar.
Appiaus. — m : Appel, cri, appeaux.
Appipeauder. — a : Parer, déguiser.
Appresse. — m : Dureté, malheur.
Appresser. — m : Approcher, serrer, écraser.
Apprette. — l : Mouillette de pain.
Approusse. — l : Brusquerie, rapidité.
Apresure, aprison. — m : Education, habitude.
Aprisagier. — m : Mettre à prix, apprécier.
Aproismier. — m : Approcher.
Aquaire, fil d'. — a : Fil d'archal, niveau.
Aquel. — m : Aqueduc, conduite d'eau.
Aquilant. — a : Brun.
Aquineler. — a : Pencher.
Aquis. — a : Fatigué.
Araigne. — l, m : Araignée.
Araine. — t, m, a : Trompette de cuivre.
Araingier. — a : Ouvrier en cuivre.
Arap. — a : Vol.
Araper. — a : Prendre.
Arau. — l : Poissarde, femme grossière.
Arbroie. — m : Plantation d'arbres.
Arbustier. — a : Taquiner, harceler.
Arc, ars — m, a : Arcade, arc-

1*

boutant, voûte, boutique sous une arcade.

Arche. — t, m : Archives, coffre, armoire, cartulaire.

Archelet. — m : Petite voûte.

Archet. — t : Chenille.

Archière. — a : Bandoulière. — Fenêtre de château fort, lucarne.

Archoier. — t : Courber en arc.

Arcien. — l : Terme de construction, bardeau.

Arcir les dents, faire. — m : Les faire grincer.

Arçonnier. — t, a : Plier, courber.

Arcotier. — m : Petit cultivateur.

Arden, ardenne. — a : Bois, forêt.

Ardier. — m : Broche, gril, réchaud.

Ardille. — Argile.

Ardillier, ardillière. — a, m : Broussailles, terrain argileux.

Ardoir, ardre. — m, a : Brûler.

Ards, ars. — m : Brûlé.

Areau. — a : Charrue.

Aréchal, fil d'. — l : Fil d'archal.

Arée, areure. — m : Labour, terre labourable.

Arec. — m : Labourer.

Argal. — a : Égout.

Argent sec. — m : Argent comptant.

Argotier. — m : Petit cultivateur. — Difficultueux, brouillon.

Argus — m : Argutie, difficulté.

Arias. — m, a : Embarras, bruit.

Ariole. — a : Sorcier.

Ariscelle. — a : Planche.

Arlam, mettre à. — a : Mettre au pillage.

Arlat, arlot. — m, a : Oppresseur, voleur, coquin, taquin.

Armaille. — m : Bracelet.

Armeret. — a : Amoureux, galant.

Armerie. — m : Fleur, parfum, giroflée, armoire.

Armonat. — l : Almanach.

Armoyer. — m : Décorer d'un écusson.

Arnan, arvan. — a : Arcade.

Arnaud. — a : Débauché, querelleur.

Arnauder. — a : Faire du bruit.

Arnicroche. — m : Sot embarras.

Arnould. — m : Hanneton, mari trompé.

Arnould, pain d'. — m : Fleur de l'orme.

Aronce. — t : Ronce.

Aronde. — t, a, m : Hirondelle, roseau.

Aromas. — m : Aromate, odeur.

Arote. — a : Mauvais cheval.

Arousse. — a : Vesce sauvage.

Arquemie. — m : Alchymie.

Arragier. — m : Arracher.

Arrement. — m, t : Arrhes, gage, trace, brûlure, charbon, objet brûlé.

Arrié. — t : Encore, sans doute, au contraire.

Arrier, arroier. — m, t : Préparer, munir, armer, équiper.

Arrier. — m : En arrière, derrière.

Arrière-gas. — m : Arrière-ban.

Arrière-guet tournant. — m : Patrouille allant de quartier en quartier.

Arroche. — m : Plante (famille des chenopodes).

Arroy. — t, m : Assaisonnement, équipage, préparatif, cérémonie, toilette, suite.

Arsement. — m : Brûlure, incendie, peine du feu.

Arsoir. — a : Hier soir.

Arteil. — l : Orteil.

Artignole. — l : Jeune enfant.

Artiste. — m : Maître ès-arts.

Artot. — t : Ergot de coq.

Arvan, arvau. — a : Voûte.

Arve. — a : Champ, terrain vide.

Arzile, arzillière. — m : Argile.

Asceint. — a : Enceinte, clos.

Ascon. — a : Sorte de nacelle.

Asgout. — a : Pluie, gouttière.

Asgouter. — a : Pleuvoir.

Asparage. — a : Asperge.

Asperges. — m : Tripes fricassées.

Aspergès. — m, t : Goupillon.

Asquette, asquouette, à l'. — a : A l'abri, à sec.

Assai. — t, m : Essai, assaut, épreuve, doute.

Assaier. — m : Eprouver, attaquer, assiéger.

Asse, asseau. — a, m : Hache, hachette.

Assée. — a : Bécasse.

Asseille, assenne. — a : Couverture de livre en bois.

Assen. — m : Assignation, lot, avis, signe.

Assenal. — m, l : Signe, indication, avis

Assener. — m : Assigner, désigner.

Assens, assentement. — m : Consentement.

Asseutier. — a : Associer.

Assiduel. — m : Perpétuel.

Assiette, personne de première. — m : Convive de distinction.

Asso. — a : Hier, hier soir, au soir.

Assoie. — m : Embarras, attaque, siége,

Asson. — m : Sommet, pointe, face : — à côté, en haut, en face, sur la tête.

Assoter. — m : Rendre fol, étourdir, ennuyer.

Astain. — a : Étain.

Asticoter, astiquer. — m : Taquiner, harceler, frotter, polir.

Astier, astonne. — m, a : Broche, lance.

Astou, astour. — a : Autour.

Ataïne. — m : Taquinerie, querelle, combat.

Aterment. — a : Arpenteur.

Atirer. — m, a : Orner, harnacher.

Atournée. — m : Tournure, procédé, manière, traitement, coups.

Atourner. — m : Habiller, décorer, tourner.

Atout. — m, t : Avec, en même temps.

Atout, donner un — l, m : Donner un coup violent.

Atribler. — a : Battre.

Atropeler. — t : Réunir, escorter.

Atrucher, s'. — m : S'étrangler.

Attefit. — a : Baliveau.

Attelles. — m : Voyez : Ételles.

Attemprance. — m : Modération,

remède.

Attifer. — m : Habiller, orner.

Attrait — m, a : Issue. — Tout attrait : Tout d'un coup

Attuyau. — m : Niais, maladroit.

Aubain. — m, t : Blanc de l'œuf, bois tendre, partie du bois voisine de l'écorce.

Aubelière. — a : Muselière.

Aubesson. — a : Ablette, champignon.

Aubier. — m : Bois blanc et tendre.

Aubleson. — a : Champignon.

Aubour, aubrier.— m, t : V. Aubier.

Aubrier. — a : Hobereau, oiseau de proie.

Auc. - a : Oie.

Auc, aucques. — a, m : Quelque, aussi, toujours.

Aucquette. — a : Clos entouré de fossés.

Audivie ou audivit, avoir l'. — m : Avoir la hardiesse, le loisir, l'autorité.

Augelot. — t : Auge, où l'on déposait les enfants abandonnés.

Augier. — m : Ouvrier de moulin chargé de faire jouer les écluses.

Aujeu. — t : Enjeu.

Aujourd'hui pour demain. — l : D'un moment à l'autre.

Aulanie. — a : Noisette.

Aule. — a : Halle, cour.

Auler.— m : Perdre son temps.

Auleur, aulier. — m : Fainéant.

Aumaire, aumoire. — m : Armoire.

Aunaye, aunelle. — m : Plantation d'aunes.

Auprême. — l : A présent.

Auques. — m, t : Jamais, toujours, encore, quelque.

Austarde. — m : Outarde, (avis tarda).

Autel, auteus. — m : Tel.

Auteus. — m : Autel.

Autressi. — m : De même, aussi.

Autrier. — m : Hier, avant hier, l'autre jour.

Auvé, auvez. — m : Avec.

Avaledru. — m : Vorace.

Avalée. — t, m : Mise à bas, chûte, descente.

Avaloir. — m : Outil pour rabattre la maçonnerie.

Avamber un coup. — l : Frapper.

Avant, être. — l : Être parti en avant, avoir de l'avance.

Avau. — m : Parmi, à terre, à bas. — Avau l'eau : au cours de l'eau.

Avé. — m, a : Avec.

Aveaux. — m : Chute, ruine, plaisirs, débauches.

Avedier. — a : Plein la main.

Aveinder, aveindre. — m : Atteindre.

Aveinir, s'. — m : S'évanouir.

Avel. — m, a : Plaisir, joie, amourette.

Avelaine. — l : Aveline, noisette.

Avelets. — a : Petits enfants. — Très avelets : arrière-petits enfants.

Avenas. — m : Paille, farine d'avoine.
Aventeille. — t : Eventail.
Avesprement. — t : Soir, au soir.
Aveugle, le jeu de l'. — l : Colin-Maillard.
Avenure. — m : Aventure.
Aversier. — m, a : Adversaire. Le diable.
Aveuglotte, à l'. — l : A tâtons.
Aveur, à l'. — t : Sous caution.
Aviaux. — a, m : Chute, ornières, plaisirs, débauches.
Avoinière. — m : Champ d'avoine.
Avolter. — m, t : Avorter, débaucher.
Avoultre. — m : Adultère.

Awaine. — a : Avoine.
Award. — a : Voyez : Esgard.
Awast. — a : Août.
Awels, awet. — a : Avec.
Awet. — a : Guet, gué.
Awosne. — a : Avoine.
Awost, awoust. — a : Moisson, août.
Ayer. — a : Héritier, propriétaire.
Aymeterie. — a : Email, art de l'émailleur.
Ayoul, ayous, ayousse. — a : Auguste, août, moisson.
Ayrault. — a : Charrue, aire à battre le grain.
Aysil, ayssil. — a : Oseille, vinaigre, poutre, ais.
Aysine. — a : Outil.
Azy. — m : Rôti mal cuit.

B

Babelé, babelu. — m : Aimable, causeur, galant, conteur.
Babo. — t : Tache d'encre.
Babocher. — t : Ecrire salement.
Bacelle, basselle, baisselle, baisselette — m, a : Jeune fille, servante.
Baceller. — a : Courtiser les jeunes filles.
Bache. — a : Caleçon de femme.
Bachelard. — a : Galant, amoureux, jeune.
Bacheler, bachelier. — m, a : Jeune cavalier, écuyer, galant.
Bachine. — a : Bassin, bassinoire.
Bacicoter. — a : Tromper.

Bacocher. — t : Battre le blé légèrement.
Bacon. — m : Porc salé.
Bacosser. — t : Badiner, folâtrer.
Bacossier. — t : Jeune, gai, badin.
Bacot. — t : Botte de paille non battue.
Bacoule. — m : Belette.
Badon, en grand. — a : En foule.
Baée, à gueule. — m : A haut cri.
Baffrer. — t, m : Manger avec avidité. — Bafrerie : gourmandise. — Baffreur : vorace, glouton.
Baffuterie. — m : Vieux meuble.
Bagnole. — m : Cabanne.

Bagot. — a : Débauché.
Bagout. — m : Caquet, aplomb dans le monde.
Bahu. — m : Niais, ébahi.
Bahut. — m : Armoire, buffet.
Baiat, baiasse. — a, m : Servante, fille.
Baichet. — a : Brochet.
Baien. — a : Bai, brun.
Baignotte. — a : Cuve, baignoire.
Baiguenauder. — l : Perdre son temps.
Baile. — m, t : Château, avant-poste, porche.
Bailler. — m, t : Donner, confier, garder, affermer, désirer, crier, gronder.
Baillie. — a : Bouillie. — m : Garde, tutelle.
Baillon. — m : Poule d'eau.
Bain. — l : Baigné, mouillé, cuit à l'eau.
Baine. — l : Banne, corbeille.
Bairre. — a : Batard — m, a : Barre, barrière.
Bais, faire. — t : Avoir l'air d'offrir un objet, et le retirer avant qu'on ait pu le prendre.
Baislant. — a : Querelle, bataille.
Baisselle. — m : Voyez bacelle.
Baive. — a : Hotte.
Baiviaux. — a : Baliveaux.
Bajat, bajasse. — l, a : Sot, sotte. — Goujat, fille.
Bajouler. — a : Bavarder. — Bajouleur : causeur.
Balibeux. — l : Salsifis des prés.
Baller. — m : Sauter, danser, s'amuser.

Balme. — a : Grotte. — m: Beaume.
Baloquement. — m : Débat, négociation.
Baloquer. — m : Marchander, discuter.
Baloser. — t : Sauter, lancer.
Balosse. — m : Sorte de prune.
Balossier. — Espèce de prunier.
Balouerd. — m : Boulevard.
Bamboche. — l : Pantoufle.
Bambocher. — l, m : Faire des folies.
Ban. — t : Plante, lychoris.
Bancart, banchart. — a : Brancard, tombereau.
Bancier. — a : Marchand, banquier.
Bandier. — t, m : Écharpe, banderolle.
Bandon. — m : Impétuosité, liberté, licence.
Banier. — m : Dénier, s'opposer, faire défaut, faillir.
Banne, bannette. — m : Berceau, corbeille. — Mesure de charbon: la grande banne équivalait à 15 hect., la petite à 10.
Banné, bannel, bannal. — m : Permis par un ban, publié.
Banon. — a, t : Coffre, couverture grossière.
Banquier. — m : Banc, banquette.
Baptistère. — a : Baptême.
Baraban. — a : Vase de cuivre sur lequel frappaient les crieurs publics.
Barbé. — m : Barbu.
Barbeaulx. — a : Dents.

Barbefolette. — m : Jeune homme.
Barbelet. — y : Engin de pêche.
Barberie, artifice de. — m : Art du barbier.
Barbeter. — m : Murmurer, parler bas.
Barche. — a : Meule de foin.
Bardache. — a : Perche pour abattre les fruits.
Barde. — m : Outil, hache.
Bardeau. — m : Planche, solive mince.
Bargaigner. — m : Hésiter, marchander.
Bargayne, bargnaigne. — m, a : Débat, doute, discussion.
Bargouillas. — m : Bredouilleur.
Barguigner. — V. Bargaigner.
Baricave. — a : Fondrière.
Barot. — m : Tombereau, brouette.
Barotée. — m : Contenu d'un tombereau.
Barou. — m : Tombereau.
Barqueau. — a : Bassin.
Barre. — m : Objection, obstacle, réplique.
Bas. — y : Engin de pêche.
Bas, laboureur de. — m : Jardinier qui travaille avec la bêche.
Baseuille. — l : Myope, malade des yeux.
Basquiner. — a : Jeter un sort.
Basse. — t : Trou plein d'eau.
Basse, serrure à. — m : Serrure garnie de trois lacs, pleine croix et forée. (15e s).
Basser. — m : Bassiner.
Basset. — a, m : Petite table, tabouret. — A basset : à voix basse.
Bassette, bassat. — a : Selle de cheval.
Basser. — t : Agiter un vase plein d'eau.
Bassin, sonner le. — m : Annoncer publiquement une vente en frappant sur un vase de cuivre.
Bassot. — t : Corvée, minutie.
Bassoter. — t : Perdre son temps.
Bassotier. — t : Fainéant, vagabond.
Bassye. — a : Latrines.
Bast. — a, m : Bâtard, bâtardise. — Frère de bast : frère naturel.
Bataclan. — l : Ensemble de meubles, d'objets embarassants. — m : Bruit, embarras.
Bateison, batison. — t : Enfant qu'on va baptiser.
Bateneu, batonnet. — l : Petit bâton, qui sert à soutenir les aiguilles des tricoteuses.
Batiller. — t : Tromper, tricher.
Batillereux. — m : Querelleur, violent.
Batillerie. — t : Fraude.
Bâton de fer. — m : Barre de paveur.
Batte. — t, m, a : Partie mobile du fléau. Battoir de lessive. — Cuiller de bois, férule, batte de bois. Latte.
Batterie. — m : Menus meubles, ensemble de vaisselle.
Batterie ferrée. — m : Lot d'objets en fer.

Battre le cabas. — m : Faire danser l'anse du panier.

Baube. — a : Bègue.

Baudequin. — t : Dais, baldaquin, tenture.

Baudet. — m : Sorte de meuble.

Baudier. — m : Baudrier, bannière.

Baudire, dire et. — t : Dire et répéter.

Bauffre, bauffrée, baulfre, balfre. — m, a : Morsure, coup, balafre.

Bauffrer. — m : Dévorer, se régaler.

Bauffreur. — m : Gourmand, glouton.

Baulier. — a : Danser.

Baussant, cheval. — a : Cheval moucheté.

Bave, bavette. — m : Caquet.

Bavette, crochet à. — a : Terme de serrurerie.

Baver. — m : Bavarder, médire.

Baveur. — m : Fainéant, causeur.

Bavole. — m : Herminette, sorte de rat.

Baystieux. — a : Sorte de bateau.

Bazalier. — m : Grand coutelas.

Béal. — a : Fossé.

Beaucent. — t, m : Cheval moucheté, cheval petit ; Sanglier, porc.

Beaufroy. — l : Beffroi.

Beausire. — m : Mari trompé.

Bebée. — l : Voyez Bobée.

Bec, donner un. — m : Donner un baiser.

Bec, repaistre du. — m : Payer en paroles.

Bec d'asne. — m : Sorte d'outil.

Bec à bec. — m : Face à face.

Becfi. — l : Becfigue, oiseau.

Becjaune, bejaune. — m : Jeune oiseau, adolescent, sans expérience.

Becher. — t, m : Frapper du bec, casser sa coquille.

Becheveter des livres. — m : Ranger des livres de manière à ce que la tranche de l'un paraisse à côté du dos de l'autre.

Becquus. — m : Pointu, garni d'un bec.

Begame. — t : Dépareillé.

Bedon. — Tambour, ventre.

Bege. — a : Roux.

Begigner, Beginner. — l : S'occuper à des bagatelles.

Begne, Benne. — a : Panier. V. Banne.

Begude. — a : Mauvaise auberge.

Beguer. — l : Bégayer.

Behistre. — m : Tempête, querelle.

Behourt. — m : Coup, tournoi.

Beigne, Bigne. — m, t : Coup qui laisse trace.

Belif, de. — t : De travers.

Belin. — m : Tort, travers, erreur, fraude, ruse.

Belfait. — a : Sans reproche.

Belistre. — m : Mendiant.

Bellan, berlan. — m : Jeu de hasard prohibé.

Belledame. — m : Sorte de papillon. Plante de la famille

des chenopodes.

Belle toute nue. — m : Plante, safran sauvage.

Belloye. — a : Bâton.

Belute. — a : Ecuelle.

Benade. — m, a : Vanne.

Benard. — m : Serrure fermant à deux tours. (15e, s.)

Bénéfice.— m : Lieux d'aisances.

Beneisson, benisson.— m : Bénédiction.

Benne. — a : Voyez banne.

Benneau, bennel. — a : Tombereau.

Bequet. — m : Brochet.

Bercaigne.— m : Discussion, obstacle, délai, coup, chasse, querelle.

Bercheilles. — l : Brins de bois mort.

Berchoul. — a : Berceau.

Bercier. — a : Berger, chasseur.

Berdaigner. — m : Marchander, quereller.

Berdaigneux.— m : Difficultueux.

Berdi berda, parler. — l : Parler avec précipitation, bredouiller.

Bergaigner. — m : Marchander, discuter.

Bergerette. — l : Bergeronnette, oiseau.

Bergier, carreaux de. — m : Pierres petites et carrées à leur surface extérieure employées à bâtir (XIIIe siècle).

Bergière. — m : Sorte de danse.

Berlander. — m, l : Vivre en fainéant, faire la débauche, jouer.

Berlandeur : Débauché, joueur.

Berle. — m : Plante nommée ailleurs chervis.

Berlinguaux. — m : Bonbons, friandises.

Berlingue-jacquette , berlingue-chouquette ou jouquette. — t, m, l : Jeu d'enfants analogue à celui de pigeon vole. On le nomme aussi berlingue-figuette.

Berluder.— m : perdre son temps.

Berludier. — Fainéant, débauché.

Bernaoux. — m : Hanneton.

Berne. — l, m : Fossé, trou, berge, bord.

Berneux. — m : Merdeux.

Bernique, bernique rasoir.— m : Terme de dérision.

Berquillotte. — t : Petite cheville.

Berrie. — a : Plaine.

Berroige. — a : Filet.

Bers, berseuil. — m : Berceau.

Berser. — a : Bercer, chasser, tire de l'arc.

Bertauche. — m : Charrue à verser.

Berthe, vouer quelqu'un à sainte. — m : Traiter quelqu'un de fol, soigner quelqu'un comme fol. Sainte Berthe était invoquée en faveur des insensés.

Besainne, Besanne. — a : Ruche, essaim.

Berzillon. — m : Lien de fagots.

Besange. — a : Morceau.

Besangue, besaigue. — m : Hache à deux tranchants.

Besante. — a : Grande tante.

Besay, besaye. — a : Hoyau.

Besche, beschet. — m : Brochet.
Beschecleux. — a : Ouvrier en fer.
Bescheron.— m, a : Bec, pointe. — Jardinier.
Beschevat, se coucher de.—l : Se coucher deux de sorte que les pieds de l'un soient près de la tête de l'autre.
Bescle. — a : Foie.
Bescuit. — m : Pain dur, biscuit.
Beseel. — a : Bisaïeul.
Besgue.— m : Poisson d'eau douce. V. Besche.
Besiart. — a : Jeune oiseau.
Beslif, de — de besloi.— m, t : De travers.
Besquine.— a ; Basque, Basquine.
Bessons, Bessonnes.—a : Jumeaux, jumelles.
Beste. — m : Boîte, coffre.
Bestemps. — a : Tempête, pluie.
Beter. — a : Museler, contrarier.
Betril. — y : Nombril.
Beucelots. — t : Jumeaux.
Beuche. —l : Brin, chalumeau.
Beudol. — t : Stupide.
Beugne. — m : Coup.
Beugnet. — l : Beignet, friture.
Beuillir, beuyer, faire beuillot.— t, l : Regarder avec attention, faire le guet.
Beuillon, beuilloux. —y : Panier à âne.
Beurlu.— t, l : Louche, bizarre.
Beutier. — m : Brutal, bouvier.
Beyer aux corneilles — t : Regarder en l'air.
Bezague. — m : Outils à deux pointes, à deux tranchants.
Bezoche. — a : Bêche.
Biain. — a : Corvée.
Bibette. — a : Etincelle.
Bicêtre. — t : Bissextile.
Bechey. — a : Boîte, panier.
Bicoquet.— a, m : Sorte de coiffure, chaperon.
Bicque.— t : Brûlure aux jambes.
Bide, bidon.— t : Ventre, bedaine.
Bief. — l : Canal d'un moulin.
Bien, très. — m, t : Beaucoup.— Être très bien : Être riche.
Bien faire. — m : Faire du bien.
Bière. — t, m : Litière.
Bierge. — m : Outil pour greffer.
Bieusson. — l : Poire sauvage.
Bieux, prendre au. — l : Prendre en flagrant délit.
Bieux, bieusse. — l : Blet, blette, trop mûr.
Bièvre. — m : Castor.
Bigler. — m : Loucher, cligner des yeux.
Bignogne, bignoigne, bigogneaux.— m : Hoyau, bâton ferré.
Bignon. — a : Engin de pêche.
Bigorgne — a, m : Bâton ferré, hoyau.
Bigorne. — y : Trépied à lessive.
Bigrerie. — a : Ruche à miel.
Bihays. — m : Biais, détour.
Bihoreau.— m : Héron à manteau noir.
Bilaut, bilot. — — m : Oie.
Billons, labourer en. — m : Labourer des terres argileuses.
Billoux. — y : Paniers à âne.
Bimaux. — a : Prés qu'on fauche

deux fois l'an.

Bimoche. — l : Armoire pratiquée au bas d'une fenêtre.

Bique, biquette. — m : Dent.

Bisaille. — m : Vesce.

Bise, vent de. — m : Vent du nord.

Bisquer, faire. — l, m : Tourmenter, contrarier.

Bisquinet. — t : Jeu d'enfant, où l'on se sert de deux petits bâtons de longueur différente.

Bistarde. — m : Outarde.

Bitou. — l : Sot.

Bivoie. — a : Point où une route se sépare en deux.

Bizague. — m : Hache à deux tranchants.

Blacas. — a : Jeune chêne.

Blache. — a : Plant de jeunes chênes.

Blaf. — t, m : Pâle, blême, blafard.

Blague. — l, m : Mensonge.

Blanchaille.— m : Menus poissons blancs.

Blandir. — m : Caresser, flatter.

Blanquerie. — a : Blanchissage.

Blattier. — m : Marchand de bled.

Blauche. — m : Motte de terre.

Blavetier, blavier. — m : Marchand de bled.

Blazaz. — a : Gerbe de bled.

Bleite — a : Toupet.

Bleron. — m : Espèce d'oiseau.

Blesc. — m : Mêche.

Blesmir. — t : Pâlir, se troubler.

Blettir. — m : Devenir mou, trop mûr.

Bliant, bliaul. — t : Vêtement de dessus.

Blocaille. — m : Pierre meulière, caillou.

Blocal. — a : Barrière.

Blocs , bloc de pierre. — m : Boulets de pierre.

Bloi — a, m : Blond, bleu, blanc.

Bloquel. — a : Blocaille, pierre.

Bloquel de bois. — m : Barrière, palissade.

Blosser. — t : Rougir, mûrir.

Blouque, blouquette. — a : Boucle.

Bluiaus. — m, a : Robe, tunique.

Bobaiche, bobêche. — a : Chaussure faite pour en recouvrir une autre.

Bobée. — m : Fillette, coquette, enfant gâté, poupée.

Bobeyer. — t : Bégayer.

Boche. — l : Jeu d'enfant.

Bochet. — m : Petit bois.

Bocquer.— t: Heurter par contrecoup.

Boel. — a, m : Boyau, canal.

Boerie. — a : Métairie.

Boete, boiete.— m : Petite boite, coffret.

Boffumer, se. — m : S'emporter, bouffir de colère.

Boiard. — a : Civière à bras.

Boie. — a : Cloaque.

Boielle. — m : Boyau, tripe.

Boing, le. — m : Le diable.

Boise. — m : Banc de bois.

Boisettes, les. — m : Sorte de jeu.

Boisière. — l : Boiserie, menuiserie.

Boisseau. — Mesure de terre égalant 2 ares 10 centiares.

Boisseaux, vent des quatre. — m Vent d'Est, favorable aux semailles.

Boisset. — t : Couteau à manche de bois.

Boissonet.— m: Bosquet, buisson.

Boite, boitier. — a, m : Panier, coffre, boutique à poisson.

Boiviau. — m : Baliveau.

Bolé, il est midi sonné. — t : Bien passé, bien sonné.

Bolet. — m : Sorte de plante.

Bondaine. — m : Ventre.

Bonde, bondon. — m : Limite, borne, pierre percée d'un trou servant de borne.

Bondon — l : Bourdon, grosse mouche.

Boutonnière. — m : Outil de taillandier.

Bon-henri. — m : Plante (famille des chenopodes).

Bonheureux. — m : Heureux.

Boniage. — m : Anis.

Bonnebonne. — m: Tisane de réglisse.

Bonnette. — m : Petite fenêtre.

Bonneurté. — m : Bonheur, chance.

Bonté. — m : Bienfait, gratification, revenu, intérêts, pot de vin.

Boof, bouf. — a : Bouleau.

Boque. — l : Moue, mauvaise mine.

Boquelle. — a : Bouchée, petit repas.

Boquet. — a : Tortu, boiteux.

Boquillon. — m : Bûcheron.

Borde, borderie. — m, t : Petite maison, petite ferme.

Bordelière.— m : Poisson, brème.

Borgnette. — a : Maladie des yeux.

Bornicaus. — l : Qui a la vue courte, malade des yeux.

Borreau, borrel.— a, m : Bourrelet d'enfant.

Borrel, bourrel. — m : Bourreau.

Bos, bous. — m : Bois.

Boscheron. — m : Bûcheron.

Bosne. — t : But convenu.

Bosoflé. — t : Enflé, gros.

Bosse. — m, t : Bouton, peste.

Bossi!. — a : Bord relevé d'un fossé.

Bot. — a : Tortu, laid, crapaud.

Botelle. — a : Armoire pour renfermer de petits objets.

Boterel. — t : Crapaud.

Boton. — t : Voyez bouton.

Bouaichelle. — a : Fillette.

Bouc, barbe de. — m : Plante, espèce de salsifis.

Boucau, Boucan. — m : Bruit, querelle, serrure, soupirail.

Boucheille — l : Couvercle.

Bouchel. — m, t : Bouche, bouteille.

Bouchère. — t, m : Sac où les chevaux mangent l'avoine.

Boucheton, tomber à. —l : Tomber la face contre terre.

Bouchie. — m : Bouchée.

Bouchon. — t, m : Buisson.
Boude. — t, m : Nombril.
Bouel. — m : Canal, ruisseau, boyau, cave, cabane à lapins.
Bouelle. — m : Cloche sous la peau.
Bouffe, bouffeau. — a, m : Coup.
Bouffeter. — m : Être étourdi, stupéfait.
Bouffe la balle. — t, m : Joufflu, gourmand.
Bouge, bougette. — m : Chambre, bourse.
Bougée. — a : Bougie.
Bougon. — m : Grondeur. — Bougonner : Gronder, murmurer.
Bouhoche. — a : Sarcloir.
Bouireau, bouirel. — m : Cave, cabane à lapins.
Bouis. — m : Buis.
Boule, la. — m : Tête, bons sens.
Boule. — m : Bouleau, — Faire de la boule, cueillir des brins de bouleau.
Boulevardie, cerise. — t : Cerise à moitié mûre.
Bouleyée. — t : Troupe, foule.
Boulinée, boulivée. — t : Rejeton du pied d'un arbre.
Boulvari. — m : Désordre, bruit.
Bouquer. — a : Regarder. — m : Faire bouquer : Faire bouder, contrarier.
Bouquet bleu. — l : Barbeau, bleuet.
Bouquier. — a : Soupirail.
Bourquigner. — m : Donner des coups.
Bour. — a : Canard.

Bouranflé. — l : Enflé.
Bourbiller. — m : Remplir.
Bourbonnaise. — m : Gâteau au fromage, qui se mangeait chaud.
Bourc. — a : Bâtard.
Bourde. — m : Mensonge.
Bourder. — m : Mentir.
Bourdeur. — Conteur, menteur.
Bourdon. — m : Cornemuse.
Bourique, bouriquet. — m : Ane.
Bournal. — a : Rayon de miel.
Bourneau. — a : Tuyau.
Bourriauder. — m : Maltraiter.
Bourriaux. — m : Cheveux nattés, noués.
Bourrier. — m : Bourrelier.
Bourroche. — l : Plante, bourrache.
Bouscogner, bousculer. — a, m, t : Renverser, pousser, maltraiter.
Bouse, bouset, bouson. — a, m, l, t : Boue, fumier, crasse qui couvre la tête des petits enfants.
Bousière. — m : Embarras, accident.
Bousin, bousain. — m : Bruit.
Boutant, soleil. — a : Soleil couchant.
Bouté en tête, saule. — m : Saule étêté.
Boutée. — a : Charge, contenu d'une hotte.
Bouter, boutre. — a, m, t : Pousser, donner, mettre.
Bouti. — a : Mal fait, gaspillé.

Bouticle. — m, a : Réservoir de pêcheur.
Bouton. — m : Bourgeon, fruit sauvage.
Boutou. — Gaine, étui.
Boutreaux. — m : Sorte d'outil.
Boutreil. — a : Nombril.
Bouviau, bouviel. — m : Cave, cabane.
Bozey. — l : Pente rapide.
Brac, bracatge. — a : Orge.
Brace.— a, m : Haut de chausses. Petit chien, basset.
Bracier, brassier. — m : Mesurer à la brassée.
Bracounier. — m : Valet de chiens.
Brai, bray. — a : Boue. — t : Détour, ruse. — Prendre brai: Prendre ses mesures. Faire tourner une voiture avec adresse.
Braidif. — t, m : Etourdi, entêté.
Braie, braye. — m : Caleçon.
Brailer. — Prendre ses mesures, agir habilement.
Braixelette. — a : Jeune fille.
Brament. — l : Beaucoup, bravement, gaîment.
Bran, bren. — m : Excrément.
Bran de scie. — l : Poussière de bois scié.
Branc. — m, t : Épée.
Brance. — a : Froment pur.
Branche, avoine en.— m : Avoine non battue.
Brandiller. — a : Balancer.
Brandilloire. — a : Escarpolette.
Brandon. — m, t : Fagot, torche.
Braon. — m, t : Morceau de chair, fesse, cuisse.
Braquenade. — a : Cerise aigre.
Braquet.— a : Petit chien, basset.
Brassage. — m : Bête tuée par un boucher.
Brassée de foin. — m : Botte de foin.
Brassie. — m : Brassée, botte de foin.
Brassier le foin. — m : Mesurer du foin.— Brassiage : droit dû aux mesureurs de foin.
Braydonne. — a : Fille de joie.
Braye, brayère. — m : Haut de chausses.
Brayer.— l : Broyer.
Brayette. — m : Caleçon.
Breche. — m : Brique, piège, tour.
Bredif, bredis. — m, t : Rétif, entêté, brouillon.
Bregie. — a : Grain.
Bregier. — t: Fainéant.
Brehain, brehaigne. — a, m : Impuissant, stérile.
Breier. — a : Broyer.
Breil, broil. — a, m : Bois, buisson.
Brelander. — t : Jouer, agir au hasard, aller et venir.
Bren. — m : Excrément.
Breneux. — m: Merdeux.
Brenne. — l : Brème, poisson.
Brenotte. — t : Pancréas de cochon.
Brès, bressolet. — a : Berceau.
Bresque. — a : Broussailles.

Breuquenaude. — a : Cerise aigre.
Bribeur, briberesse.— a : Mendiant, mendiante.
Bric, briche, brichette, bricole. — a, m : Piége, ruse, moyen, arme, galette, tour, chance.
Brichauder. — m : laver, nettoyer.
Brigage. — m : Intrigue, bruit.
Brigand. — t : Botte de paille.
Brigeux, brigueur. — m : Intrigant, brouillon, tapageur.
Brilleux. — a : Pêcheur au flambeau.
Brimballer. — m : Carillonner.
Brique. — t, l : Miette, reste.
Brisac, brissac. — l, m : Qui brise tout, maladroit, tapageur.
Briser son mariage, son serment. — m : Violer la foi conjugale, manquer à sa parole.
Briscot, porter à. — a : Porter quelqu'un sur le dos, les bras autour du col.
Brisset. — m : Espèce de pomme.
Brit. — a ; Livre, volume.
Brivé, à. — t : en hâte, en un mot.
Broc, broche. — m, t : vase, pot, pieux, broche.
Broce. — t : Broussaille.
Broch, broche. — a : Fourche, terme de serrurerie.
Brochette. — a : Soufflet de boucher.
Brochier, brocheron. — m : Fontaine de cuisine, ou de vestibule, vase garni d'un robinet.
Broil. — t : Broussailles, bois.
Brondiner. — m, a : Retentir, ronfler.
Brondir. — l, m : Bourdonner, siffler, retentir, renfler.
Brongne.— m : Brouillard, pluie.
Broon. — a : Morceau de viande, chair, fesse, cuisse.
Broque. — a, m : Pointe, broche, dent.
Broqueleux. — m : Pointu, raboteux.
Brouas. — a : Brouillard.
Broubrou. — l : Bruit, querelle.
Brouche. — a : Etrille, brosse.
Broudel. — m : Broussailles.
Brouer. — m : Rouler, transporter, pousser.
Brouet. — a: Confiture de poires.
Brouette. — m : Petite voiture d'enfant, Dame au bal sans danseur.
Brouhos. — a : Brouillard.
Brouillas. — t : Brouillard.
Brouillier.— m : Salir, souiller.
Brouser. — m : Salir, crotter.
Broutier. — m : Manouvrier qui roule une brouette.
Broyer un veau. — m : Employer des moyens prohibés pour le faire enfler.
Bruant. — t : Crécelle de lépreux.
Brucin. — a : Buis.
Bruée, bruel. — m : Broussailles, feuillage.
Bruesche. — a : Sorcière.
Bruière. — m : Brouillard, pluie.
Bruire. — m : Faire du bruit, brûler, être brumeux, couvert

de brouillard, de fumée.
Bruitor. — t : Oiseau, butor.
Brulis, longe. — m : Morceau de viande, terme de boucherie.
Bruman. — a : Gendre.
Brume, brumetz. — a : Gelée blanche.
Brument. — a : Sorte de barque.
Brunchailles, nuit des. — m : Nuit entre les fiançailles et les noces.
Brun. — m : Sombre, méchant, triste, perfide.
Brune, la. — m : Carie des grains. Venue de la nuit.
Brunir. — m : Frotter, battre.
Brus. — a : Brun, sombre.
Brut. — m, t : Bruit, gaîté tumultueuse.
Bu, bust. — m : Haut du corps.
Buat. — m : Sot, niais.
Bucher. — t : Mesurer une distance avec un brin de paille. — m : Frapper.
Buchières. — y : Engin de pêche.
Bude. — m : But, bout, limite.
Buder. — m : aboutir, toucher.
Buée. — m : Lessive. — Buer : laver. — Buerie : lavoir.
Buffe. — m : Coup, soufflet.
Buffet. — m : Tribunal, comptoir, bureau.
Buffier, buffoier. — a : Souffleter.
Bugnon. — a : Ruche à miel.
Buha. — a : Vase de bois.
Buie. — l : Lessive.

Buire, buirette. — m : Vase, bouteille, flacon.
Buisine d'un étang. — m : Vanne.
Buisnart. — a : Sot.
Bunette. — t : Mauviette.
Bungne, compter bungne à. — m : Compter un à un.
Bunolle. — a : Petite fenêtre.
Bure, bureton. — l : Cruche.
Buresse. — m, a : Lessiveuse.
Burge. — m : Sorte de pierre tendre, facile à tailler.
Burres. — a : Feux de joie allumés le premier dimanche de Carême.
Burteau. — l : Bluteau de moulin.
Bushele, buxelle. — a : Boisseau.
Busou. — t : Echelon, marche. Sot.
Bustail. — a : Bois de lit.
Bustarin. — t, m : Butor, ivrogne, ventru.
But. — t : Bord d'un puits.
Buteau. — a : Brouette.
Buter, se. — m : S'opiniâtrer, se dépiter.
Butins. — t : Décombres, gravats.
Buyoux. — t : Lavoir, cuve de lessive.
Buziniablement. — a : Nécessairement.
Byffes. — t : Pierreries, chiffons, fantaisies.
Bylos. — t : fil, ficelle.

Cabal. — a : Capital, tout ce qu'on possède.
Caban. — a : Manteau.
Cabanon. — m : Chenet.
Cabar. — a : Clou à tête.
Cabas, cabats. — y, m : Panier, sac en joncs, caisse, corbeille à pain.
Cabaust. — a : Cage.
Cabinet. — m : Coffret, armoire.
Caboceau. — a : Sorte de mesure.
Cabochard, cabocheux. — l, m : Opiniâtre.
Cabriolé. — a : Moucheté.
Cabuseur. — m : Fripon.
Caca. — m : Œuf.
Cacabler. — l : Se dit de la perdrix qui chante.
Cacabot. — t : Logement mal distribué, mal meublé.
Cacas. — t : Noix.
Cace. — a : Trou d'une aiguille.
Cachefaix, carchefaix. — a : Levier.
Cacluter. — a : Publier.
Cacquetreaux. — m : Banquette couverte d'étoffe.
Cadefaud. — a : Échafaud.
Cadène. — a : Chaîne (*catena*).
Cadet. — m : Surnom donné au second fils d'une famille.
Cadichon. — l : Diminutif de cadet.
Cadot. — m : Fauteuil, petit siége d'enfant.
Cadoter, se. — m : Se renverser dans un fauteuil.
Caene. — a : Chaîne (*catena*).
Caengnon. — a : Chaîne, collier, carcan.
Caffard. — l : Insecte, blatte.
Caffre. — t : Tuf.
Caffut, caffuterie. — m : Vieux meubles, objets inutiles.
Cagelendrelle. — m : Cage, piège à prendre des oiseaux.
Cageois. — a : Villageois.
Cagnepatte. — m : Boiteux.
Cagner. — t : Border un lit. — m : Boiter, reculer, refuser, être poltron.
Cagneux, cagnot. — m : Boiteux.
Cahi caha. — m : Tant bien que mal.
Cahin. — m : Pierre dure employée dans les constructions sur pilotis.
Cahourde. — a : Concombre.
Cahoux, cahours. — m : Entêté.
Cahuet. — a : Bonnet.
Cahut. — a : Têtu. — m : Poltron.
Cailleterie. — m : Petits morceaux de charbon.
Cailles, ceailles. — a : Ardoises.
Caillot. — m : Noix.
Caïmander. — l : Mendier.
Caïmand — m : Vagabond.
Cainne. — a : Sorte de bateau.
Caint. — a : Ceinture, enceinte.
Caire. — a : Visage, accueil, tournure, état.
Caisseutte, père. — l : Qui se mêle de tout.
Caiveuse. — l : Trémie du moulin.
Calabre. — t : Cadavre.
Calamay. — a : Fête de la Purification.
Calandre, calandrelle. — m :

2*

Alouette à doigts courts.
Calbalance. — m : Balançoir. —
Se calbalancer : se balancer.
Calbostais. — a : Caisse de bois.
Calebanchoire. — m : Balançoire, bascule.
Calebancher, se. — m : Se balancer sur une bascule.
Calemberdaine. — a, m : Conte, niaiserie.
Caliborgne. — m : Borgne.
Calin. — t, m : Hypocrite.
Calivaly, caribary. — a, m : Charivari.
Calle. — y : Bonne femme.
Calmener. — a : Enduire.
Calorgne, caliborgne. — m : Borgne.
Calot. — m : Grosse bille.
Calotte. — m : Coup sur la tête.
Calouche. — m : Louche.
Calvin. — t : Appui anguleux.
Calvine. — l : Pomme de Calville.
Camander. — l : Mendier.
Cambry. — a : Voûte.
Camelotte, vivre en. — m : Vivre en concubinage.
Caminade. — a : Chambre à cheminée.
Camise. — a, m : Chemise.
Camousi. — m : Moisi.
Campagnol. — m : Rat des champs.
Campanelle. — t : Grelot, clochette.
Campanier. — a : Fondeur de cloche.
Campelet. — a : Petit champ.
Campenart. — a : Clocher.

Campène. — l : Dévote, assidue aux offices.
Campousse, prendre la. — m : Prendre la fuite, la clef des champs.
Campousser. — m : Chasser, faire fuir.
Canceller. — m : Biffer, effacer.
Canchel. — a : Cloture, chœur d'église.
Cancouelle. — l : Hanneton.
Candelière, la. — a : Fête de la Chandeleur.
Cané. — l : Louche.
Canelle. — t, m : Canule, robinet.
Canesteau. — a : Échaudé, gâteau.
Caneyne. — a : Lieu couvert de roseaux.
Canivelle. — a : Chemise.
Canivet. — J de B : Canif, petite lame.
Canle. — m : Pratique d'ouvrier, de marchand.
Canneçon. — l : Caleçon.
Canole. — a : Gorge.
Canse, faire. — m : Faire semblant, feindre.
Cantibouelle. — l : Culbute.
Caourde. — a : Citrouille.
Caoursin. — t : Banquier, usurier.
Capeaulx. — a : Chapeau.
Capendu. — m : Sorte de pomme.
Caperon. — m, t : Chaperon.
Capet. — a : Têtu.
Cappe. — a : Chape, manteau.
Caquehan. — a : Cabale, cri, bruit.
Caquelinette. — m : Bête à Dieu,

insecte.
Car, care. — a, m : Chair, mine.
Car, cars. — m : Char, charriot.
Caraflée. — l : Giroflée.
Carapie. — m : Charogne.
Carauder. — a : Se réjouir.
Caraudesse. — a : Sorcière, fille de joie.
Carcaillousse. — m : Canaille.
Carcellier. — a : Geôlier.
Carcée. — a : Charrette, charretée.
Carchier. — m : Charger, imputer.
Carchieur. — m : Chargeur, portefaix.
Carchon. — a : Carcan, collier.
Carelon, carterier. — a : Charretier.
Caremages — l : Grains semés en Mars.
Caresle. — m : Place, terrain, chambre.
Carfou. — a : Couvre-feu.
Carme. — t : Vers, chant magique.
Carneaux. — m : Créneaux.
Carniquet. — a : Gaîté.
Carole. — m : Danse, fête, joie.
Caroler. — m : Se réjouir, danser.
Carotter. — a, m : Perdre son temps, gagner peu.
Carpant, carpie. — a : Hachis de carpe.
Carre. — l : Vase de nuit, pot de chambre, jeu d'enfants (les 4 coins).

Carre-feu. — a : Couvre-feu.
Carreau de marat. — m : Carreau de terre pour bâtir.
Carreau. — m : Perche carrée, contenant 7 centiares et demi.
Carreignon. — a : Cachet.
Carrel. — a, m : Quartier, place, rue.
Carrière. — m : Sorte de danse.
Carroy. — m : Quartier, place.
Carse. — m : Cassette, coffre, panier, corbeille.
Carte. — m : Carton où les écoliers mettent leurs livres et leurs cahiers.
Cartelage, bois de. — m : Bois de construction.
Cartelée, quartelée. — a : Quart d'arpent.
Carteler. — m : Conduire une voiture de manière à éviter les ornières.
Cartrier. — a : Prisonnier.
Cas, casse. — m : Nul, vaincu, vain, anéanti.
Casal. — a : Hameau, maisonnette.
Casalet. — Petit clos.
Cascarinettes. — m : Castagnettes.
Cascavel. — a : Grelot.
Cassal. — a : Place vide.
Casse, casselle. — t, m : Poëlon de cuivre, casserole, cuiller. Coffret, cassette, panier.
Cassedos. — t : Importun, grossier, malade, vieux.
Cassine. — m : Chaumière.
Casuesne. — a : Chouette.
Casure. — a : Chasuble.
Catopon. — a : Chef.

Cate catie, faire la. — m: Faire la difficile.
Caterve. — m : Bande, foule.
Catherinette. — l, m : Insecte vert. — Bête à bon Dieu. — Petite fille.
Cathonnet. — t : Alphabet.
Caucemence. — a : Chaussure (*calceamentum*).
Caucher. — a : Ranger.
Caucoire. — a : Fête de village.
Caudemellée. — a : Bataille.
Cauderette. — a : Chaudière.
Caudestrape. — a : Chiendent.
Caudrelas. — a : Cuivre, objet en cuivre.
Caudrelier. — a : Chaudronnier.
Cault. — m : Prudent, adroit.
Cauresse. — a : Sorcière.
Caurine. — m : Fruit sauvage.
Causer. — m : Plaider sa cause.
Causset. — a : Cachot.
Cavaras. — a : Trou.
Cave. — m : Armoire, cachette, coffre.
Cavetriste. — m : Prison.
Cavel, caveron. — a : Cheville.
Cavestre. — a : Coquin.
Cavon. — t : Caveau, prison.
Cayaux, cayoux. — a : Jouets.
Cayot. — m : Noix. — Cayotier: Noyer.
Ceille, ceillon. — m : Faucille.
Ceintouin. — m : Bandelette dont on entoure les jeunes enfants.
Celle. — m : Chaise, siége, banc.
Cenchet. — a : Ceinture.
Cendreus. — t : Paresseux, qui garde le coin du feu.

Cengle. — a : Enceinte, ceinture.
Cenelle. — m : Fruit sauvage, fruit de l'aubépine.
Cenise. — l, t : Cendre chaude.
Cepage. — m : Captivité, droits dus au geôlier.
Ceps. — a, m : Fers, chaînes.
Cerf, être mis sur le. — m : Un des châtiments infligés à Reims consistait à être lié et exposé sur un cerf de bronze décorant la porte de l'archevêché.
Cerf, maladie du. — m : Maladie du cheval, vertige.
Ceriot. — m : Cerneau.
Ceriserie. — l : Plantation de cerisiers.
Cerne, cernelière. — a, m : — Cercle, clôture, piége.
Cerre. — a : Pois chiche.
Certiorer. — m : Certifier.
Cès. — m : Chaines.
Cesse. — m : Merise. — Cessier: Merisier.
Cetif, ceptif. — a : Captif.
Cevre. — a : Loi, règlement.
Cha. — t : Corps de logis.
Chaalit. — m : Bois de lit.
Chaat. — l : Pièce d'une maison, corps de logis.
Chabenne. — a : Cabane.
Chabin. — t : Enfant chétif.
Chable. — m : Cable, corde, fiole.
Chablis. — a : Bois mort.
Chabouclé. — m : Pourri, gâté.
Chabriot. — a : Chevron.
Chabrun. — l : Maussade, renfrogné.

Chache. — a : Cognée.
Chadeler, chandeler. — a : Conduire quelqu'un un flambeau à la main.
Chaene, chaenon. — m : Chaîne, chaînon.
Chafrogneux. — t : Délicat, difficile.
Chagrin. — t : Petit poisson délicat.
Chaiel. — a : Petit chien.
Chaière. — t : Chaire, siége.
Chaimbe. — a : Jambe.
Chaines.— Rides, cheveux blancs.
Chaineux. — m : Ridé, vieux, vieillard à cheveux blancs.
Chainse. — a, m, t : Chemise.
Chainserie. — a, t : Lingerie.
Chairpaigne. — a : Vannerie.
Chaiture. — a : Chair.
Chaiz. — a : Cabane.
Chalamer. — a : Réclamer.
Chalant. — m : Sorte de bateau.
Chaleil. — a : Lampe.
Chalendeler. — a : Jouer du chalumeau.
Chalit. — m : Bois de lit.
Challe. — a : Gauffrier.
Challer. — a : Oter la coquille d'une noix.
Chalpiète. — m : Salpêtre.
Chalvatre. — l : Viande malpropre.
Cham, chamais. — a : Banc.
Chamberière. — m : Femme de chambre.
Chamberlouque, zambrelouque. — l : Robe.
Chambion. — a : Jambon.

Chambre coie. — m : Cabinet particulier, chambre de repos.
Chambres, les ; les petites chambres. — m : Lieux d'aisances.
Chambre fosse. — m : Lieux d'aisances.
Chameau. — m : Gros nuage.
Chamerande. — a : Enduit, crépit.
Chameulx. — m : Chamois.
Chamon. — a : Terre en friche.
Champaigne. — m : Plaine, campagne, domaine.
Champaigne.— t : Plateau d'osier à mettre des pâtisseries.
Champelet. — a : Petit champ.
Champisse. — a : Femme débauchée.
Champisteaux. — a : Fâché.
Chanal. — a : Bois, forêt.
Chancel. — m, t : Lit, canal. — a : Chœur d'église.
Chanceller. — m : Biffer, effacer.
Change, aller au. — m : Être infidèle.
Channatte. — l : Chanlatte. — m : Pièce de bois fixée au bout des chevrons d'un toit et recouverte de tuiles.
Channe. — a : Planchette, latte.
—Channetieure: Chantier où on les fait.
Channeteil. — a : Chanson bruyante.
Chanteau, chantel. — m, a : Morceau, dos de la main.
Chantille. — a : Contre-mur.
Chantonnot.— t : Enfant de chœur.
Chanveux. — m : Filandreux.

Chaou. — a : Chef, tête, col.

Chapay, chapel, chapet, chapelet, chapiaus. — a, m : Chapeau, chaperon.

Chape, chapette. — a, m : Chevron, manteau.

Chape-chute. — t, m : Accident imprévu.

Chapillas. — a : Clous à grosse tête.

Chapital. — a : Outil de mineur pour saper.

Chapitle. — m : Chapitre.

Chapuis, chapuiseur. — m : Charpentier.

Chappuser. — a : Charpenter, tailler du bois.

Charail. — a : Lampe.

Charbonnée. — m : Grillarde de porc.

Charcreux, enfant. — m : Chétif.

Charculot. — t, m : Dernier né, le plus petit poulet d'une couvée.

Char de bois, le grand. — m : Voiture contenant environ 4 stères. — Le char ordinaire contient 3 stères.

Charcre. — m : Prison.

Chareton. — m : Charretier.

Chargant. — m : Importun, à charge.

Chariner. — a : Railler.

Charitiaus. — m : Enfants élevés à l'hôpital.

Charlier. — m : Charron, charretier.

Charme. — t : Terre en friche.

Charmie. — a : Chemise.

Charostier. — a : Carnassier.

Charpagne. — a : Engin de pêche.

Charran. — a : Chemin de voiture.

Charrière. — m : Ornière, chemin pour les voitures.

Charriot à flèche. — m : Voiture contenant 4 stères de bois.

Charrot, charrous. — t : Treillis qui porte les cendres de lessive.

Charruier. — m : Charretier.

Charton. — m : Charretier.

Chartre — m : Prison.

Charvir. — a : Railler, médire.

Chas. — a : Travée, chambre.

Chasal. — a : Mesure.

Chasé. — m : Chef, propriétaire, seigneur. — Chasement : Fief, domaine.

Chasse-marée. — m : Voiturier, qui amène la marée. Vagabond.

Chasse. — t : Chaussée, voie.

Chasser, chassier. — m : Chercher des pratiques.

Chassiliez. — m : Fenêtre à chassis.

Chassoire. — m : Ficelle au bout du fouet.

Chastel. — t : Voyez chateil.

Chat, pied de. — m : Plante, *gnaphalium dioicum*.

Chat d'atre. — t : Enfant malade, chétif.

Chateil, chateis, chatel, chaltey. — m, t : Fortune, rente, propriété, domaine, capital engagé dans une industrie.

Chaucie, chaulcie, chaussiage.

— m : Chaussée.
Chaucher. — t : Se dit du coq fécondant la poule.
Chaudeau flamand, chaudel. — m : Potage chaud.
Chauderlas. — m : Objets à vendre.
Chaudier. — m : Chaudron.
Chaudière d'enfer. — l : Coquelicot.
Chaudoier. — m : Chauffer.
Chaudrelier. — m : Chaudronnier.
Chauffe. — m : Provision de bois pour l'année.
Chauffette. — m : Chaufferette.
Chauffoir. — m : Garniture de linge.
Chaufourer. — m : Passer le blé à l'eau de chaux et de fumier.
Chaulcine, chaussine. — a : Chaux.
Chaule. — a : Echelle, boule.
Chauler les grains. — m : Les passer à l'eau de chaux.
Chaurée. — t, m : Chaleur de tête.
Chauseteur, chausieur. — m : Fabricant de chausses.
Chausnis. — a : Chenevis.
Chaussaier, chaussieur. — m : Ouvrier travaillant aux chaussées.
Chavatte. — m : Savatte.
Chaviet. — a : Chevet de lit.
Chavillon. — a : Cheville.
Chavoulx. — a : Cheveux.
Chayère de fust. — m : Chaise de bois.
Chéfaud. — m, a : Maison, échafaudage.
Chefetain. — a, m : Capitaine.

Cheincerie, chaincerie. — a : Lingerie.
Cheligne. — m : Chenille.
Chelm. — a : Turbulent, séditieux, traître.
Chemer, se. — a : Diminuer, maigrir.
Chemine, cheminon. — a, m, t : Chenet.
Chenail. — a : Grenier.
Chenatre. — t : Excellent.
Chenel. — a : Petit chien.
Cheneveuse. — m : Chenevis.
Chenevotteau. — a, t : Vieillard à cheveux blancs. Ratafia pour les vieillards.
Chenex, cheneau. — a, m : Gouttière.
Chenit. — l : Ordure.
Chenongne, chenoine. — m : Chanoine.
Chenu. — m : Très bon.
Chercel. — a : Hoyau, cercle.
Cherfaud. — m : Échafaudage. —
Cherfauder : Échafauder.
Cherfaudeur. — m : Ouvrier qui bâtit un échafaudage.
Cherlier. — m : Charron, charretier.
Cherpignier. — a : Vannier.
Cherrier. — conduire en voiture.
Cherrière, charrière. — m : Porte, chemin, remise pour les voitures.
Chescan. — a : Chaque année.
Chescan, chescanne. — a : Chacun, chacune.
Cheseur. — a : Élu, choisi.
Chesson, chest. — a : Chât,

chaton.

Chesteller. — a : Se dit d'une chatte, qui met bas ses petits.

Chet. — a : Echelle.

Cheuler. — l : Se dit des petits enfants qui sucent leur pouce.

Cheus, cheux, cheuz. — y, m : Chez.

Chevage, homme de. — m : Serf, tenancier.

Chevance. — m : Maison, provisions, fortune, entretien.

• Chevau. — m : Sorte de poisson d'eau douce.

Chevece, cheveche.— m: Chouette.

Chevecel. — a : Chevet.

Chevedage. — a : Maison, impôt sur chaque maison.

Chevelain, chevetain. — a : Capitaine.

Chever. — m : Faire, prendre, posséder. — Creuser.

Chevesce, chevesse. — m, a : Joyau, fortune. — Habit, chemise, fente de chemise.

Chevestre, chevoistre. — m, t : Lien, corde, menotte, carcan.

Chevir. — t, m : Posséder, jouir, gagner.

Chevris. — l : Giboulée de Mars.

Chevrotter. — a, m : Grelotter, s'impatienter.

Chez un tel, rencontrer. — l : Rencontrer un tel et sa famille.

Chiaoux. — a : Sergent.

Chiasse. — t, m : Rebut.

Chiboire. — a : Ciboire, dais.

Chiche.— a : Ciment, mortier.

Chiche-crotte. — m : Avare.

Chiche face. — m : Figure pâle, la mort, masque enfariné.

Chicon. — m : Salade, laitue romaine.

Chief, à. — t : Au but, à la fin, à bout.

Chief de tout, au. — t : En somme.

Chielle. — a : Échelle.

Chien. — m : Linge de couleur à lessiver.

Chiennesse. — a : Meute de chiens.

Chiès. — m : Chef.

Chièvre voye. — m : Chemin étroit et difficile.

Chifflement. — m : Sifflement. — Chiffler : Siffler. — Chifflet, chifflot : Sifflet.

Chiffre, le. — l : L'arithmétique.

Chifouiller. — m : Fouiller.

Chignard. — m : Pleurnicheur. — Chigner : Pleurer.

Chincelier. — a : Dais.

Chinée. — a : Gouttière.

Chinq, chonq, chunq. — a : Cinq.

Chinquisme. — a : Cinquième.

Chipeau. — m : Sorte de canard sauvage.

Chiper. — t, m : Voler.

Chipoter. — m : Tracasser, babiller.

Chipoteur, chipotier. — l, t : Minutieux, brouillon, bavard.

Chirurgiens, sagesse des. — m : Plante : *Sisymbrium sophia*.

Chique.— t : Sabot.— m : Bille.

Chiquer, envoyer. — t : Envoyer au diable.

Chiton. — m : Économe, avare.
Chochos. — t : Souliers d'enfants.
Choe, choue. — a : Halle. — m : Chouette.
Choès, choet, choette. — m : Hibou, chouette.
Cholier. — a : Glisser, caresser.
Chollat. — a : Pain mollet et blanc.
Chonin. — a : Banquier.
Chopine. — m : Mesure d'un demi-litre.
Choquelle. — a : Canaille.
Chot. — a : Chouette.
Chotier. — a : Évier de cuisine.
Chou nouveau. — t : Gâteau, talmouse.
Chouffier. — a : Baiser, caresser.
Chouille. — m : Vice dans le bois.
Chouiner. — l, t : Pleurer, grogner.
Choul. — a : Chaume.
Choumac. — m : Cordonnier.
Chouner. — a : Balayer.
Chourillat. — m : Polisson.
Choyx. — a : Prix, supériorité, élite.
Christode. — a : Coffret, boîte.
Chuchillier. — m : Chuchoter.
Chuece. — t : Chouette.
Ciboulette, cibour. — m : Ail, petit oignon.
Cieu, cieuf. — m : Suif.
Ciez. — a : Cheveux.
Cifer, chifer — m : Orner, habiller.
Cilion, cilium. — m : Sorte d'épices.
Cince. — a : Ceinture. — t : Guenille.
Cincelier. — a : Coussin, tapis.
Cinet. — Voyez : Sinet.
Cinglon. — m : Onglée, coup sec.
Cit. — a : Cité, ville.
Citcin, citien. — m : Citoyen.
Cive, civette, civot. — m, t : Civet. — Ail, oignon, ciboule.
Clabauder. — m : Crier, proclamer.
Clabaux. — t : Crieur.
Claire. — l : Plante, chelidoine, éclair.
Clampet, clampin. — t, m : Boiteux, fainéant.
Claquer. — t : Fatiguer, écraser, battre.
Clarté. — m : Lanterne, lumière.
Clartif. — m : Clair, brillant.
Claud, claus. — m : Boiteux. — Clous, pointes. — Malin.
Clacelier, classelier. — m : Intendant, porte-clefs.
Clavel. — m : Clef, clou, massue.
Claver. — m : Fermer à la clef.
Claveter. — m : Heurter à une porte.
Clavette. — m : Petite clef.
Clayon. — m : Petite claie.
Clercelier. — a : Geôlier.
Clerjon. — t, m : Jeune clerc.
Clevour, clovetour. — a : Cloutier.
Cleyon. — t. Claie, petite porte battante.
Cliboter. — m : Marcher dans la boue sans attention.
Cliche, clichet. — t : Loquet,

guenille, un rien.
Clicher, clicheter une porte. — m : Lever le loquet.
Clichette. — m : Cours de ventre.
Clicorgue. — a : De travers.
Cliffer. — m : Éclabousser.
Cligner. — m : Fermer les yeux.
Clignette, cligne-musette. — m : Jeu d'enfant.
Clignette, compter à. — m : Compter sans y voir.
Clinsser. — a : Glisser.
Clipet. — a : Battant de cloche.
Cliquart. — m : Pierre à bâtir.
Cliquet, cliquette. — m : Lame de bois sous la trémie du moulin, qui bat sans cesse. — Crécelle de lépreux.
Cliqueter. — m : Bavarder.
Clive. — a, m : Crible.
Cliver. — a : Cribler.
Cloche. — m : Manteau de voyage.
Clocher. — m : Boiter.
Cloficher, cloufichier. — m : Clouer.
Cloistrière. — m : Femme galante.
Cloque. — m : Cloche, manteau de voyage.
Clore, à. — m : A l'heure où l'on ferme les portes de la ville.
Clos. — m : Clou. — Boiteux, pointu, malin.
Closerie, closière. — m : Ferme, clos.
Clous de rue. — m : Maladie du cheval.
Clousse. — m : Poule qui couve.

Cloye. — m : Claie.
Cloyère. — m : Claie, panier.
Clustriaux. — a : Haillons.
Clut. — a : Raclure.
Chasser. — t : Rêver, perdre son temps, être distrait.
Co. — a : Encore.
Coasserie. — m : Lieu où couvent les poules.
Cobir. — a : Confire.
Cobter. — a : Heurter.
Coca. — a : Œuf.
Cocaingne. — a : Débat.
Cocardeau, cocareau. — l, m : Giroflée double et rouge.
Cocarderie. — m : Niaiserie, galanterie.
Cocasse. — t : Plaisant, ridicule.
Cocassier. — m : Marchand d'œufs et de volailles.
Cocassoneux. — t : Séducteur.
Cocâtre. — a : Demi-chapon.
Cochevis. — m : Allouette hupée.
Cochon de saint Antoine. — l : Cloporte, insecte.
Cocloche. — t : Gâteau à la graisse.
Coclon-charbon. — l : Jeu d'enfants.
Coco. — m : Œuf à la coque. — Souliers d'enfant.
Cocotte. — m : Poule.
Cocotte. — m : Marmite de fer.
Cocquernier. — m : Marchand d'œufs.
Cocrille. — t : Coquille.
Cocu. — t : Coucou, séducteur d'une femme mariée. Primevère des champs de couleur jaune.
Coenin. — a : Lapin.

Coestron. — a : Bâtard.
Cœur sur le carreau, mettre le. — m : Vomir.
Cœur. — t : Pierre à repasser.
Coffin, coffineau. — a, m : Corbeille, panier.
Coffiner. — m : Cuire à petit feu. — t : Se dit d'une menuiserie qui travaille. — m : Se coffiner: Se mettre à l'aise.
Cogament. — a : Secrètement.
Cogite, dès. — a : Dès le point du jour.
Cognard. — a : Sournois.
Cognasse, viande. — Mauvaise viande.
Cognat. — m : Brutal.
Coguer. — m, m : Frapper.
Cogneux. — l : Gâteaux ou présents donnés aux enfants à Noël. — Coups, violences.
Cognon. — a : Poison.
Cognot. — t : Petit pain rond donné à Pâques par les marraines.
Cohier, coyer. — m : Cahier.
Cohine. — a : Couenne de lard.
Coiement. — m : Bas, sans bruit, en repos.
Coingnie. — m : Cognée.
Coisier. — a : Briser.
Coissin, coycin. — m : Coussin, oreiller.
Coite. — Nuque du col.
Colecte, colecterie. — m : Impôt, taille.
Colereux. — l : Violent.
Colibert, colbert. — m : Affranchi, émancipé.
Colidor. — l, m : Corridor.
Colie, coliée. — m : Charge à dos.
Colier. — m : Portefaix.
Colle. — t, m : Mensonge. — a : Bile.
Collée. — m : Charge sur le dos.
Coller. — m : Mentir, réduire au silence.
Collibert. — a, m : Serf affranchi.
Collogui. — a : Convention, location.
Collurion. — a : Pie-grièche.
Coloigne. — a : Quenouille.
Colte, souliers à. — m : Souliers couverts.
Colure. — m : Cheveux frisés, bouclés.
Combe. — a : Vallée.
Comenier. — m : Communier.
Comme tout. — t, m : Beaucoup. — Comme rien du tout: Nullement.
Commencer une fille. — t : La demander le premier en mariage.
Commun, le. — m : Le public, la cité.
Communoyer. — m : Commun, public.
Compagnon. — l : Plante, lychnis dioïque.
Compaing. — m : Ami, compagnon.
Compieng. — a : Bourbier.
Composte. — m, t : Fricassée.
Compte. — m : Lot de poteries valant de 2 à 3 francs.
Conard. — a : Stupide.
Conat. — l : Corbillon.

Concelet, bonnet. — m : Bonnet de laine.
Conchanoin. — m : Titre de fraternité entre les chanoines.
Conchières. — a : Poltron.
Concreu. — m : Grandi, venu, accru.
Condamnade. — m : Jeu de cartes.
Conducteur. — m : Locataire, fermier.
Conduil. — a : Charretier.
Conduit. — a : Atelier, boutique.
Coneule, coneulier. — l : Cornouille, cornouillier.
Confès. — m : Qui avoue, pénitent.
Confoier. — m : Confesser, certifier.
Congerie. — a : Amas.
Connil. — a, m : Lapin.
Connileur. — a : Chasseur de lapin, garde de garenne.
Connilière. — a : Ruse, détour.
Conniller. — a : Fuir, faire des détours comme un lapin.
Connin. — m, t : Lapin.
Conréer. — a, m : Préparer, armer, habiller, tanner.
Conréour, conréeur. — a, m : Tanneur, corroyeur.
Conroy. — m : Corroyerie, cuir préparé.
Conroyer. — m : Préparer.
Consaut. — m : Conseiller, avocat.
Consois, à. — a : De plein gré.
Constant. — m : Durant, pendant.
Consuir. — m : Poursuivre, atteindre.

Contenance. — t : Mort dans un cercueil.
Contempt. — m : Mépris.
Contens. — m : Débat, discussion.
Conterie. — a : Comptoir.
Contraile. — a : Contrat, traité.
Contrait. — a, m : Difforme, tortueux.
Contralie. — m : Contrariété, vexation.
Contrect. — m : Contrefait.
Contremoier. — m : Faire contrepoids.
Contremont. — m : En haut, en montant.
Contrepoier. — t : Faire contrepoids.
Contrester. — m : Résister, s'opposer.
Contreuve. — m : Mensonge, invention.
Contreval. — m : En bas, en descendant.
Contrevange. — a : Revanche, vengeance.
Contrewage. — m : Contre garantie.
Contumélie. — m : Outrage.
Convéance. — a : Accord, convention.
Convenance — m : Convention.
Convenancier. — t : Homme de parole.
Convenir. — m : Être destiné, nécessaire, inévitable.
Convenne, convention, convenue. — a, m : Assemblée.
Convis, convy. — a, m : Festin.

Coorde. — a : Citrouille.
Cop, — m : Méchanceté, coup de langue.
Copie. — m : Abondance.
Copoier. — a, m, t : Blâmer, railler, piquer, calomnier.
Coppau. — a : Mari, qui se prête à l'inconduite de sa femme.
Coquard. — m : Fat, élégant, railleur, sot, cocu.
Coquardeau. — a, m : Galant, niais, ridicule.
Coquardie. — a, m : Galanterie, fadaise.
Coquasserie. — m : Commerce d'œufs et de volailles.
Coquassier. — m : Marchand d'œufs et de volailles.
Coque de Noël. — t : Buche de Noël.
Coqueliner. — l : Se dit du coq, qui chante.
Coquehus. — m : Cocu.
Coqueluche. — m : Gâteau au lard.
Coquereilloux. — l : Susceptible, tracassier.
Coquier. — t : Marchand d'œufs, de volailles.
Coquillard. — m, a : Mari trompé.
Coraille, coraye. — a : Cœur, ceinture.
Coras, coraus. — m : Fruits de l'églantier.
Corasse, rayne. — m : Grenouille verte.
Corbaran. — a : Trésor.
Corbin. — a : Trésor. — m : Corbeau.

Corbiner. — m : Dévorer, déchirer.
Corbineur. — m : Voleur.
Cordelle, tenir à sa. — a, m : Tenir à sa discrétion.
Cordion. — m : Sorte de cuir maroquiné.
Cordouennier. — m : Cordonnier. — Soulier en cuir de Cordoue.
Cordovinier, corduwinier. — a : Cordier, cordonnier.
Corée de porc. — m : Foie de porc, entrailles.
Corette. — m : Noisette.
Corgie, courgie, corgiée. — a, m : Fouet, lanière.
Coriaux. — m : Cerneaux.
Corie. — a : Cadavre corrompu.
Corine. — m : Noisette.
Corion. — a : Lanière de cuir.
Cornebaus. — m : Mari trompé.
Cornéer, corner. — a, m : Sonner du cor, crier, railler, faire les cornes.
Cornet. — a : Coin, encrier.
Cornette. — Coiffure. — m : Femme dont le mari est infidèle.
Cornu, pain. — m : Sorte de petit pain en usage à Reims pendant le carême.
Corpe, corpeil. — a, m : Faute.
Corper. — m : Faire des fautes.
Corpiaux. — m : Copeaux, éclats de bois.
Corporé. — m : Gros, fort.
Corps, homme de. — m : Serf.
Corps, aller au. — m : Aller à l'enterrement.
Corps cochon. — m : Repas

auquel celui, qui a tué un porc, invite ses parents et voisins.

Corps pendant. — l : Conduit de gouttière.

Corpulé. — m : Gros, fort.

Coron. — m : Couronne, cercle, royaume.

Correlaire, — a : Salaire.

Corrival, corriveaux. — a : Riverains parallèles d'un ruisseau.

Cortin. — t, m : Cour, jardin.

Cos, cops. — m : Coups de langue, contes.

Cos. — m : Cosses de pois.

Cosses. — m : Fèves de marais.

Cosson, cossonier. — l, m, t : Marchand d'œufs et de volailles.

Costal. — m, a : Couteau.

Cota. — m : Tige de laitue romaine.

Cotelle. — m : Petite robe, vêtement court.

Coteriaux. — t : Coups, couteaux.

Cotis. — l : Côtelette de porc.

Cotta. — t : Œuf gras cuit.

Cotte hardie. — m : Vêtement, robe.

Cotte pot. — m : Poêlon, marmite.

Cottiser. — m : Inscrire parmi les contribuables.

Couasserie. — m : Lieu où l'on élève des poulets.

Coubs, cous, coux. — t, m : Mari trompé.

Couchair, couchis. — a : Boucher, écorcheur.

Coucière, fenestre. — m : Fenêtre à coulisse.

Coudre, coudrette. — t : Coudrier, noisetier.

Coudurier. — a : Tailleur.

Coué. — m : Garni d'une queue.

Couetche, couatche. — m : Sorte de prune.

Couette. — a, m : Lit de plumes.

Couetteux. — a : Efféminé.

Couigner, couiner. — l, t : Pleurer, grogner.

Coule couyée. — t : Homme qui s'occupe de la lessive, qui fait la besogne d'une femme.

Coulise. — t : Pannier à porter des décombres.

Coulisse, temps. — m : Temps qui fait couler les fruits.

Coulisse, fenêtre. — m : Fenêtre à coulisse.

Coulombe. — m : Colonne, pigeon.

Coulon. — t, m : Colombe, pigeon.

Coulouère. — m : Cuillier.

Coulourgeable. — m : Coulant, liquide.

Coulte, coultis. — m : Couverture, courte-pointe.

Coupaux. — m, t : Castrat. Mari trompé. — Plante, bardane.

Coupe, cuir de. — m : Cuir tanné, bon à tailler.

Couperon. — m : Lampion.

Couple. — a, m : Faute, coupe, réunion, corps. — Tenir couple : Tenir compagnie.

Coupoier. — m, t : Médire.
Coupoieur. — m : Médisant.
Courage. — m : Volonté, désir.
Couraille. — m : Cœur, entrailles.
Courbe, pied. — m : Tumeur dure au pied du cheval.
Courée. — m : Cour commune.
Courelle. — a : Cœur.
Courgie. — m : Fouet, lanière.
Courgnon. — y : Engin de pêche.
Courpe, courpel. — m : Faute.
Courpendu. — m : Sorte de pomme à courte queue.
Courreau. — a : Coulisse.
Coursable, monnaie. — m : Monnaie qui a cours.
Courser, se. — m : Se courroucer.
Courteresse. — a : Insuffisance.
Courthebault, courthibaude. — a : Vêtement court, dalmatique.
Courtil, courtille. — m : Jardin clos.
Courtillage. — m : Jardinage, légumes.
Courtillier. — m : Jardinier.
Courtillière. — m : Insecte qui détruit les légumes.
Courtine. — a, m, t : Rideaux, remparts, tenture.
Courtis, courtils. — a, m : Jardin, clos.
Courtoise, chambre courtoise. — m : Lieux d'aisances.
Courtoisie. — m : Gratification.
Cous. — m : Mari trompé.

Cousserier, cousseresse, coussier, coussière. — a : Tailleur, couturière.
Coust, coustance, coustange, coustement — m : Frais, dépens.
Coustangier. — m : Dépenser, ruiner, endommager.
Coustepointe. — m : Courte-pointe, couverture de parade.
Coustre, cousterasse, coutre. — a, m : Gardien, gardienne d'une église.
Couteau de miel. — l : Rayon de miel.
Coutil. — m : Couverture de lit complète.
Coutte, coutton. — m : Couverture.
Couturier. — m : Insecte rongeur.
Couvercel. — m : Couvercle.
Couvert. — m : Couvercle.
Couverte. — l, m : Couverture, prétexte, ruse.
Couvet. — m : Chauffoir, chaufferette, pot de feu.
Couveux, œuf. — l : Œuf couvé.
Couvie. — l : Essaim, jeune abeille, œuf d'abeille.
Couvin, couvine. — m : Complot, intrigue, traité.
Couviver. — a : Flatter, caresser.
Couvraines. — m : Semailles faites à l'automne.
Covasserie. — m : Lieu où couvent les poules.
Cowe. — a : Cuve, queue.
Cowre. — a : Cuivre.
Coye. — a : Creux, fenêtre, figure.
Cozerier. — a : Tailleur. —

Cozerasse. — a : Couturière.
Crache. — a : Graisse.
Crafleux, craffouilleux.— m: Sale.
Craille. — m : Fente, ouverture.
Crailler. — m : Crier en s'ouvrant, fendre.
Craincer. — t : Séparer le blé des dernières pailles.
Craitir. — a : Dépérir, sécher.
Crale. — m : Chétif, ébranlé, malade.
Craie. — m : Fente.
Craler. — t, m : Craquer, crier, se fendre.
Cralin. — m : Criard.
Cralot. — t, m : Cri, enrouement, râle.
Cramail, cramaille, cramalie, cramaillon, cramaux. — l, m :
Cremaillère. — y : Engin de pêche.
Crame. — t : Ecume.
Cramiche, demi cramiche. — m : Mesure de blé, de farine ou de pain. A Reims une cramiche de pain pesait de 27 à 28 onces.
Cramoisi. — m : Supérieur, de première qualité. — Laid en cramoisi : Très laid. — Jurer en cramoisi : Se permettre tous les jurons.
Crampir, se.— l: Se cramponner.
Cran. — m : Fente, trou. — Plante, raifort.
Crance, faire. — Faire crédit. — m : Faire semblant.
Cranicer. — m : Se gratter en se tordant le corps.

Crant. — a, t : Promesse, gage.
— Créance : Dette, action.
Crantailles. — t : Fiançailles.
Cranter. — t, m : Promettre.
Crapaud. — m : Jeune écolier. — Bouteille plate, pleine d'eau chaude. — Morceau de fer dans lequel tourne le pivot d'une porte.
Crape. — m : Fille publique.
Craper. — m : Glaner, prendre, cueillir.
Craquer. — m : Mentir.
Craqueur : Hableur.
Craqueter. — l : Se dit de la cigogne qui crie.
Cras. — t : Gras, épais.
Crasse. — m : Graisse.
Crasser. — l, m : Graisser, engraisser.
Crau. — a : Gros, gras. — m : Croc, crochet.
Craw, crawate. — a : Bulletin de vote en parchemin.
Crayer. — m : Marchand de craie, ouvrier qui creuse les carrières de craie.
Crayère. — m : Carrière de craie.
Crayon. — m : Morceau de craie, bloc de craie pour bâtir.
Créable, créaule. — m : Croyable.
Créant. — m : Créance, promesse.
— Créanter : Jurer, promettre.
Creme, cremeur. — m, t : Crainte.
Cremeteux. — m : Craintif, redoutable.
Cremillière. — t : Lentille d'eau, plante.
Cremir. — m : Craindre. — Cremu : redouté.

Cremour. — m : Terreur.
Creoir. — m : Vendre à crédit, confier, prêter.
Creole, criole. — t : Crédule.
Crepée. — l : Crêpe, friture.
Crepon. — a : Croupe.
Cresmeau. — a : Béguin d'enfant baptisé.
Cresper, crespiller les cheveux.— m : Crêper, friser les cheveux.
Cressir. — l : S'importer, s'irriter.
Creste. — m : Sorte de mesure.
Crestienner. — m, t : Baptiser.
Cretine. — m : Rétine.
Creton, cretonné.— m, t : Graisse, lard, friture ou sauce au lard.
Creute. — m : Grotte, habitation, bergerie taillée dans le roc.
Creux, creuz. — a, m : Croix.
Creuxier, croiser.— m : Ouvrier qui fait des crucifix.
Crevêche. — a : Coiffure.
Crevices. — m : Écrevisses, crabe.
Cria-baya. — m : Criard.
Cricri. — m : Grillon, insecte.
Crieme. — m, t : Crainte.
Crin, cring, cringne, crignée. — m : Chevelure.
Criquet. — m : Bidet, petit cheval.
Crispine, chevelure. — m, Cheveux frisés.
Cro, crou. — t : Fossé.
Croc. — a : Sorte de charrue employée sur les terres à défricher.
Croc. — m : Moustache.

Croce, crocquet, crocquant — t : Crochet.
Croix. — m, t : Supplice, chagrin, monnaie.
Croisette. — m : Alphabet.
Croisseis. — m : Choc, bruit.
Croissir. — a : Heurter.
Croist, vendre à. — m : Vendre aux enchères.
Croist et à descroist, à. — m : Au prix moyen.
Crolis. — a : Fondrière.
Croller, crosler.— m, t : Secouer, trembler.
Croniaux. — m : Engin de pêche.
Croquant. — m : Crochet, fat, voleur.
Crosse.— m : Béquille, patte d'un dindon rôti.
Crottot. — t : Fossette, petit trou.
Crouce. — t : Souche, buche.
Crouillière. — t : Eau croupie.
Croupé. — a : Épais.
Croupt. — m : Croupi, accroupi.
Croupton, se mettre à. — m : S'accroupir.
Croutelevé.— t : Galeux, couvert de plaies.
Crouton, porter le. — m : A Reims la sage-femme, qui soigne une femme en couches, porte un crouton de pain à la plus nouvelle mariée de la ville.
Crovixier. — a : Cordier.
Crow, crowate. — V: Craw.
Croyère, croyer, croyon. — V : crayère, crayer et crayon.
Croyement. — a : Probablement.

Crucarevé. — a : Uni, lié.
Cruex. — m : Croix, cruel.
Cruler les bleds. — m, a : Les remuer. — Crulère, cruleresse, cruleux : Manouvrier qui remue les blés.
Crulet. — m : Corbeille d'osier sans anse.
Cruppe. — m : Bande d'étoffe ou de fourrure.
Crut, crute. — m : Augmentation.
Cruyse. — m : Coquille de limaçon.
Cuderie. — t : Présomption, sottise.
Cuece. — t : Chouette.
Cueugnée. — y : Souche, racine.
Cueurri. — l : Mal lavé.
Cuiaus. — t, m : Cailloux, fruits sauvages.
Cuidance. — m : Opinion, présomption.
Cuignée. — m : Cognée.
Cuigneux, cugneux. — m : V. Cogneux.
Cuignon, cugnon. — a, m : Morceau de pain.
Cuios, cuiot. — V. Cuiaus.
Cuisseaulx, cuissette, cuissot. — m : Cuisse, gigot.
Cuissin. — m : Coussin, tapis.
Cuisson. — m : Prune ovale jaune et rouge.
Cuite. — m : Fournée de pain.
Cuitter. — a : Ruiner, sécher.
Cul-blanc. — m : Petit oiseau de la famille des échassiers.
Cul de chien. — l : Nèfle.
Culart. — t : Feu follet.
Culot. — m : Dernier né d'une famille. — a, m : Coin du feu. — Frileux, paresseux.
Culotter. — m, a : Perdre son temps.
Cung. — a : Coin, cognée, étui.
Cunin, cunnin. — a : Lapin.
Cuoron. — l : Linge usé, torchon.
Cure, curiosité. — m : Soin, désir.
Curer, se. — m : S'inquiéter, se soigner.
Curial. — m : Courtisan, magistrat, curé.
Curieux. — m : Soigneux, cupide, intrigant.
Curre. — m : Chariot.
Cusanceneux. — m : Pénible, inquiétant.
Cusançon. — m : Peine, tourment.
Custode. — a, m : Coffre, étui, abri, dais.
Cuva, devenir. — t : Disparaître comme des fils brulés à la lessive.
Cuve, mantel à fond de. — m : Vêtement de femme noir.
Cuvert. — t : Faux, perfide.
Cuvregon. — t : Prétexte, couverture.
Cysette. — a : Petits ciseaux.

D.

Da. — a, l : Oui, sorte de serment.
Daces. — m : Don, rentes, revenu.
Dada jennin. — m : Mari trompé.
Dadais. — t, m : Niais. — Dadées. — t : Contes, niaiseries. — Dadeyeux : Conteur ennuyeux, bavard.
Dadens. — a : Dès lors.
Dadet. — m : Nigaud.
Daier. — a : Derrière.
Dagonne. — t, m : Couenne de lard.
Daguelles. — t : Poires sèches.
Daguer. — t : Être essoufflé.
Daha, dahait, dahé. — t, m : Exclamation de malédiction, de douleur.
Dam. — m : Dommage.
Damane. — a : Jeune dame, demoiselle.
Dame. — a, m : Maîtresse, mère, belle-mère.
Dandaile. — a : Faible, vieux.
Dangier. — m : Espion, mari, seigneur, puissance.
Dank. — a : Grand merci.
Darne. — a, m, t : Étourdi, ébahi, ébranlé. — t : Fuseau qui tourne.
Darneyer. — t : Perdre la tête, tournoyer.
Darneyot. — t : Étourdi.
Darriè. — t : Derrière.
Date. — a : Dette.
Dateresse. — a : Donatrice.
Daton. — a : Date.
Datour. — a : Donateur.
Datte. — m : Sorte de prune longue et violette.
Daurer. — a : Darder, lancer.
David, davys. — m : Outil de fer.
Dayot. — t, m : Nigaud, raide.
Daziner. — m : Hésiter.
Dé. — m, t : Dieu.
Dea. — m : Affirmation, oui-dà.
Déablie. — t : Diablerie, enfer.
Déallée. — m : Issue, débarras.
Déartuer. — a : Diviser les membres, désarticuler.
Déauté. — a : Remède, don.
Débagouler. — m : Radoter.
Débajousser. — a : Parler à tort et à travers.
Débaretter. — a : Décoiffer.
Débine. — m : Ruine.
Débiscallier. — m : S'amuser.
Débiscasier. — t, m : Incommoder, fatiguer.
Débistocher. — m : Ennuyer.
Déboissier. — t : Tailler en bois.
Debord. — l : Convulsion.
Débotter. — t : Débourber.
Débouler. — t : Démêler. — m : Tomber en roulant.
Débouliner. — m : Rouler, tomber.
Debout. — m, t : Refus. — Sommet, saillie, façade.
Débriole, débriolade. — m : Glissade.
Débrioler. — m : Glisser.
Débriousse, se mettre en. — m : S'enivrer, faire la débauche.
Débrouser. — m : Nettoyer.
Décafuloter. — m : Éplucher.
Décafuter. — m : Découvrir, décoiffer.
Décalbalancer. — m : Balancer.

Décapiter, se. — m : Se dépiter, perdre la tête.
Décesser. — l, t : Cesser.
Déchalle. — t : Maigre, épuisé.
Déchevrotter. — m : S'impatienter.
Déclicher. — m : Lever le loquet d'une porte.
Déclificher. — m : Lancer de l'eau avec une seringue.
Décliquer. — m : Bavarder.
Décliqueur. — m : Bavard.
Décœurer. — m : Vomir.
Décrapiter, décrépiter. — t, m : Contrarier.
Dedais. — l : Nigaud.
Dedans, mettre. — l, m : Enivrer, duper.
Dedet, dedette. — m : Cadet, cadette.
Dedier. — t : Baptiser, consacrer.
Dedite. — l : Dédit.
Dedonc. — a : Dès lors.
Déernée. — a : Fille, servante.
Defaix. — a : Lieu prohibé.
Défaillir. — a : Manquer, pécher.
Défectis. — m : Défectueux.
Deffaé. — t, m : Sans foi, infidèle.
Deffouïr. — m : Exhumer, extraire.
Défiance. — m : Défi, provocation.
Définaille. — m : Définition, fin, mort.
Définition. — m : Fin, mort.
Défiter. — m : Mépriser.
Défluer. — m : Couler, descendre.
Defoy, defoys. — m, a : Défense, exception, défi, défiance.

Défroc. — a : Ruine, désastre.
Défubler, défuler. — t, m : Décoiffer, déshabiller, découvrir.
Dégaine. — a, m : Manière, tournure.
Dégauroché. — a : Epuisé par la débauche.
Dégeigner. — t : Singer en grimaçant.
Dégelée. — l : Coups.
Dégêner. — m : Débarrasser.
Dégiegner. — t : Tromper.
Dégobiller. — m : Vomir.
Dégoiser. — m : Bavarder, dégourdir.
Dégouliner. — m : Couler goutte à goutte.
Dégraigner. — t : Mépriser, repousser.
Dégrimauder. — m : Grogner.
Dégrimoner. — m : Egratigner.
Dégrouiller. — m : Murmurer.
Déguengandé. — a : Délabré, mal tourné.
Déguerpi. — a : Veuf.
Déguculer. — m : Injurier.
Dégueuloir. — m : Vomitif.
Déhaller. — a : Débarasser.
Déhotter un chariot. — m : Le tirer d'un bourbier.
Déhouser. — a : Débotter.
Déiée. — t : Bouillie autour du doigt des nourrices.
Deix. — a : Dez, deux.
Déjuc. — a : Lever des oiseaux, départ du juchoir.
Déjucher. — a : Descendre, s'envoler, déloger.
Délabrer. — m : Ruiner, frapper.

Délamboné. — m : Délabré, en guenilles.
Délaner. — m : Délacer.
Délayer. — t, m : Retarder. — t : Eplucher.
Délibérer. — m : Délivrer.
Délinquer. — m : Commettre une faute.
Deliquie. — a : Faiblesse.
Delogner un cheval. — m : Lui ôter sa longe.
Delourer, se. — t : Se désespérer.
Déluire. — t : Eplucher.
Déluré. — m : Habile, adroit, rusé.
Déluter. — m : Lutiner, taquiner.
Demain, il y a beau. — t : Il y a longtemps.
Demenuser. — m : Mettre en miettes.
Demeuter. — m : Délayer de la farine dans de l'eau.
Demicer. — t : Hacher, émietter.
Dénier. — m : Refuser.
Denier Dieu. — m : Gage, arrhes, promesse.
Denrée. — m, t : Ce qu'on a pour un denier. — Mesure de terre rapportant jadis un denier, contenant de 5 à 6 ares.
Dépairer. — m : Séparer.
Dépaner. — a : Dépenser, diviser.
Déparager, se. — a : Se mésallier.
Dépiauter. — m : Ecorcher.
Dépourer. — m : Balayer, enlever la poussière.
Dépulier. — a : Publier, annoncer.
Derayure. — a : Sillon qui sert de limite.
Derne. — m : Etourdi, stupéfait.
Dernelle. — m : Nielle des blés.
Deroutte. — a : De suite.
Derrain, derien. — m, t : Dernier. — Au derrain : A la fin.
Derrier. — m : Dernier, derrière.
Dérusion. — t : Profusion.
Dervé. — m, t : Fol, enragé.
Desagé. — a : Vieux, décrépit.
Desavarder. — a : Défricher.
Desbaretter. — a : Battre.
Desçaint. — m : Deshabillé, dénoué.
Descendue. — m : Origine, succession.
Deschaux. — m : Sans chaussure.
Deschée, deschef. — m : Perte.
Descourper. — m : Disculper.
Descroist, vendre à. — m : Vendre au rabais.
Desenheurer. — a : Porter malheur.
Désespérer, se. — m : Se suicider.
Deshairier. — a : Haïr.
Deshaitié. — m : Triste, malheureux, malade.
Desimbringuer. — a : Affranchir.
Désirance. — m : Envie de femme grosse.
Désirée. — t : Désir. — Bien aimée.
Despaïsier. — m : Eloigner, exiler.
Despense. — m : Buffet, office.
Despenser. — m : Dépenser, disposer, partager.
Despensier. — a : Intendant, maître d'hôtel.
Despeulle. — m : Dépouille, récolte.
Despit. — m : Mépris. — Des-

piter : Dédaigner.
Despiteux. — m : Irrité, piqué.
Desraignier, desrainier. — a : Déranger, fuir, restituer, négocier, parler.
Desrée, desroi. — t : Désordre.
Desrener. — m, t : Délier, délivrer, parler.
Desrocher. — m : Extraire de la pierre.
Desrout. — m : Rompu, en déroute.
Desrouter, se. — Se débander.
Dessambler. — t : Séparer.
Dessentir. — a : Pressentir.
Dessevrer. — m : Séparer.
Dessoigner. — a : Acquitter.
Dessous, mettre une dame au. — a : lui donner la main gauche.
— La mettre au-dessus : Lui donner la main droite.
Destrier. — t : Retarder.
Desvaller. — a : Tomber.
Desvé. — m, t : Fol, enragé.
Desvée. — m : Prohibition.
Desvet. — m : Perte de possession.
Det, debt. — m : Dette.
Détierres. — a : Caution.
Détraigner. — l : Dégoûter, fatiguer.
Détranches. — a : Souliers longs.
Détranger. — t : Détruire, écarter, arracher, exiler.
Détraper. — t : Débarrasser, délivrer, desservir.
Détrempé, cheval. — m : Cheval sujet au cours de ventre.
Détrousse. - l : Crainte, choc.

Deu. — m : Dette, devoir.
Deu, le devoir. — a, m : Service divin.
Deuler, se. — a : Se plaindre.
Deuvles, douvles. — m : Pièces de bois, doubleaux.
Dévaler. — m : Tomber, descendre, baisser, diminuer.
Devantier. — a, m : Tablier.
Devantière. — a : Prédécesseur.
Devantrin. — a : Tablier : Predécesseur.
Devée. — m : Prohibition. —
Devéer : Défendre.
Devenir. — t, l, m : Venir, revenir.
Devestir. — m : Déposséder.
Devie. — a : Mort.
Devinne. — t : Ruine.
Devise. — m : Plan, propos, désir, volonté.
Devoier. — m : Égarer, déranger.
Devomir. — m : Vomir.
Devouser. — m : Ne pas tutoyer.
Dey. — a : Deux.
Dey m'aist. — l : Avec l'aide de Dieu.
Deyet. — m : Linge roulé autour d'un doigt blessé.
Diautrement. — l, m : Beaucoup, très.
Diauble, diaule. — a, m : Diable.
Diaux. — t : Deuil.
Diben. — t : But au jeu d'estrebaut.
Démange. — m : Dimanche.
Diervé. — a : Extravagant.
Dieus. — m : Deuil.
Diffame. — m : Honte, outrage.

Dimeresse, grange. — m : Grange destinée aux grains livrés pour le droit de dîme.

Dinanderies. — a : Marchandises de cuivre venant de Dinant en Belgique. — Dinandier : marchand qui les vend.

Diols. — a : Deuil, affection.

Dire. — Composer des vers, les réciter.

Dis. — m : Jour. — Tous dis : Toujours.

Disenie. — m : Dixaine, division de la ville de Reims.

Disenier, desainier. — m : Chef de quartier.

Disgrèces, disgrèes. — a : désagrément.

Dispers. — m : Impair, inégal, dispersé.

Dit. — t, m : Récit, pièce de vers.

Ditterel. — a : Propos, poésie.

Ditterel, dittié. — a, m : Propos, chanson, conte.

Dittier. — m : Conteur.

Disoime. — t : Dîme, dixième.

Divers. — m : Fol, taquin, maniaque, étranger.

Deu. — a : Dieu, deux.

Dodin. — m, a, t : Fat, enfant gâté, fainéant.

Dodiner. — a, t, m : Caresser.

Dognotter. — t : Caresser.

Doguin. — a : Brutal.

Dois, deis. — m : Dais, pavillon, canal, source.

Dollequin. — a : Petite épée.

Domerie. — a : Église, dôme.

Domesche. — a : Domestique.

Dommaine. — a : Domestique.

Dondonne. — a : Fille de joie.

Donnoy. — m : Caresse, galanterie.

Donoier, dornoier, dosnoier. — m : Caresser, conter fleurette.

Dorée. — a : Sorte de pâtisserie, tarte.

Dorelot. — m : Ruban, chiffon. — Élégant, fat.

Dorelotier. — m : Marchand de fantaisies.

Dor-lor. — a : Dès lors, maintenant.

Dormelle. — m : Poisson, ablette.

Dos-derrière, tomber en. — l : Tomber sur le dos.

Dosse. — t : Gousse d'ail, blé dans sa paille, planche levée sur une pièce de bois.

Dosseret. — a : Dossier, dais.

Double, sonner un. — l : Sonner deux cloches en même temps.

Doubler un acte. — m : En faire l'expédition.

Doubler un patineur. — m : Le heurter.

Doublet, doublier, doublot. — t : Serviette pliée en diagonale dont les paysannes se couvrent la tête. — Nappe, linge.

Doubte. — m : Crainte, danger. — Doubteux : Dangereux.

Doucette. — m : Salade, mâche.

Douceur. — m : Ce qu'on mange avec son pain.

Doucine. — m, a : Flûte.

Doudoux. — m : Surnom donné au 4e fils d'une famille.

Douge. — a : Fin, délié.
Douille. — m : Délicat, douillet.
Dour. — a : Cours d'eau.
Doutance.— m: Soupçon, crainte.
Doyot. — t : Doigtier.
Drage. — m : Drêche.
Drageoir, dragier. — m : Boite à bonbons, à dragées.
Drageon. — a : Marcotte de fleur, bouture.
Drager.— t : Pousser, jaillir.
Dragon. — m : Cerf volant.
Draine. — m : Sorte de merle.
Drame. — m : Brême, poisson.
Dranguelle.— a : Engin de pêche.
Drapais, drapeaux, drapelets. — l, m, t : Langes d'enfant, chiffons.
Drapelage. — a : Menu linge.
Dravières. — m : Vesces.
Drès le jour. — m : Dès le jour.
Dresse. — a : Dressoir.
Dret-vent. — t : Vent d'ouest.
Dretté. — t : Droiture, équité.
Drié, rester. — m : Rester derrière, en arrière.
Drigner. — t : Sautiller en tournant.
Drilles, drillons.— t : Testicules.
Dro.— a : Droit, directement, à coup sûr.
Dronay.— m : Prune de Damas.
Dronjard. — m : Vieillard grondeur.
Dru, drud. — l, m, a, t : Fidèle, ami, fort, beau, gros, épais, serré.
Druerie. — a, m, t : Fidélité, amour.
Druinet. — m : Prune de Damas.
Dué. — t : Source, trou d'écrevisse.
Dugeaule.— a : Facile à conduire.
Duis, duit. — m : Lit d'un ruisseau, canal.
Duite. — l : Blocaille, moellon.
Dur. — a : Cours d'eau. — m : Foie de veau.
Durandart. — t : Dur au mal.
Dusien. — a : Démon incube.
Dusque. — a, m : Jusque.
Dvès, dvet. — m : Devant.
Dymancheret. — m: Endimanché.

E.

Eage. — Age, vie.
Eaubenoitier. — m : Bénitier.
Eaus. — Eux, elles.
Ebain. — m : Jeune cheval.
Ebanner. — l : Ouvrir.
Ébarnouflé. — m : Ébahi.
Ébaubir, ébœubir. — a, t, m : Étonner, ébahir.
Éberlucter. — Etourdi, faire perdre la tête.
Eblonder. — t : Élaguer.
Ebuter. — t : Choisir un but, supporter.
Ecafluche.— t : Pellicule, écaille.
Ecaille, cire en. — m : Rayons de cire.
Écaillons.— Les 4 dents du cheval, que l'on nomme crochets.
Écailles de bois. — m : Éclats de bois.

Écalas. — t : Noix dépouillée.
Ecale. — t : Brou de noix.
Écarnot. — m : Hanneton.
Ecartayer. — m : Cartayer.
Echalier. — a : Clôture de bois mort.
Echanger le linge. — m : V. Essanger.
Echantillon. — m : Morceau, débris.
Échantillon, bois d'. — Bois dépecé, détaillé.
Echarir. — m : Chasser.
Echarmer. — t : Défricher.
Echarpe. — l, m : Écharde.
Échaux, eschaux. — a : Rigole, fossé au bas d'un pré.
Echenal. — a : Conduite d'eau.
Échepis. — m : Éclos.
Echerpiller. — a : Voler.
Échulas. — a : Échalas, échelle.
Eclipser. — m : Détacher, séparer.
Eclisseau. — t : Digue pour repousser le cours d'une rivière.
Écobuer. — a : Cultiver une terre en friche.
Écœur. — t, m : Dégoût, mie d'un pain mal levé.
Ecœurer. — m : Dégoûter, vomir.
Ecoffes, écoffelles. — l : Coquilles, cosses.
Écoler. — m : Tenir école, instruire.
Ecosselle. — t : Petit sac où les chevaux mangent l'avoine.
Écot, écotot. — t : Appui en forme de coin.
Ecouchon. — t : Paquet d'étoupe.

Écourchu. — m : Tablier.
Ecouver, s'. — t : Se blottir, s'accroupir.
Ecouvette. — a : Brosse.
Ecovierge. — t : Grosse ciboule.
Ecoyau. — t : Abri.
Ecrabouiller. — m : Écraser.
Ecrache. — t : Coquille d'œuf.
Ecraffe. — a : Coquille de l'œuf.
Écramer. — t : Écumer.
Ecrenne. — a : Chaumière où l'on faisait la veillée.
Ecrenner, escorner. — a : Écorner, railler.
Ecrepins de maroquin. — m : Ornement de pantoufles.
Ecrevisse, barbes d'. — m : Ornement de chaussure.
Écurer. — m : Nettoyer.
Écuviller un four. — m : Le nettoyer.
Ecveller un four. — t : Le nettoyer.
Édagué. — t : Essouflé.
Edarne, éderne. — t : Coup sur la tête, étourdissement.
Eduire. — t : Former, façonner, accoutumer.
Ees. — m : Abeilles.
Ef. — a : Œuf.
Effadir. — m : Épuiser.
Effaner. — a : Effeuiller, tailler le haut des branches.
Effioler. — a : Tailler un arbre, effeuiller.
Effoler. — t, m : Blesser.
Effoncer. — m : Défoncer.
Effondrilles. — t : Restes d'écume dans le bouillon.

4

Effondrer. t, m : Creuser.
Effoni. — t : Las, affamé.
Efforcier. — m : Violer.
Effraiser. — l : Emietter, briser.
Effraiter. — t : Mettre le comble à une meule ou à une voiture de foin.
Effraye. — m : Orfraie, chouette.
Effrechurer, s'. — t : Se mettre à une chose avec ardeur.
Effreuse. — m : Orfraie.
Effruitier. — m : Epuiser.
Egacer. — t : Passer du linge à l'eau.
Egainser. — l : Eclabousser.
Egalloches. — m : Pantoufles, souliers lâches.
Egandiller. — a : Etalonner des poids et des mesures.
Egaré. — t : Etourdi, Fol.
Egarecher. — t : Effaroucher.
Egasser. — t : Agacer.
Egaveur. — a, m : Chicaneur.
Egelure. — l : Engelure.
Eglisse. — t : Seringue de sureau.
Eglisser. — t : Éclabousser.
Egrafigner. — t, m : Egratigner.
Egrailler. — m : Écarter.
Egravandure, gravandure. — t : Fente, rainure.
Egrot. — m : Maladif, faible.
Egveille. — l : Ordure.
Egveiller. — l : Balayer, nettoyer un four avec l'écouvillon, remuer des ordures, tisonner, tancer, battre.
Egveillon. — l : Écouvillon.
Eis. — t : Eux, elles, ils.

Eissir. — t : Sortir.
Eissue. — t : Sortie, issue.
Elavas. — t : Pluie d'orage.
Elaver. — t : Élaguer.
Ele. — a : Aïeul.
Eleuder. — t : Faire des éclairs.
Eleuyer. — t : Huilier.
Elgir. — t : Alléger, soulager.
Elocher. — t : Ébranler.
Eloise. — a : Éclair.
Elucher. — t : Élever avec soin.
Elude. — l : Entorse, foulure.
Embacher. — l : Mettre en sac.
Emballe, emballeur. — l : Hableur.
Embarlificoter. — l : Embarrasser.
Embarras, faire son. — l : Faire l'important.
Embarrassée, femme. — m : Enceinte.
Embaudir. — m : Égayer.
Embaufumé. — m : Malade, gonflé.
Emberguer. — a : Couvrir.
Emberlificoter. — m : Embrouiller.
Emberlin. — Enfant qui gêne.
Emblaves. — l, m : Semences, terres ensemencées.
Emblâver. — l, t, m : Semer, féconder. — Emblaveur : m : Important, faiseur d'embarras.
Emblayer. — m : Cultiver une terre en blé.
Emblée, à l'. — t : En secret, furtivement.
Embler. — m : Voler, enlever.
Embobiner. — l, m : Tromper, séduire.
Emboucler. — m : Lier avec une

boucle.
Embouclure.— m : Lien, embarras.
Embouler. — t : Brouiller.
Embourrer. — m : Garnir de bourre.
Embrelicoquer.— t : Embrouiller.
Embrenner. — m : Souiller. V. Bren.
Embroijier. — t : Salir.
Embroué. — m : Bègue, embarrassé.
Embrouillamini, embrouillis. — l, m : Embarras, difficulté, ivresse, faiblesse de tête.
Embrouser. — m : Salir, noircir.
Embruncher s'. — Devenir sombre, froncer le sourcil.
Embrunci. — a : Triste, rembruni.
Embuffler. — a : Tromper.
Embuler. — a : Embarrasser.
Emburlicoquer. — a : Étourdir, embarrasser.
Embuver. — a : abreuver, abreuvoir.
Eme. — a, m : Estime, estimation, amour.
Emmiellement.— m : Maladie des grains. — S'emmieler : Gagner cette maladie.
Emmieudrer. — m : Améliorer.
Emmurer. — m : Emprisonner.
Emoucher. — a : Évincer.
Emouver. — m : Remuer.
Empalement. — l : Sorte de vanne.
Empanat. — t : Soufflet de la paume de la main.
Empans. — t : Largeur de main, étendue, mesure.

Emparement. — m : Réparation, fortification.
Emparlier. — a : Avocat.
Empaumer.— m : Saisir, séduire.
Empenner. — m : Garnir de plumes.
Empéorer. — m : Empirer.
Empierger, s'. — m : S'embarrasser.
Empiffer, s'. — l : Se gorger d'aliments.
Emplage. — m : Emploi.
Empouilles. — t, m : Semailles ; terres ensemencées, chargées de récoltes.
Empreuf. — a : Brièvement, bref.
Empreux.— a : Premier, d'abord.
Emprume.— a, m : D'abord, seulement.
Empuisnier. — t : Empoisonner.
Empunaiser. — t : Corrompre, répandre mauvaise odeur.
Emputer. — m : Puer, gâter.
Emution. — m : Émeute, trouble, terreur.
En de lieur. — t : Au lieu de.
Enamerer. — a : Rendre amer.
Enarrher.— m : Donner des arrhes, acheter d'avance.
Énaser. — a : Couper le nez.
Encis. — a : Meurtre d'une femme enceinte, infanticide, avortement.
Encharcueillé. — l : Mal peigné.
Encharger. — t : Avoir des envies de femme grosse. — Enchargeure : Envie.
Encharmongé. — l : Enchifrené, enrhumé.

Encharnel. — m : Acharné, vorace.
Encombre. — m : Embarras.
Encontrer. — t : Arranger la lessive dans un cuvier.
Encroire.— l : Croire crédulement.
Encrouer. — m, t : Fixer, clouer.
Encuirié. — t : Cuirassé, couvert de cuir.
Encuver, s'. — m : S'enfermer, s'arrondir.
Endemené. — a : Furieux, terrible.
Endementiers. — t, m : Cependant, pendant ce temps là.
Endenté. — t : Dentelé.
Endeuler, s'. — l : Assoupir, commencer à dormir, se plaindre.
Endevé. — m : Fou, enragé.
Endever, faire. — t, m : Contrarier, taquiner.
Endizeler. — a : Ranger les gerbes par tas de dix.
Endolomer. — a : Tuer par trahison.
Endosse. — Coup, charge, contre-coup. — Homme qui n'est bon à rien, importun.
Endroit, d'. — m : A propos.
Endoyer. — a : Montrer au doigt.
Enduire. — m : Conseiller, diriger.
Enduiseur. — m : Ouvrier qui appose les plâtres extérieurs d'une maison.
Enerrer. — m : Donner des arrhes, prendre d'avance.
Enféer. — a : Enchanter.
Enfermeté. — m : Clôture.

Enfideau, enfildeau, être. — m : Être en sueur.
Enfiableté. — a : Familiarité.
Enflurme. — a : Enflure.
Enfrun. — m : Renfrogné, maussade.
Engaige. — m : Recrutement, association.
Engamer. — l : Poisser, souiller.
Engenrer. — m : Engendrer.
Enger. — t : Se communiquer, se gagner.
Engigner. — t : Tromper.
Engigneor. — t : Enchanteur, ingénieur.
Engigneux. — m : Trompeur, malin.
Engigorner. — t : Embrouiller.
Engin. — m : Moyen, ruse, machine, outil.
Engouler. — m : Avaler.
Engouter. — l : Séduire, convaincre.
Engrant, engrès. — m, t : Prêt, disposé, ardent, actif.
Engrever. — t, m : Charger, écraser.
Engrouter. — a : Tomber malade.
Enguenaucher. — t : Séduire, cajoler.
Engueuler. — m : Injurier.
Engueuser. — t, l, m : Mendier, séduire.
Enguicher. — m : Mêler.
Enhainer, enhaner. — a : Labourer, semer, herser, travailler.
Enhaler. — a : Embarrasser.
Enharneceulx. — m : Chargeur de voiture.

Enhascie. — t : Mal, accident, plaie.
Enhaver. — t : Saisir.
Enhotter. — t : Embourber.
Enjaller. — a : Geler.
Enjusque. — a : Jusque.
Enlangousté. — a : Malade, languissant.
Enloyder. — a : Faire des éclairs.
Enmeler. — m : Amasser, entasser.
Ennement. — m : En ce moment, certainement.
Ennerber. — m : Empoisonner.
Ennuble. — t : Nuageux, obscur.
Ennuir. — m : Ennuyer.
Ennuit. — m : Cette nuit, aujourd'hui.
Enoint. — m : Sacré, baptisé.
Enossé. — l : Qui a un os engagé dans la gorge. — t : Pénétrant dans les os.
Enquenuit. — a : Cette nuit, avant la nuit.
Enqui. — a : Ici, à présent.
Enresvé. — a : Fol, étourdi.
Enrête. — l : Têtu.
Enreuiller. — m : Rouiller.
Enreuiller, s'. — m : S'enrouer.
Enrièvre. — t : Entêté, fou.
Enrise. — a : Étourdi.
Enroer, enroier un champ. — m : Le labourer, y tracer des sillons.
Enroter. — l : Rouler, mettre en rouleau.
Enrue. — a : Large sillon.
Ensaigner. — l : Ensanglanter, graisser.
Ensanne. — m : Ensemble, en foule. V : Sanne.
Ensinnes. — a : Fumier.
Ensoignante. — a : Maîtresse, amie.
Enson. — m : A côté, en face, en haut.
Ensuiant. — m : Suivant, à la suite, par la suite.
Ensuir. — m : Suivre, poursuivre.
Entaison. — m : Greffe.
Entalement. — m : Entablement.
Ente. — m : Greffe.
Entenner. — m : Ennuyer.
Entesté. — m : Homme de tête.
Enticer. — m : Saisir, aimer.
Enticher. — m : Planter, greffer.
Entier. — m : Dévoué, fidèle.
Entouiller. — m : Souiller, salir.
Entrape. — t, l : Embarras, piège.
Entraper. — t : Embarrasser, prendre au piège.
Entre-deux. — m : Espace entre deux sillons. Abime. Terme d'escrime et de tournoi.
Entreluour. — a : Faible lueur, rayon de lumière.
Entremuire. — m : Trémie d'un moulin.
Entrepans. — m : Ouverture d'une robe, sein dégagé.
Entrepointer, s'. — m : Se quereller, se piquer.
Entreprise. — m : Travaux faits dans les champs pour faire absorber par le sol l'eau de la pluie.
Entreuve. — m : Invention, découverte.

Entroïr. — m : Attendre, distinguer.

Entumir. — m : Engourdir.

Envaller, s'. — l : S'augmenter, s'étendre.

Envamber un coup. — l : Lancer un coup.

Envamber, s'. — l : S'élancer.

Envargé. — m : Enivré pour avoir mangé du pain mêlé d'ivraie. Qui a mal à la tête, ennuyé.

Enverceller. — a : Enfermer.

Envergé. — t : V : Envargé.

Envergie. — t : Nœud au bout d'un fouet.

Envers. — a : Renversé, à l'envers.

Envis. — m : A regret.

Envoisié. — m : Gai, aimable.

Enwargé, enwergé. — V: Envargé.

Épanter. — t, m : Épouvanter.

Épeleure. — l : Étincelle.

Épeutir. — l : Écraser.

Épeutis. — m : Fumier.

Epier. — a : Redevance, fermage.

Épieuter. — l : Travailler.

Epleindre. — t : Faire sortir l'eau d'un linge mouillé en le tordant.

Epletter. — t : Aller vite en besogne.

Epointeau. — t : Épouvantail d'oiseau.

Epondée. — t : Berge, bord, digue.

Époué. — t : Sans appétit.

Epouffer, s'. — a, t, m : Se sauver, s'étouffer.

Épreche, éprechette — m : Oiseau, pivert.

Eps. — a : Abeilles.

Équelis. — t : Désordre.

Equenchir. — t : Abimer un arbre en le taillant mal.

Equeulette. — l : Dernier né d'une famille.

Équiparer. — m : Comparer, assimiler.

Ercher. — t : Arracher, briser.

Ereux. — a : Querelleur.

Erifler. — m : Écorcher.

Erlequin. — m : Feu follet, revenant.

Ermes. — a : Terres en friche.

Erner. — l, a : Fatiguer.

Eronce. — t : Ronce.

Erres. — m : Arrhes.

Ers. — m : Lentilles.

Ersó. — a : Hier soir.

Esbahis, faire jouer aux. — m : Mystifier.

Esbaubi. — m : Étonné.

Esbayer. — a : Écouter.

Escafillon. — m : Sorte de chaussure.

Escaille. — a : Ardoise. — Escailler : Couvrir en ardoises. — Escaillon : Couvreur.

Escalogne, escaloigne. — m : Échalotte, quenouille.

Escalorgier. — m : Éloigner, combattre.

Escame. — a : Prie-dieu, banc.

Escarbot. — t, y : Escargot, limaçon.

Escarcelle. — l : Bourse. — Maigre comme une escarcelle : c. à d. : Comme une bourse vide.

Escarnaoux, escarnouche. — m : Hanneton.

Escarolle. — l, m : Sorte de salade.

Escarquiller. — m : Écarter.

Escarrir. — m : Se sauver à l'écart, être avare.

Escars, faire ses. — m : Faire de l'étalage.

Eschame, eschamelle. — a, m : Éclats de bois, claie d'osier, planche mince. — Petit banc.

Eschamelette. — m : Bloc de craie sur lequel on posait le bout des sommiers.

Eschargaitier. — m : Faire le guet.

Escharmir. — a : Bafouer.

Escharné. — m : Décharné.

Escharnier, escharnir. — a, m : Railler.

Escharrir. — m : Être économe, avare.

Eschars. — a : Économe, avare.

Escharsement. — m : Frugalement, avec avarice.

Escharseté. — m : Épargne, avarice.

Eschaudeément. — m : sans réflexion, à la hâte.

Escheider. — a : Pendre.

Eschelle, mettre à l'. — m : A Reims on exposait certains coupables sur une échelle : on leur mettait une langue de drap rouge dans la bouche, et sur la tête un diadème de parchemin, sur lequel leur arrêt était écrit.

Eschelette. — m, a : Sonnette.

Eschelitre. — m : Sonneur, crieur public.

Escheneau. — a : Jeune chêne.

Escheoite. — t : Morceau, part, lot, échéance.

Eschevir. — m, a : Refuser.

Eschief. — m : Échéance, lot, sort, contribution.

Eschieller. — V. Eschelle.

Eschis. — t : Avare, méchant, ennemi.

Eschiver, eschicer. — m : Esquiver, fuir, détruire, enlever.

Esclander. — m : Éclabousser.

Esclette. — l : Squelette.

Esclice. — t : Éclat.

Esclore. — m : Ouvrir, expliquer.

Esclos. — m : Chaussure, sabots, traces.

Esclume. — a : Cheval maigre.

Escondit. — m : Refus, négation.

Esconsant, soleil. — Soleil couchant.

Escorche ville, vent d'. — t : Vent du nord, ouragan.

Escorner. — m : Railler, bafouer.

Escot, parler par. — m : Parler chacun à son tour, pour son compte.

Escouer. — m : Secouer.

Escourgeon. — m : Orge qu'on sème à l'automne, fouet.

Escourlouger. — m : Couler, glisser.

Escousse. — m : Secousse.

Escoute, escouteur. — m : Guet, sentinelle, espion.

Escouve, escouvette. — a : Manche à balai.

Escrassier. — m : Engraisser, dégraisser.

Escremie. — m : Escrime, jeu, amourette.

Escroc. — m : Écrou.

Escueil. — m : Saut, bond.

Escuelle. — m : Mesure de grain, pitance, portion.

Escuez. — a : Balle du jeu de paume.

Escurer. — m : Nettoyer.

Esgaite. — m : Sentinelle.

Esgard, esgardeur, esgars. — m : Garde, commis, expert, sergent de ville, commissaire.

Esglye. — a : Église.

Esherber. — m : Arracher les herbes nuisibles d'un jardin.

Eslai, eslès. — m : Élan, cri.

Eslavey. — a : Pluie d'orage.

Esleargir. — m : Mettre à l'aise, donner.

Eslocher. — t : Ébranler.

Esmayer. — a : Planter le mai. — m : Émouvoir, inquiéter.

Esme. — t, m : Estime, amour, réflexion. — Prendre ses esmes : Faire ses réflexions, prendre ses mesures.

Esmer. — m : Estimer, apprécier.

Esmier. — m : Mettre en miettes.

Esmuette. — m: Trouble, émeute.

Espaffer de rire. — m : Éclater de rire.

Espaisse, espesse, espece, espièce. — a : En peu de temps, tout-à-coup.

Espaller. — a : Jauger.

Espandit, en. — t : En attendant.

Espani. — m : Épanoui, ouvert, connu, fané.

Espans. — m, t : Largeur de la main étendue.

Espargès. — m : Goupillon.

Espars. — m, t, a : Éclair, outil de fer, sauvage égaré.

Espartir. — m : Eclairer, éclater.

Espavains, pieds. — m : Tumeurs qui viennent aux pieds des chevaux.

Espérer. — m : Craindre, prévoir.

Espiel. — t : Épieu.

Espincier, martel à. — m : Outil de paveur.

Espinel. — t : Fagot d'épines.

Espinoche. — m : Épinard.

Espir. — m, t : Soufle, esprit. — Expirer, souffler, médire.

Esplainguier, esplenglier. — m, a : Fabricant d'épingles. — Boîte ou pelotte à épingles.

Espoir. — m : Peut-être, sans doute.

Espondre. — m : Exposer.

Espringuerie. — m : Saut, danse, joie.

Espucher. — m, t : Épuiser.

Espucheur. — m : Fossoyeur, vidangeur.

Esquelle, esquille. — m : Cheville, lien, éclat de bois.

Esquelette. — t : Échelle, clochette.

Esquinté. — m : Fatigue.

Esrageni. — t : Enragé.

Esrager. — m : Arracher.

Esraument. — m : De suite.
Essandre. — l : Bardeau, poutre, planche.
Essanger le linge. — m : Le tremper dans l'eau de savon avant de le mettre à la lessive.
Essart. — t, m : Choc, violence.
Essartir. — m : Éclater, se précipiter.
Essaule. — m : Sorte de bois.
Essayon.— t : Essai, expérience.
Essein. — a : Mesure de grains.
Esseulé. — m : Solitaire, abandonné.
Essiau. — m : Sortie, issue, écoulement.
Essiauer. — m : Sortir, couler.
Essief. — a : Essai, modèle.
Essiler. — m : Ruiner, exiler.
Essis. — t : Ardoises de bois.
Essorber.— m: Absorber, enlever.
Essoré, linge.— m : Linge lavé et frais.
Essor. — m : Soupirail.
Essourdir. — t : Assourdir.
Essuie. — m : Serviette, torchon.
Essuy. — t : Essai.
Estable. — m : Camp, quartier d'hiver.
Estache, estachon. — m : Étage, pieu, pièce en saillie soutenue par des pièces de bois.
Estaffe. — t : Part, lot.
Estaie, estage. — a : Saison, échéance.
Estal, estail, estalée. — m : Boutique, étaux, pieux.
Estalier. — m : Atelier, boutique, étalagiste.

Estampie. — m : Chanson, air à danser.
Estancène. — m : Étançon.
Estancener. — m : Étançonner.
Estancher. — m : Étancher, éteindre.
Estanit. — m : Étaint.
Estant, en. — m : Debout.
Estape, estaple. — m : Boutique, marché.
Estapler une voiture. — m : L'arrêter pour détailler les marchandises qu'elle contient.
Estaule. — t, m : Chaume, établi. — Stable.
Estauli. — m : Établi, boutique.
Estaux. — m : Boutique, pieux.
Estendelier. — a : Étendre les bras en se réveillant.
Ester.— m, a : Se tenir debout.— Être présent, rester.
Esteuf. — m : Balle du jeu de paume.
Esteul, esteuil.— m, l : Chaume.
Estillé. — t : Souple, adroit.
Estivaux.— m : Chaussure d'été.
Estoc, estos.— a, m : Résidence, pieux, souche, pointe.
Estoille. — m : Étole.
Estorbeillon. — t : Tourbillon.
Estouper. — m : Boucher.
Estout. — m, t : Fol, ardent, brave, irrité.
Estoutie. — m : Folie, vaillance, colère, zèle.
Estovoir. — m, t : Nécessité, circonstance.
Estrac. — a : Étroit.
Estrace. — m : Extraction, race.

4*

Estralin. — m : Sorte de poisson.
Estragot. — t, y : Escargot.
Estraille, estrain. — a, t, m : Paille, chaume, roseau.
Estrapoire. — a : Serpe au bout d'un bâton.
Estrebaut. — t : Toupie à pivot d'acier.
Estrelin. — t : Espiègle.
Estreper. — t : Dépecer, détruire.
Estrier. — m : Étrier, marche-pied.
Estrif, estris. — a, t, m : Querelle, combat, étrier.
Estriver, estrivier. — m, t : Étrier, fouet. — Combattre, résister.
Estroer. — t : Trouer.
Estroit, être ferré. — m : Être serré de près.
Estrous, à. — t : Brusquement, à l'instant.
Estruiement. — t, a : Excrément.
Estude. — m : Cabinet de travail, collége.
Estueil. — m : Siége, position, rang.
Estule. — t : Chaume.
Estuve. — t : Bain chaud.
Esvertin. — m : Épilepsie, vertige.
Esvos, ezvos, évos. — m, t, a : Voici, voyez.
Esward, eswart. — m, a : Expert, commis. — Expertise, règlement, arrêté, égard. — Eswarder : Estimer, surveiller, juger, ordonner.
Etaïner. — l : Ennuyer.
Étant, en. — a : Debout.
Etarnue. — t : Sorte de graminée.
Éteinte de voix. — m : Extinction de voix.
Ételle. — l, a : Copeau, éclat de bois.
Etendon. — m : Écharpe, bannière, linge qui sèche.
Eteul, etieule, etioule, étoule. — m, a : Chaume.
Étonner, s'. — m : Se demander, s'inquiéter.
Etourdi, coup. — t : Premier coup de matines.
Etout. — a : Aussi, de même.
Etriqué. — m : Étroit.
Etriver. — m : Fouetter, écorcher, contrarier, résister.
Etronçonner. — l : Ébrancher un arbre.
Etrouble, etroule, etrun. — m, l, a : Chaume, paille, litière.
Eustache. — m : Couteau.
Eutaul. — a : Étai.
Eutime. — a : Dernier.
Euxer. — a : Sortir.
Evage. — t : Aquatique.
Evaltoné. — a : Inquiet.
Event, prendre l'. — t : Prendre essor. — Sentir l'évent : Avoir mauvaise odeur.
Evapir, s'. — t : S'évanouir.
Eve, ewe. — m, t : Eau.
Eventaire. — a : Boutique ambulante.
Everrer. — t : Impatienter, lutiner.
Evertin. — t : Vertige, folie.
Evier. — a, m : Conduit d'eau,

auge.
Evolé. — a : Inquiet.
Evoureyer. — t : Ne pas tutoyer.
Exarilles. — t : Fossiles de la craie.
Exarin. — l : Impertinent.
Exemple, par. — m, l : Exclamation.
Exèques. — m : Funérailles.
Exillier. — m : Détruire, ruiner.
Exiuvant. — a : Suivant.
Exoiner. — a : Excuser, accorder un délai.
Exossetier. — a : Joueur de flûte.
Explectier. — m : Accomplir, avoir.
Exuele. — a : Bout, issue.
Exuer. — a : Sortir.

F

Fabrerie, fabricerie. — m : Métier du forgeron.
Fabuler, farbuler. — t : Conter, tromper, causer.
Fache. — a : Ceinture d'homme.
Fachenottes, cérémonie des. — a : Indication faite, le premier dimanche de carême, d'un futur à chaque jeune fille.
Facque. — a : Poche, ceinture.
Facsin. — a : Fagot, fardeau.
Fadrin. — a : Frère.
Faé. — m, t : Fée ; enchanté.
Faerie. — m : Féerie, merveille ; foire, foule.
Fafelourde. — m : Mensonge, plaisanterie, conte.
Faffée. — m : Coquette, aimable.
Fafieux. — l : Bagatelles.
Fagas, Marie. — t : Fille laide et malpropre.
Faille. — m : Faute.
Faindre. — m : Vivre en fainéant.
Fainéander. — m : Ne rien faire.
Fainiandeur. — l : Fainéant.
Faintise. — m : Fainéantise, mensonge.
Faire. — m : Composer, créer, faire de vers.
Faire que sage, ne — m : Agir sagement.
Fairie. — m : Fête, foire, foule, bruit.
Fais. — m : Amas de fumier.
Faisant. — y : Engin de pêche.
Foissain, faissin. — a, m : Fagot, tas, amas.
Faisse de terres. — m : Territoire, canton.
Faissel, faisseau. — m : Botte, charge.
Fait. — m : Sommet, toit.
Faitièrement. — m : Tout à fait, parfaitement.
Faitis. — m : Beau, achevé.
Faitis, pain. — m : Pain blanc.
Faixin. — m, l : Fagot.
Falibourde. — a : Conte.
Falise. — m : Pierre à bâtir.
Faloise. — m : Calcaire grossier.
Falourd. — a : Sot.
Falourde. — m : Fagot, fardeau.

Familleux. — m : Affamé.
Fanfelus. — a : Raillerie.
Fanferluche.— m : Fadaise, conte.
Fanon. — m : Linge pour essuyer les mains du prêtre qui officie.
Farat. — a : Amas.
Faraud. — y : Fat, élégant.
Fardel. — m : Fardeau.
Fardelier. — a : Portefaix.
Farder. — m : Déguiser, tromper.
Farfouiller. — m : Fouiller, s'agiter.
Fargier. — a : Forgeron.
Fassielle. — t : Botte, fagot.
Fassoter. — m : Courtiser, caresser.
Fatras. — l : Bois de chauffage mêlé. — Bruit, désordre.
Fatrouiller. — m : Faire du bruit, s'amuser.
Fau, faux. — m : Hêtre.
Fauchée. — m : Mesure de pré contenant de 50 à 55 ares.
Faudesteul. — m, t : Fauteuil.
Faufelue. — a : Fable, niaiserie.
Fautable, fautavle. — m : Coupable.
Fauter. — m : Être en faute.
Fautre. — m : Feutre.
Fautrer une terre labourée. — t : Aplanir les sillons.
Favas. — m : Fèves, tige de fèves.
Favas, devenir. — t : Disparaître, se brûler.
Favele. — m : Conte, fable.
Favine. — m : Faine.
Favrerie. — m : Métier du forgeron.
Faye — a : Forêt, mantelet.

Fayte. — t : Hêtre.
Féer. — a : Enchanter.
Feinasse, feineau — m, a : Temps de la récolte des faines.
Femoraux. — a : Caleçon.
Fenau, la. — m : Temps de la fenaison.
Fendret. — m : Couperet.
Fenels. — a : Fenaison.
Feneuilloux. — l : Homme qui se mêle de tout, brouillon.
Fenomie. — a : Physionomie.
Fenoul, le temps du. — m : La fenaison.
Fente. — t : Osier à grands brins.
Ferat, feratte. — l : Sorte de noix difficile à ouvrir.
Fergouiller. — m : Faire du bruit dans l'eau.
Ferguigner — t : Exciter.
Ferin. — t : Dur, cruel, brave.
Ferlon. — m : Frelon.
Ferloque, freloque. — m : Guenille.
Ferluche. — m : Guenille, mèche.
Fermail. — m : Fermoir de livre.
Fermeté. — m : Clôture, rempart.
Fermoir. — m : Outil de menuisier.
Ferté. — m : Clôture, rempart.
Fervestu. — m, a : Couvert de fer.
Fesse. — a : Planchette bonne à faire des cloisons. — Fesser : Faire une cloison.
Festier. — m : Sommet.
Fétie. — a : Trahison.
Fétis. — a : Beau. — Pain

fétis : Pain blanc.
Feuchelet. — m : Fluet.
Feuchière, feschière. — m, a : Fougère.
Feudail, feudaux. — m : Pentes d'un dais, d'un lit.
Feuline. — t : Feu de joie.
Feulteu. — l : Esprit familier qui passe pour soigner les bestiaux la nuit.
Feur. — a : Fourrage.
Feur, au. — a : A mesure, à raison de.
Feurger. — a : Piocher.
Feurguigner. — t : Exciter, animer.
Feurluche, freluche. — l : Jeu de cartes. Celui qui perd reçoit des coups sur les doigts. — m : Guenille, mèche.
Feurluquet. — l : Freluquet.
Feutrait. — a : Banni. (fortrait.)
Fève pâte. — m : Sorte d'échaudé.
Fèvre. — m : Forgeron.
Fex. — m : Feu.
Fi, par ma. — m : Par ma foi.
Fiant, fient. — m : Fumier.
Fiaume. — l : Table.
Fichaise. — m : Niaiserie.
Fichu, être. — m : Être perdu, vexé.
Fié. — a : Fier, confiant.
Fiée. — a : Fois.
Fiembrer. — m : Fumer une terre.
Fiembrure. — m : Fumier.
Fiens. — a, m : Fumier.
Fier. — a, m l : Acide âpre au goût. Important, vigoureux, grand.
Fierce, fierte. — t : Reliquaire.
Fiete. — m : Foi confiance. — Il n'y a pas de fiete : Il ne faut pas s'y fier.
Fignoler. — t : Faire l'aimable, le beau fils. — m : Achever, polir.
Fil, avoir le. — l : Savoir se conduire, être adroit.
Fillette. — l : Surnom donné à l'une des filles d'une maison.
Filleux. — m, t : Filleul.
Fillure. — m : Outil à l'aide duquel on allongeait le fil de laiton pour en faire des épingles.
Filot. — t : Étendue de fil fait chaque fois qu'on étend le fuseau.
Filou. — a : Jeu analogue à celui des dez.
Finage. — m : Territoire, limite, canton.
Finer. — m : Finir, traiter, obtenir.
Finition. — m : Fin, terme, dénoûment.
Fins. — a : Limites, contrée.
Fion. — l : Ruse, adresse, savoir faire.
Fiote. — m : Foi, confiance, sécurité.
Fiouler. — t : Boire légèrement.
Fis. — m : Sûr, confiant, certain.
Fiscelle. — a : Petit panier.
Fistule, fisture. — t : Parcelle, miette.

Flacargue. — a : Insulte.
Flache. — t : Brin de saule. Lâche, énervé.
Flacon. — l : Primevère.
Flael, flay. — a : Fléau à battre le blé. — m, t : Flageolet.
Flaeler. — a : Flageller, battre, palpiter.
Flagieule. — a : Larinx, gorge.
Flaiaul, flaiaux. — m, t : Fléau à battre le grain, flageolet.
Flaistrier. — m : Flaner, flétrir, marquer d'un fer chaud.
Flammage. — m : Flammêche.
Flammeron. — t : Charbon à demi consumé.
Flaner.— l, m : Perdre son temps.
Flanquer. — l : Donner, lancer.
Flanquette, à la bonne. — l, m : Au hasard, tout droit.
Flaon, flaonnet. — t, m : Tarte, tartelette.
Flaque d'eau. — m : Mare, eau dans une ornière.
Flatir, faire flat. — t : Répandre de l'eau, jeter à l'eau.
Flatrin. — t : Couteau à manche de bois.
Flatte. — a : Fumier.
Flau. — l : Fléau à battre le grain. Fléau de balance.
Flauber. — a : Battre.
Flaucheur. — a : Bavard.
Flaunière. — m : Moule à faire des flans, des tartes.
Flé, flès, flais. — m : Fléau à battre le grain.
Flebe, fleve, flewe, fleuve, floible. — m : Faible.

Flegard. — a : Lieu public.
Flestre. — m : Flétri, faé.
Flette. — a : Coche, bateau, voiture.
Fleurier. — t : Treillis qui porte les cendres de lessive.
Flebe monnaie. — m : Monnaie altérée.—Ung fleve : un denier altéré.
Flipette. — m : Étourderie.
Flober. — a : Frapper.
Flogner.— t : Épier.— Flogneux: Espion.
Flogner. — m : Fouiller.
Flonger. — t : Enfoncer, plier, céder.
Floquer. — t : Flotter.
Flote. — t : Foule.
Flou, flouet. — m : Chétif, mignon, fluet.
Flouer. — m : Tromper.
Flove. — t : Conte, fable. —
Floveyeux : Conteur, bavard.
Fluin. — a : Cours d'eau.
Flume. — m : Fleuve.
Fluter. — t, m : Boire, siffler.
Flutot. — t : Sifflet, flageolet.
Foaille, foille. — m : Feu, étincelle.
Foarre, foerre. — a : Paille, foin, fourrage.
Foeillerette. — m : Sorte d'outil.
Foerie. — a : Foule.
Foeulx. — a : Hêtre.
Foiée. — m, t : Fois.
Foindre. — l : Faiblir, mal jouer, dépasser le but.
Foïr. — m : Creuser.
Foloier, folier. — m : Faire des

folies.

Folrage. — m : Fourrage.

Folreur. — m : Fourreur, fourier, marchand de foin.

Fondremaine. — l : Fondrière.

Fontenis, fontevis. — m : Fontaine, source.

Forbouler. — Mettre dehors, perdre, corrompre.

Forcelle. — m : Gorge, estomac.

Forceret, forcier. — a : Coffre.

Forcière. — a, m : Réservoir.

Forcompter. — m : Tromper sur un compte.

Forme, formette. — m : Siége.

Formentiex. — m, a : Fermenté, fort.

Fornage. — m : Rétribution due pour faire cuire son pain.

Forret. — m : Fourreau.

Fors-bourg. — m : Faubourg.

Forsalie. — m : Saillie, violence, faute, tort.

Fort-vetu. — a : Vêtu avec luxe.

Fosser, fossier. — m : Creuser.

Fossier. — m : Fossoyeur, ouvrier qui fait des fossés.

Fouace. — a : Pain cuit sous la cendre.

Fouage. — m : Impôt dû par maisons (*Focus*).

Fouaille. — m : Fagot, botte, roseaux secs, paille, foin.

Fouailleur. — m : Libertin.

Fouée. — m, t : Poignée de menu bois, fagot.

Fouffé. — t, m : Poupée, chiffon, vêtement.

Fouffeter. — m : Chiffonner, ne rien faire d'utile.

Fouffeteur, fouffetier. — m : Brouillon, qui ne fait rien d'utile, qui touche à tout.

Fouillet. — m : Sorte de poisson.

Fouillis. — l, m : Désordre, chambre mal rangée, menu bois, ordure.

Fouiner. — t, m : Fuir, reculer.

Fouraislement. — a : Livraison.

Fourbeur. — m : Fourbisseur, armurier. — Fourberie : Leur métier ; le quartier où il s'exerçait.

Fourcelle. — m : Estomac.

Fourchette. — m : Ratelier de cordier ; pièces de bois destinées à suspendre les veaux tués.

Fourchure. — m : Vice dans le fer d'un outil.

Fourme, fourmette. — m : Siége.

Fourmis, dans les jambes, avoir des, — l, m : Avoir des crampes.

Fournaquer. — m : S'agiter, remuer, fouiller.

Fournil. — m : Chambre où est le four.

Fourre, fourrement, fourrerie. — a, m : Fourrage, foin, paille.

Foussetté. — a : Fossé.

Foûteau. — t : Hêtre.

Foutimasser. — m : Perdre son temps, vexer.

Foux. — t : Hêtre.

Foyard. — l : Hêtre.

Foyon. — a : Taupe.

Fraier. — m : Dépenser, se mettre en frais.

Fraitières, tuiles. — Tuiles pour

garnir le haut des toits.
Fraiture. — m : Brèche.
Franc taupin. — a : Ouvrier mineur.
France, vent de. — t : Vent d'occident.
Frandole. — m : Danse, conte.
Frandoler. — m : Lancer des pierres.
Frapier. — m, t : Coup.
Frapouillat. — m : Gueux, mendiant.
Frapouille. — m : Guenille.
Frarin. — m : Laid, maussade, traitre.
Frasin. — y : Braise.
Frasque. — m : Coup de tête.
Frauler. — l : Battre, frotter, froisser.
Fraux, fros, frox, froux. — a : Terres en friche.
Frayon. — m : Sale, crasseux.
Frayon de porc.— m : Partie du porc.
Frecineux, cheval. — m : Cheval malade du farcin.
Frelampier, ferlampier. — m : fainéant, vaurien.
Frele. — m : Jeune fille.
Frelu. — m : Misérable, gueux.
Freluque. — m : Guenille.
Freluquet. — m : Fat, polisson.
Fremail. — m : Fermoir, agrafe.
Fremerie. — m : Frémissement.
Frenne. — m : Farine.
Frestel, fretel. — m : Chalumeau.
Freumi. — m : Fourmi.
Freux. — m : Corbeau. — Gâté.
Fricandeau, fricanderie. — a :
Friandise.
Fricoter. — m : Se régaler.
Fricoteur. — m : Gourmand.
Fricque, frique. — m : Frais, leste, gentil.
Friez. — a : Friche.
Frigaler. — a : Frotter.
Frigotter. — l : Chanter comme le pinson.
Frigousse. — m : Fricassée.
Frimousse. — t , m : Visage , mine.
Frimper. — t : Serrer les épaules.
Fringant, fringart. — m : Elégant, ami du plaisir.
Fringue. — m : Plaisir, joie.
Fringuenelle. — t : Manie, caprice.
Fringuer. — m : S'amuser, faire l'élégant.
Fringuereau, fringueur. — m : Élégant.
Friquelet. — m : Gaillard, gentil.
Friquenelle. — m : Coquette, galante.
Friquet, fricquet. — m : Moineau. — Gai, leste.
Friquette. — m : Fille de joie.
Frisque, frisquet. — m : Frais, froid, leste.
Frisquette, à la. — m : A la fraîche, au soir.
Froer, froier. — m : Frotter, battre.
Froid. — m : Frais.
Fromageot. — l : Plante, mauve.
Fromentée. — m : Potage composé de grains de blé, de lait, de sucre et de jaunes d'œufs.
Fronce. — m : Ride, pli.

Fronci. — Ridé, maussade.
Fronteaux. — m : Coiffure de femme.
Froyon. — m : Écorchure de frottement.
Fruiteron. — m : Marchand de fruits.
Frusquin, saint. — m : Argent.
Fuaille. — m : Provision de bois.
Fuer, fueur. — m : Hors, prix, mesure, foin.
Fuie. — a : Volière, colombier.
Fumeau, fumelle. — a : Femelle.
Fumer. — t, m : Bouder, rêver, s'emporter, s'exalter.
Funère, la. — a : La plus proche parente d'un trépassé.
Funs, fums. — t : Fumée, encens.
Furdauchaine. — a : Accident.
Furon. — m : Furet.
Fus. — m : Feu, bois.
Fusche marché. — m : Temps pendant lequel l'entrée des marchandises était franche à Reims.
Fusicien. — m : Médécin.
Fusil. — m : Briquet, tube de fer pour souffler le feu.
Fusonner. — t : Exciter.
Fust. — m : Bois, bâton.
Fustaille. — Provision de bois.
Fuster. — m : Battre, donner des coups de bâton.
Fusterie. — m : Bucher, meuble de bois.
Fustes, fustus. — a : Petits meubles de bois.
Fût. — m, t : Bois.
Futaine. — t : Fuite, escapade.
Futé. — t, m : Rusé, habile.
Fyeux. — m : Noir, gâté.

G.

Gab, gabois. — m : Plaisanterie.
Gabelou. — m : Employé des gabelles.
Gaber. — m : Railler, jouer.
Gabilles. — t : Pantoufles.
Gacheneux. — l : Garçon.
Gacheutte. — l : Jeune fille.
Gachières. — a : Terres reposées.
Gadouart, gadoueur. — m : Vidangeur.
Gadoue. — l, m : Contenu des fosses d'aisances.
Gadouilleux. — m : Mol, flasque.
Gadru. — m : Gaillard, bien portant.
Gagnart, gaignart, gagnon, gaignon. — m : Valet, goujat, pauvre diable.
Gaigner. — m : Fuir, avancer.
Gaigueille, porter à la. — l : Porter sur son dos.
Gailleux. — m : Mol.
Gaiole. — a : Cage.
Gair, gairse. — a : Garçon, fille.
Gaive, chose. — a : Chose égarée.
Gaixon. — a : Son gras.
Galafre. — m : Gourmand.
Galapiat. — l : Rustre.
Galathas. — m : Grande salle, garde meuble.

5

Galays, galois. — a : Choses trouvées.

Galbe. — a : Pourpoint.

Galender. — m, a : Orner, couronner.

Galer, se. — m : Se gratter.

Galerne. — t : Vent du nord-ouest.

Galet. — a : Chose trouvée. — m : Jeu d'adresse.

Galetas. — m : Grande salle vide.

Galifar, galifre. — t, a : Glouton.

Galine. — l, m : Jeu du bouchon, le bouchon et l'enjeu.

Galle. — m : Fête, joie, festin.

Galle en huile. — m : Pate mêlée d'huile, salée et cuite au four.

Galler. — m : S'amuser, danser.

Galleur. — m : Bon vivant.

Galloches. — a : Souliers ayant des semelles de bois. — m : Pantoufles. — t : Sorte de guêtres sans boutons. — Jeu de bouchon, le bouchon.

Gallois. — m : Ami de la joie.

Galois. — m : Gai, gaillard.

Galop. — m : Remontrance.

Galvardine. — m : Vêtement à larges manches.

Gambe. — a : Jambe.

Gamber. — l : Enjamber.

Gambette. — m : Oiseau de la famille des échassiers.

Gambeute. — l : Croc en jambe.

Gambille, traîner la. — m : Traîner la jambe.

Gambison. — t : Vêtement doublé, piqué.

Ganache, ganasse. — a : Mâchoire.

Gandeiller. — a : Sauter, courir.

Gandion. — l : Débauché.

Gangnage. — m, t : Métairie, ferme.

Ganif. — m : Canif.

Ganion. — a : Mauvais sujet.

Garache. — t : Farouche, sauvage.

Garcelle. — a : Jeune fille.

Garcerion. — a : Jeune garçon.

Garcier. — a : Débauché.

Garçon. — m : Valet, vaurien.

Gardon. — m : Sorte de poisson blanc.

Gargouille. — m : Gouttière.

Garguette. — t : Gorge.

Garguillot. — l : Gorge.

Gargus. — t : Morceau de pâte cuite dans du lait.

Garingal. — m : Sorte d'épices.

Garitaines. — m : Boyaux de porc.

Garitiau. — m, t : Étui.

Garnement. — m : Garniture.

Garnison. — m, t : Provision.

Garnouiller. — m : Salir, détruire.

Garou. — a : Sorcier.

Garouage. — a, t : Fête, débauche.

Garrot. — m : Sorte de canard sauvage.

Garsonner. — m : Faire des folies, gaspiller.

Garsonnier. — m, t : Valet, goujat.

Garsonnière. — m : Fille galante.

Gas, gabs. — m : Plaisanterie.

Gascars, garche, gaschars, gascons. — m, a : Masse d'eau, eau croupie, mare.

Gaschières. — t : Terres en jachères.

Gast. — m : Ruine, dégât. — Dévasté, ruiné. Vaste.

Gastel, gastelet, gaistel. — m : Gâteau, petit gâteau.

Gastine. — a : Terre en friche. — Ruine, débris.

Gaudel. — t : Joie, bruit.

Gaudine. — m, a : Bois, forêt, jardin.

Gaudron. — l : Goudron.

Gaule. — y : Perche, baguette.

Gauler. — y : Abattre avec une perche.

Gauler. — t : Se ruiner.

Gaulon. — t : Festin, débauche.

Gault, argile. — m : Sorte de grès vert.

Gaupe. — a : Vilain, débauché. — m : Fille de joie. — t : Foie, intestins.

Gaupitre. — l : Foie, intestins.

Gaut, gault, gaud. — a : Forêt.

Gauthier. — m : Joyeux, galant.

Graveler. — a : Dessécher.

Gravion. — a : Gosier.

Gayer. — a : Passer un gué. — m : Nettoyer, polir.

Gazuns. — l : Décombres.

Gehaine, gehenne, gehinne. — m : Torture.

Geindeux. — m : Plaignard.

Geindre. — t : Gémir.

Gelice. — m : Qui gèle facilement.

Geline. — m : Poule.

Geloser. — a : Envier, désirer.

Gences. — l : Dents agacées.

Gendresse. — m : Bru, belle-fille.

Genefevre. — t : Genièvre.

Genestre — t : Genet, arbuste.

Genoivre. — t : Genevrier.

Genouillon, à. — m : A genoux.

Genre. — m : Gendre.

Gensi. — t : Moisi, gâté.

Gentien, gentil, gentiou. — l, a, m : Noble, franc, aimable, gentilhomme.

Geoir. — a : Coucher.

Gès, gest. — m, t : Lien qui tenait l'oiseau de proie dressé pour la chasse. — Jeton pour compter.

Gesine. — m : Couches d'une femme.

Gesir, gesser, gexier, gisir, girir. — a, m : Coucher, accoucher.

Gesse. — m : Vesce, pois.

Gester, getter. — m : Expédier, compter.

Getteur, gesteur d'impôt. — m : Officier du fisc, répartiteur.

Gettoire. — m : Jeton.

Geude. — m : Trouble, émeute.

Gex. — m : Jeu.

Giber. — l : Jouer.

Gicler. — l : Lancer, faire jaillir.

Giet d'impôt. — m : Répartition.

Giffes, avoir les. — l : Avoir les glandes du col engorgées.

Gigier. — l, m : Gésier.

Giguer. — m : Jouer des jambes.

Gille des loges, faire. — m : Déménager.

Giller. — m, t : Tromper.

Giment. — t : Cheval, jument.

Gingue, se mettre en. — l : Se déshabiller en partie.

Ginguer, faire. — l : Inquiéter.

Gippe, gippon. — m : Jupon, blouse, manteau.

Giries. — l, m : Plaintes, grimaces.

Gironnée — y : Charge, contenu d'une poche, d'un tablier relevé.

Gisaus, harengs. — Harengs en caque.

Gius. — m : Jeu, juif.

Givée. — a : Bois flotté.

Glacier. — m, t : Glisser, couler.

Glacis. — m : Évier.

Glages. — m : Joncs, roseaux.

Glandée. — m : Pâture des glands.

Glane d'oignons. — m : Botte d'oignons.

Glas. — a : Cloche des morts.

Glas, glay, glaye. — t, m : Glaïeul, roseau, jaunthe, gazon. Chant des oiseaux, son des cloches.

Glassis. — m : Évier, table.

Glatir. — t : Crier, aboyer.

Glemi. — t : Pâle, faible.

Gloye. — m : Voyez Gloie.

Glic. — m : Jeu de hasard.

Glincher. — t : Glisser, patiner.

Gloc, gloe. — t : Buche, souche.

Gloie, gloye. — m : Étang, marais, boue.

Glotornie. — m : Gourmandise.

Glouglouter. — l : Se dit du cri du dindon.

Glousser. — l, m : Se dit du cri de la poule.

Glout. — m : Glouton, voleur.

Glouteron. — m : Plante. (*Arctium lappa.*)

Gluie. — t : Paille, roseaux, foin.

Gniau. — l : Voyez Nichet.

Goberger, se. — t, m : Se mettre à l'aise, s'amuser, se moquer.

Gobinette. — m : Bouche, lèvre.

Godailler. — t : Vivre gaiment.

Godiche. — l, m : Nigaud.

Godin. — m : Mignon.

Godinet, godinot. — m : Gentil, galant.

Goffe. — a : Veste d'étoffe à poils longs.

Goglas. — a : Bavard, fat, ridicule.

Gogue. — a : Plaisanterie.

Gogue. — t : Narcisse, fleur.

Goguelu, goglu. — t, m : Plaisant, railleur, mystifié, ébahi.

Goguette. — t : Fleurette, joie, plaisir. — Chanter goguettes : Donner des éloges ironiques.

Goillis. — t : Ordure.

Goillon. — m : Haillon.

Goinfre. — m : Gourmand.

Goliard. — a : Bouffon.

Gomaire, gomer. — m : Puits, citerne.

Gomir. — t : Mitonner.

Gonée. — l : Fille malpropre.

Gonelle. — m, t : Robe.

Gonfle. — l : Gonflé.

Gonne. — m : Robe.

Goouret, goret. — a : Jeu de boules, cochonnet.

Goret, gorre, gorron, gorrin. —

a : Pauvre, maigre.
Gorgeon, donner un. — m : Lever la vanne d'un étang pour baisser les eaux.
Gorgias. — m : Fat, vain. —
Gorgon. — m : Caquet.
Gorre. — m : Luxe, élégance.
Gorrier. — m : Élégant.
Gorth. — a : Flux.
Gosse. — m : Mensonge.
Got, tout de. — m : De suite.
Gouailler. — l, t, m : Railler.
Gouailleur. — m : Railleur.
Gouèpe. — m : Guêpe.
Gouet. — m : Plante, *arum maculatum*.
Gouge. — m : Garçon, valet. — Outil de charpentier.
Gougère. — y : Gâteau au fromage.
Gouigne, gouine. — l, m : Fille de joie.
Goujon. — m : Terme de serrurerie.
Goule. — m Gueule, bouche.
Goulée. — m : Grosse bouchée, gorgée.
Gouler. — m : Couler.
Goulerie. — m : Gourmandise.
Goulet. — m : Égout, tuyau, gouttière.
Gouleure. — a : Collet, poche, bourse.
Gouliafre, gouliaret. — a, m : Gourmand, débauché.
Gouliner. — t : Couler.
Goulot. — m : Tuyau, rigole.
Goulouser. — t : Convoiter.
Gouper. — m : Duper, mystifier.

Goupette. — m : Fraude.
Goupil. — a : Renard.
Goupillon. — m : Queue de Renard.
Gourd. — a, m : Fat. — m : Engourdi.
Gourdaine. — y : Engin de pêche.
Gourer. — m : Tromper, frauder.
Gourils. — a : Filet de pêcheur.
Gourre, la. — a : Vérole.
Gourtel. — a : Égout, pêcherie.
Goutant, soleis. — a : Soleil couchant.
Gouterat. — a : Gouttière.
Goutte. — m : Gouttière.
Gouttière. — l : Façade d'une maison.
Govion. — m : Terme de serrurerie.
Goviotte. — t : Carotte sauvage, mauvais aliment.
Goye. — m : Pâte pour engraisser les volailles.
Goye, goyon. — m : Linge sale, guenille.
Grabataire. — a : Malade.
Grabuche, grabuge. — a, m : Querelle.
Gracioux. — a : Marchand de graisse.
Graelier. — m, t : Mettre sous grille.
Graffigner. — m : Égratigner.
Graffignure. — m : Égratignure.
Graffin. — l : Griffe, ongle.
Graffiner. — l : Égratigner.
Grafouillot. — m : Touche à tout.
Graigne. — l : Maussade.

Graille. — m : Fente, crevasse. — a : Son de la trompette.
Graim, grami. — a : Triste, affligé.
Grainjatte. — a : Petite grange.
Grais temps. — a : Carnaval, jours gras.
Graisseute, jouer sur la. — l : Jouer sur son gain.
Graissier. — m : Marchand de graisse, de lard.
Granche. — m : Grange.
Grandaire, le. — m : Jeu de marelle.
Grandeu, grandiau. — t, m : Deuil, regret, grande douleur.
Grangée. — m : Récolte en grange.
Grangier. — m : Fermier.
Granment. — a, m : Beaucoup, fort.
Grappe. — a : Ulcère, pustule.
Grappeux. — a : Ulcéré, sale.
Gras fondu. — m : V. Allemagne.
Grate. — m : Réprimande.
Gratouiller. — m : Chatouiller.
Grave. — a : Pierre. — m : Lourd, dur, cruel. — Femme grave : Femme enceinte.
Graveau, graviau, porter à. — Porter sur le dos, comme on porte un veau.
Gravelée, gravelotte, graveuse. — m : Grève, sable.
Gravières. — a : Vesces. — m : Sablière.
Gravois. — m : Grève, sable.
Gravouiller. — m : Clapoter.
Gray. — a : Gros, gras.
Grayonner. — l : Cracher.
Gré. — t : Regret. — m : Faire gré : Donner satisfaction.
Gréer. — m : Approuver, agréer.
Greffane. — a : Noix dont la coquille est dure.
Greffier. — a : Armé de griffes, dur, cruel.
Greigne. — t : Triste, maussade.
Grelon. — y : Lardon frit.
Grenetis. — m : Grenier. — Menues graines.
Grenier. — a : Temps de la glandée.
Grenon. — a, m, t : Moustache. — t : Gratin de bouillie. V. Regrenon.
Gresillon. — m : Chaîne, menotte, grêle, insecte, manie, travers d'esprit.
Grevain, greval. — m, t : Nuisible, pénible.
Grevaz, saint. — a : Mardi gras.
Grève. — l : Os de la jambe. — Grevière : Blessure à la jambe.
Grever, se. — t : Se gorger d'aliments.
Grevière. — m : Sablière.
Grez. — m : Gril.
Griêfté. — m : Mal, malheur, embarras.
Grifaigne. — a : Cruel.
Grigner. — m : Grincer, grimacer.
Grignon. — l : Croûton du pain, croûte.
Grigou. — t, m : Sale, avare, maussade.

Griller. — m : Glisser.
Grillettes.— m : Mauvaises terres.
Grillot. — l : Insecte, grillon. — Pomme de grillot : Pomme oblongue, blanche, acide, résonnant quand on la frappe.
Grimarré. — m : Grimacier, sorcier.
Grimaud, grime. — a, m : Polisson.
Grimoner. — l : Gronder, murmurer.
Gringalet. — m : Maigre, pauvre, polisson.
Gringotter. — l : Se dit du rossignol qui chante.
Griolé. — t : Marbré, moucheté.
Grionche. — l : Noix difficile à ouvrir; acariâtre, aigre.
Griotte. — m : Cerise aigre. — Griottier : Cerisier à fruits aigres.
Grip, grippe, grippaille. — m, t : Vol, rapine.
Grippeau. — t : Tertre, colline.
Grisard, griset. — m : Sorte de peuplier.
Griselet. — m : Cheval gris.
Grisoler.— l : Se dit de l'allouette qui chante.
Grivelé. — t, m : Moucheté.
Grivelée. — a : Fraude, vol.
Grobis, trancher du. — a, m : Faire le seigneur.
Grocer. — a : Gronder.
Groler. — a : Faire griller.
Gromette. — m : Gourmette.
Gron. — m : Groin, vilaine figure.
Grosjean. — m : Jeu du loriot.
Groslier. — t : Faire griller.
Grosser un acte.— m : L'expédier en grosse écriture.
Grossier. — t, m : Gros, gras. — Marchand en gros.
Groucer, grousser.— a, m : Gronder.
Grouiller. — m : Murmurer.
Groumme. — m : Source.
Grovielles. — m : Vesces.
Groyselle, groselle. — m : Groseille.
Gru, grun. — a : Fruit sauvage. m : Son de farine.
Grue. — m : Fille de joie. — Rusé, voleur.
Gruis, gruys. — m : Gruau.
Gruler. — a : Greloter.
Grume. — a, m : Bois coupé, non écorcé.
Grumelet. — m : Pâte d'œuf et de farine.
Grumer. — a : Mâcher.
Grupper. — m : Saisir.
Guaingne, guangne. — m : Gain.
Guanche, guenche. — a, m, t : Détour, ruse.
Guanchir. — m, t : Se détourner, éviter.
Gueffe.— m : Jabot de la volaille.
Gueffer. — m : Gorger.
Gueille. — a : Quille.
Guelle. — a : Gueule.
Guenilleux. — l : Déguenillé.
Guenipe.— a : Femme malpropre.
Guerariat. — a : Huissier.
Guerlir. — l : Frire.
Guesver. — a : Abandonner.

Guette. — a, m : Cloche, tocsin, sentinelle, guet.
Gueugne. — l : Contusion, blessure.
Gueulart. — m : Criard, ivrogne.
Gueuler. — m : Crier, avaler, boire.
Gueuleron. — y : Gourmand.
Gueuleton. — m : Régal, festin.
Gueumer, se. — l : Se figer.
Gueurlu. — l : Malotru.
Gueux, herbe aux. — m : Clématite.
Guier. — t : Guider.
Guignander. — t, m : Mendiant.
Guignandeux. — t, m : Mendiant.
Guignaudeau. — t, m : Mendiant, fainéant.
Guigne, mettre en. — m : Mettre en montre, exposer.
Guigner aux mouches. — m : Flaner.
Guigner. — m : Regarder du clin de l'œil. — Terme de couture : Plisser, froncer.
Guignette. — m : Oiseau de la famille des échassiers.
Guille. — m : Ruse, fraude. —
Guiller : Tromper.
Guilledou, courir le. — t : Être en bonne fortune.
Guimaux. — a : Prés qui donnent deux récoltes.
Guimple. — a, m : Coiffure de femme, voile de religieuse.
Guinder. — m : Percher.
Guingaine. — a : Bagatelle.
Guippe. — m : Blouse.
Guise. — m : Us et coutumes.
Guise-droite-amen. — m : Jeu d'enfant consistant à faire sauter un bâton pointu des deux bouts et à le recevoir dans une casquette.
Guiterne. — m : Guitare.
Guyteau. — Fourreau, étui.
Gy. — l : Gypse, plâtre.

H

Haagner. — a, m : Quereller, taquiner.
Habergier. — a : Loger.
Hachelier. — t : Cultivateur pauvre, sans attelage.
Hachie. — a, m : Peine, labeur.
Hachou, haichou. — a : Hachoir.
Hacquet. — m : Partie de voiture.
Hahai. — a, m : Cri, bruit.
Hahotter. — m : Conduire une voiture.
Haignot. — a : Huguenot.
Haire. — t : Aride, maigre.
Hait. — a, m : Santé, joie, désir.
Haité, haiti, haitié. — a, m, t : Gai, sain.
Halbrand, halbrant. — m : Jeune canard sauvage.
Halle. — t : Partie de jeu.
Halle, hallis. — m : Charpente, échafaudage.
Hallebaudier. — m : Paresseux, incapable, maraudeur.
Haloquier. — m : Paresseux.

Halottier. — t : Petit cultivateur.
Halt. — a : Haut, sommet.
Ham, hamel. — a : Hameau.
Hamelet. — m : Petit hameau.
Handeler. — a : Balayer.
Hane. — m : Crochet de fer servant à retirer la viande du pot.
Hanequiner. — t : Faire peu de chose et beaucoup de bruit.
Hanette. — t : Cheval petit et nerveux.
Hannoyeux. — m : Cultivateur.
Hanotier. — t : Petit cultivateur.
Hanse, droit de. — m : Droit à payer pour faire partie d'une corporation.
Hante. — t, m : Manche, bois de lance.
Haouay. — a : Hoyau.
Haouer. — a : Essarter.
Hapé. — m : Rôti mal cuit.
Happer. — m : Voler, prendre.
Haque. — a : Cheval. — Haquet : m : Petit cheval.
Hacquenée. — a, m : Jument.
Haquet, hoquet. — a : Traîneau, charrette.
Harcanier, harciatier. — t : Petit cultivateur.
Hard, hare. — m : Corde, lien d'osier.
Hardeau. — a : Vaurien.
Harder. — a : Échanger.
Harelle. — a : Sédition.
Harenier. — m : Marchand de harengs.
Hargner. — m : Taquiner.

Haria, hariaquaria. — m : Bruit, querelle.
Harignier. — m : Marchand de harengs.
Harnas, harneux. — a, m : Équipage, harnais, meubles, ornements, voiture.
Haroder. — a : Crier haro.
Harpade. — a : Poignée.
Harpailler. — a : Se battre.
Harper. — m : Voler.
Harpette. — m : Mince, maigre.
Harpin. — a : Croc.
Haschie, haschière, hascie. — m : Morsure, mal, tourment.
Haste, hastel, hastelet. — a, m : Broche, lance, rôti.
Hastelier. — t : Osier de petite espèce.
Haster. — m : Jouer.
Hasteur. — m : Joueur.
Hastier. — m : Broche, rôtissoir.
Hasterel, hastier. — a, m : Lance, broche. — t, m : Dos, Col, derrière de la tête.
Hatilles. — a : Morceaux de porc, offerts aux voisins de celui qui le tue.
Hativé, hativeau, poires de. — l : Poires hâtives.
Hatter. — a, m : S'élancer, franchir.
Hatteret. — a : Foie.
Haubergier, haubregier. — m : Loger.
Haubette, haubion. — m : Chaumière.
Haue, hauel. — m : Outil de paveur, hoyau.

Hauée. — m : Hottée.

Hautisme. — m, t : Très haut.

Hauxaire.— a : Huissier, portier.

Havé, havi. — a, t : Desséché, contracté. — m : Rôti.

Hawe. — a : Cours d'eau.

Hay, hahay. — m : Clameur de haro, cri, bruit.

Haye. — a : Machine destinée à enfoncer les pilotis.

Hayegée. — m : Jardin clos de haies.

Hear. — a : Héritier.

Hédard. — a : Vif.

Hée. — m : Haine.

Héer. — a : Souhaiter, soupirer.

Hellequin. — a, m : Fantôme, feu follet.

Hemi. — a : Demi, moitié.

Hemine. — a : Portion de vin allouée par jour aux Bénédictins.

Henaps, heneix. — a : Coupe, affût.

Henner. — a : Incommoder.

Hennin. — a, Haute coiffure usitée dans les XIVe et XVe siècles.

Herbergage. — m : Hospitalité, logement.

Herbergier. — a : Loger, recevoir.

Hère. — a : Seigneur.

Hérèse. — a : Doute.

Héricoteux. — t : Noueux, dur, difficultueux.

Hérit. — m : Héritage, domaine.

Héritage. — t, m : Fonds de terre.

Hermes, terres. — a : Terrains vagues.

Herminette. — m : Fouine, outil de menuisier.

Hérondé. — a : Maigre.

Herpe. — a : Herse.

Herpelu. — a : Hérissé.

Herper. — a : Herser, hérisser.

Hers. — a : Clos, palissade, échafaudage.

Héruper. — a : Herser, hérisser.

Herupex, herupel. — a, m : Hérissé.

Hèse. — a : Barrière, clôture.

Hesse. — a : Hêtre.

Hesser. — a : Exciter un chien.

Hestricaulx. — a : Foie.

Heter, hetier. — a : Aimer, louer, désirer.

Heudrir. — a : Gâter.

Heuquelle, heuquet. — Maigreur. — Maigre.

Heure de l'époux. — Fin de la soirée des noces.

Heurt. — m : Choc. — Quartier de roche dans un champ.

Heuse. — a, t : Botte, guêtre, haut de chausses.

Heuz. — t : Cheville, poignée.

Hévos, hévous. — a : Voici, voyez.

Heuxer. — a : Sortir (*Exire.*)

Hide, hidor. — m : Horreur, effroi.

Hiler. — m : Appeler de loin.

Hirpe. — a : Herse.

Hirson. — m : Hérisson.

Hisse. — a : Vêtement de cultivateur fait en tiretaine.

Hobe, hobette. — a, m : Cabane.

Hobé, hobez. — m : Sorte de

faucon.

Hobereau. — a, m : Petit seigneur — Oiseau de proie.

Hocart. — m : Poisson, meunier.

Hocer, hoccir, hocier, hocher. — m, t : Secouer.

Hoche, hochette. — a : Carreau de terre, couvert de gazon, brulé pour être converti en engrais.

Hochepot. — t : Mets délicat au xiiie siècle.

Hocqueler. — a, m, t, l : Secouer, remuer.

Hocquelette. — a : Clochette.

Hocqueleur, hocqueleux. — a : Querelleur. — m : Enrhumé.

Hodage. — m : Fatigue, contrariété, outrage.

Hoder. — a, m : Fatiguer, ennuyer.

Hoderie. — m, o : Fatigue, ennui.

Hoé, hoie, hoil, houe, houx. — a : Hoyau.

Hogner. — m : Murmurer.

Hole. — m : Versant d'un côteau, mur de soutenement, talus, monticule.

Holer. — t, m : Appeler.

Holet, holette, sain en — m : Suif en bloc.

Holette. — m : Outil de couvreur.

Holler. — a : Courir.

Hollier, holleur, hollis. — a : Vagabond, voleur.

Homatre. — m : Femme forte comme un homme.

Hommée. — m : Mesure de terre contenant de 3 à 4 arcs, ou 10 verges carrées.

Hongner. — a : Gronder.

Honniement. — a : Honteusement.

Hontis. — a : Honte, honteux.

Honuis. — a : Honte.

Hopelande. — m : Vêtement de dessus.

Hoquemelle. — m : Coup.

Hoqueton. — m : Sergent de ville. — Vêtement.

Horbée. — a : Espace de temps.

Hordel, hordéis. — a, m : Claie, cloison, haie, mur.

Horle. — m : Contre-mur, talus, terrain en pente.

Hors, hords. — a : Enclos, palissade, échafaudage.

Hoscer, hoscher. — m : Secouer.

Hosche. — a : Terre près d'une maison.

Hosset. — a : Écurie.

Hossys — a : Vieillard qui fait le jeune.

Hosté, hostei, à l'. — a, t, m : Au logis.

Hostelain, hosteur. — m : Hôte, hôtelier.

Hostez-vous. — a, t, m : Chez vous.

Hostieux. — m : Hôtel, logis.

Hottier. — m : Manouvrier qui porte la hotte.

Hotton. — a, m : Ce qui se sépare du blé vanné. — m : Insecte rouge et piquant. — m : Blé maigre et vide.

Houdri, bois. — m : Mauvais

à employer, pourri.
Houer. — m : Pioche, hoyau.
Houette. — a : Chouette.
Hougan. — a : Cette année (*In hoc anno*).
Houler. — a, m : Voyez : Holer.
Houlier. — m : Vagabond, débauché, proxénète.
Houlière. — m : Femme galante.
Houlotte. — m : Chouette.
Houlvari. — t, m : Bruit, charivari.
Houpeau, houpier. — a : Tête d'arbre. — m : Bourrée de menu bois.
Hourballer. — a : Maltraiter.
Hourdage. — m : Palissade.
Hourdebiller. — a : Secouer.
Hourdeis, hourds.— a, m : Claie, échafaudage, clos, tournois, combat, rempart, palissade.
Hourdoyer. — a : Fortifier.
Hourlier. — m : Voyez houlier.
Hous. — a : Cris, huée.
Housette. — m : Guêtre.
Housse. — a, m : Bottine.
Houssé.— a, m : Botté, crotté.
Houssée. — a : Pluie d'orage.
Housse-pailler. — a : Marmiton.
Housser. — m : Couvrir, habiller.
Houssu. — a : Épais.
Houté, à l'. — t : Au logis.
Houyer. — a : Gronder.
Houyon. — a : Maussade, vieillard grondeur.
Houzeau, houzel. — a, m : Brodequin, guêtre.
Houzette. — m : Guêtre de toile.

Huat. — m, t : Chouette, chat-huant.
Hubir, se. — a : Se hérisser.
Huce. — m : V : Huge.
Huché. — a, m : Perché.
Huche, huchel.— a, m: Armoire, coffre. — Porte.
Huchement. — a : Proclamation, annonce publique.
Hucher. — a, m : Appeler, publier, percher.
Huchet. — a : Cornet pour appeler.
Hucier. — a : Crier, publier.
Hucque. — a, m : Manteau.
Huer. — l : Se dit du hibou, qui crie.
Huet. — a : Sot.
Huge.— m, a : Coffre, boutique, baraque, pétrin, huche, loge de bois. — Piége à prendre des anguilles.
Hugette. — m : Cabane, coffret.
Huguenotte. — y : Poëlon de terre, qu'on peut mettre sur le feu.
Huiau. — a : Mari trompé.
Huier. — t : Crier, huer.
Huigner. — a : Gronder.
Huimain. — m : Ce matin.
Huimais. — m : Dès ce jour, dorénavant.
Huisserie. — m : L'ensemble d'une porte.
Huitième. — m : Mesure de terre contenant un huitième d'arpent, ou 4 ares et 23 centiares.
Hulée. — t : Giboulée. — m : Pluie.

Hulotte. — m : Chat huant, chouette.
Hural. — a : Bouffon, masque.
Hurant, hurault. — a : Etourdi, brutal, fou, sot.
Hure. — a : Tête. — Hure à hure : — Face à face.
Hurlat. — a : Hanneton.
Huron — m : Sauvage, bête.
Hus. — a, m, t : Porte. — t : Hors. — Cris, bruit, huées.
Hussier. — a, m, t : Huissier, portier.
Hustuberlu. — l. m : Etourdi.
Huterie. — Querelle.

Hutin. — a, m : Querelleur, tapageur. — Tapage, bruit, lutte d'amour. — Hutiner : Battre, caresser.
Huve. — m : Vêtement de femme (15e siècle.)
Huvette de fer. — m : Cotte de maille.
Huxe. — a : Porte.
Huys. — m : Porte.
Huysselier. — m : Portier.
Huytilles. — a : Outils.
Huz. — a : Cri, huée.
Huze à huze. — a : Face à face.

J.

Iaz, iard, iars. — a, m : Oie mâle.
Iard. — m : Liard.
Iargauder. — a, m : Se dit de l'oie mâle qui féconde sa femelle.
Iaue, iave, iawe. — m. t : Eau.
Ierre. — m : Lierre.
Iert, il. — a, m, t : Il est, il sera.
Iche, ichi. — a : Ici, cela, ceci.
Illec. — a, m, t : Là, il, lui, celui-ci.
Imal. — a : Mesure de grains. Huit imaux valaient un resal, ou 180 livres de froment.
Immun. — m : Quitte, affranchi.
Impasse. — m : Passe-droit, injustice.
Incaguer. — a : Provoquer, défier.
Inchasteté. — m : Impudeur.
Incisteiller. — a: Insulter, faire

tort.
Indague. — a : Mal vêtu.
Indier. — m : Sorte d'outil en fer.
Induizer. — a : Être indigent.
Innimer. — Animer.
Innoble. — m : Roturier, vilain.
Inquant. — a : Enchère (in quantum).
Inquanter. — a : Vendre à l'encan.
Intriguer. — a: Embarrasser.
Ipréaux. — a : Orme à larges feuilles amené d'Ypre en France.
Iqui. — t, a : Ici, là.
Isolle. — m : Oseille.
Isser. — a : Lacher, exciter.
Issir. — a, m, t : Sortir.
Istre. — m : Sortir. — Issue, accouchement.
Ital, itel. — a : Autant, ainsi.

Itant — a : Autant, ainsi.
Itou, itout. — y : Aussi.
Ivandoise. — m : Poisson blanc, ablette, meunier. Ivresse, ivroise. — l : Femme qui s'enivre.

J

Ja. — a, m : Déjà.
Jabi. — l : Ridiculement vêtu.
Jabot, faire. — m : Se rengorger comme le dindon.
Jaboter. — a, m : Causer, bavarder.
Jacasse. — y, m : Bavard. — Jacasser : Bavarder.
Jacence. — a : Vacance, repos.
Jachère, jacherie. — a, m : Terre en friche, au repos.
Jacherer. — a : Donner un premier labour à des terres reposées.
Jachie. — l : Mauvaise race.
Jaçoit, ja-soit. — a, m : Quoique.
Jacotin. — m : Robe de nuit.
Jacqueline. — m : Verge à fouetter. — Bocal de cerises à l'eau-de-vie.
Jacqueçon. — m : Jaquette, cotillon.
Jacquedal, jacquendal. — l, m : Nigaud.
Jacques. — m : Justaucorps, casaque. — l, m : Geai, merle.
Jacquet, jacquette. — a, m : Robe, veste.
Jacquetté, jacqué. — a : Vêtu d'un jacques.
Jacquois. — a : Quoique.
Jacquot. — m : Geai, merle.

Jadre. — t : Abcès. — Œuf ayant une pellicule pour coque.
Jafflis. — t : Galimafrée.
Jagliau. — a : Glaieul.
Jai, jay, ja. — a : Déjà.
Jai-ce. — a : Quoique.
Jaiole. — m : Geôle, prison, cage.
Jare. — a : Jatte, baquet, vase.
Jallée. — a, m : Contenu d'un vase.
Jallouarde. — a : Dévidoir.
Jalois. — a, m : Mesure de grains contenant cinq boisseaux de Paris. — Vase de bois.
Jancellie. — m, t : Sorte de friandise.
Jame. — t : Jambe.
Jamin. — m : Dernier enfant d'une famille. — Abrégé de Benjamin.
Jangle. — m : Caquet, mensonge.
Jangler. — m : Bavarder, médire.
Jappe. — m, t : Caquet, réplique.
Jard. — m : Voyez lard.
Jard, jars. — m : Jardin, marais.
Jardinière. — m : Insecte, bête à Dieu.
Jargauder. — Voyez largauder.
Jargon. — m : Cri de l'oie.

Jargonner. — m : Crier comme l'oie.
Jarle. — t : Cuvier à lessive.
Jarron. — t, m : Brin de fagot.
Jarrosse, jarrot. — m : Pois, vesce.
Jarson. — t : Langue de couleuvre.
Jarsure. — t : Fente, crevasse.
Jaspiner. — m : Bavarder.
Jaspinette. — m : La langue.
Jau. — a : Coq, petit garçon.
Jausir. — a : Jouir.
Javart. — m : Maladie du cheval.
Javeau, javelle. — a, m : Fagot, poignée d'épis, avoines coupées et laissées sur terre.
Javeler. — m : Laisser les avoines coupées sur terre.
Jes. — m, t : Je les.
Jeter. — l, m : Produire un essaim.
Jeton. — l : Essaim.
Jeune, un. — m : Un jeune oiseau
Jeunesse, une. — m : Une jeune fille.
Jeurer. — a : Coucher.
Jobelin. — m : Niais, dupe.
Jober. — t, m : Plaisanter, vexer.
Joberie. — t : Raillerie.
Joe. — m : Joue, face.
Joel. — m : Bijou, cadeau.
Joindre. — m : Obéir.
Joint. — m : Uni, poli.
Jointe. — m : Articulation.
Joïse, jouïse, juïse. — m, t : Justice, domaine, pouvoir.
Joli, joliet. — m : Gai, aimable.
Jolloyer. — a : Enjoliver.
Jonchée. — m : Sorte de pâtisserie.
Joncher. — m : Jouer, plaisanter.
Joncherie. — m : Badinage.
Joncheur, joncheresse. — m : Galant, aimable.
Jonchière. — m : Herbage, joncs.
Jone, jonnai, josne, juesne. — a, m : Jeune.
Joquesus. — m : Plastron, dupe.
Jotte. — a : Choux, joutte.
Jouel, jouelet. — m : Bijou.
Jouque. — m : Perchoir.
Jouquer, se. — m : Se percher.
Jour, journal, journée, journel. — m : Mesure de terre contenant environ 50 ares.
Jourdeu. — a : Aujourd'hui.
Jouste, jouxto. — a : Choux. — m : A côté, suivant.
Jeusdi. — m : Jeudi.
Ju, jut. — t : Couché.
Jugnet, juignet, julet. — a, t : Juillet.
Juise. — V : Joïse.
Juisier, jusier. — m : Gosier.
Juivresse. — m : Juive.
Junc. — a : Juin.
Jupin. — a : Débauché.
Jus. — m : A bas, par terre.
Juscai, juscal. — a : Jusqu'à.
Justice. — m : Peine, amende.
Jynguer. — a : Folâtrer.

K

Kalendier. — t : Calendrier.

Keirie. — a : Giroflée, fleur à cinq pétales, comme la main a cinq doigts. Aussi dit-on aussi giroflée à cinq feuilles pour soufflet.

Kennevelles. — t : Jambes.

Kinkin. — a : Cousin.

L

La. — m : Syllabe qui fait partie du langage populaire. — Ah ! bien là ! — Je ne veux pas, là !

Labour plat. — m : Terrain uni, coupé par rigoles.

Labouriot. — m : Petit cultivateur.

Ladre. — m : Habitué à souffrir, courageux, insensible.

Lai. — a, m : Cri, plainte.

Laid, dire. — m : Insulter.

Laidanger, laidir. — m : Insulter.

Laier. — a : Louer, affirmer.

Laiette. — a, m : Portefeuille, coffre, liasse, ballot de linges d'enfant.

Laigne. — a : Bois.

Lairon. — t : Sorte de rat.

Lais. — a : Baliveau.

Laisantif. — t : Pesant, paresseux.

Laisse. — a, t : Chanson, son des cloches.

Laissement. — a : Bail.

Laiture. — m, t : Élixir.

Laivaitre d'eau. — a : Pluie d'orage.

Lambiquer. — a : Distiller.

Lamelle. — m : Lame, couteau, épée.

Lamper. — a, m : Boire.

Landage, lande. — a : Palissade.

Lande, landon. — a, m : Terre stérile.

Lander. — l : Éclater, briller. — Être fainéant, se promener.

Landeur. — m, l : Fainéant.

Landier. — a, m : Chenet.

Landiner. — a : Perdre son temps.

Landreux. — Frileux, malade.

Landrou. — l : Déguenillé.

Lanel. — m : Outil de jardinier.

Langaige. — m : Négociation.

Lange. — t : Chemise de laine.

Langot, langourie. — a : Langueur.

Lanier. — m : Oiseau de proie. — Paresseux, voleur, gourmand.

Lapper. — t : Boire. — Être gluant.

Lappeux. — t : Gras, gluant.

Laquée. — m : Sauce abondante et liquide.

Lardier. — t : Grenier au lard.

Lardoire, lardoise. — l : Tige

creuse, dont les enfants se servent pour lancer des pois.
Largeute. — l : Plante, laiteron.
Largion. — a : Largesse.
Larigot. — a : Flageolet. — m : Gosier. — Boire à tire-la-rigot. — m : Boire sans fin.
Larme, laurme. — a : Miel.
Larris. — a, m : Terres incultes. — Côteau raide où la charrue ne peut aller.
Las, lassière. — a : Partie de la grange où on entasse les gerbes.
Lassis. — m : Lacet, ruban.
Lassus. — m : Là haut.
Latiter. — m : Cacher, dissimuler.
Lattis. — m : Plafond fait en lattes.
Latz, laz. — m : Lacs, lacets.
Là-ù. — a : Là où.
Laud. — a : Arbitrage.
Lauder. — t : Raconter, vanter.
Laudeux. — t : Bavard.
Lau-voù — a : Voici, voyez là.
Lavandière. — m : Oiseau, hochequeue.
Lavange. — a : Avalanche.
Lavetons de linge. — m : Guenilles, dont on faisait des matelas.
Lavier. — l, m : Évier.
La-voù. — a, m, t : Là où.
Laye, layée. — a : Sentier, réserve faite dans un bois.
Lé, léc. — a, m : Largeur, côté. — Large.
Lèche. — a, m, t : Brin, miette, morceau.
Lechette. — m : Miette, morceau.
Lechu. — t : Eau de lessive.
Lectrin. — a. m : Lutrin.
Lectuaire. — m : Elixir.
Lée. — a : Allée.
Léeche. — a : Joie.
Legier, de. — a, t : Facilement.
Lendore. — a : Paresseux.
Lendras — t : Endormi, paresseux.
Lengaird, lingard, langand. — a : Bavard.
Lensy. — a : Ce qui est ainsi.
Lent. — l : Maladie de la tête.
Lerot. — m : Petit rat, loir.
Lesantif. — t : Pesant, paresseux.
Lespec. — t : Pivert, oiseau.
Leschefroie. — m: Beurre, graisse. lèchefrite.
Lessu. — y, l : Eau de lessive.
Let. — m : Côté, largeur.
Letteril. — a : Lutrin.
Lettré. — t : Damasquiné, gravé, chargé de devises.
Lettrin. — m : Lutrin.
Leurre. — l : Lambourde, pièce de bois qui porte le plancher.
Levée. — a : Courroie.
Levron. — m : Lèvre, bord d'une plaie.
Lexive. — m : Baquet placé sur trois pieds où on lave le linge.
Lez. — m : Largeur. — Lit de deux lés, lit pour deux personnes.

6

Lez à lez. — m : Côte à côte.
Liarder. — a, m : Être avare, agir avec économie.
Liasse. — a : Coffret, carton, paquet
Libembelle. — t : Kyrielle, suite.
Lichard, licheur.— m: Gourmand.
Licharder.— m : Être gourmand.
Liche. — m : Miette, peu de chose.
Licher. — m : Être gourmand.
Lichette. — m : Petit morceau.
Lié, liéart. — m, t : Gai, heureux. — Liément : Gaîment.
Liemmier.— a : Chien de chasse, limier.
Lien. — a : Lieu.
Lignette. — m : Linotte.
Ligneu. — l : Liseron.
Lignot. — t : Liseron. — Poutre horizontale, qui portait le premier étage des maisons de bois.
Limeux. — a : Fangeux.
Limousine. — m : Manteau de roulier.
Lin, linaige. — m : Famille.
Lineulx. — m : Drap de lit.
Lingeret. — m : Délicat, petit maître.
Linoteux. — m : Difficile.
Linzer. — l : Glisser sur la glace.
Linzoir. — l : Eau glacée sur laquelle les enfants glissent.
Liois. — a : Pierre de liais.
Lippe, faire la. — m : Faire la grimace.
Lippée. — a : Bouchée.
Liquette. — l : Petit morceau.
Liron. — a : Loir, rat.
Lirot. — t : Ouvrier endimanché.
Lisquette. — a : Petit morceau.
Liste. — a : Bord. — Listé : Bordé.
Lit brisé. — a : Mariage rompu. Séparation de corps.
Litaine. — m : Litanie, suite.
Liter. — a : Arranger.
Litorne. — m : Sorte de merle.
Litière. — a : Rature.
Livre, poire de. — m : Grosse poire bonne à cuire.
Livrées de noces. — m : Rubans et cadeaux donnés aux jeunes gens qui assistent à un mariage.
Lobbe, lobe, loberie. — a, m : Raillerie.
Lober. — m : Plaisanter.
Locande. — a : Chambre louée.
Localis. — a : Cheval de louage.
Loce, locée. — t, m : Grosse tarière des charpentiers.
Loceron. — t : Récipient de cuivre dans une lampe.
Loche. — m : Poisson, ablette.
Locher. — a, t : Ébranler, aller de travers.
Lochet. — t : Hoyau.
Lochon. — m : Gros morceau de pain.
Lodi, lodier. — a, m : Couverture de laine, laine placée entre deux toiles piquées. — Vêtement commun, manteau de voyage.

Loéc. — a : Lieue.
Loges, logeis, logis. — Baraque, échafaudage, tente, asile.
Lohy. — a : Gros morceau.
Loiel, loiet. — a : Cabane.
Loiettes. — a : Jarretières.
Loigne. — a : Bavard.
Loignerie. — a : Bavardage, niaiserie.
Loignes, les — a : Les bois.
Loimier. — a : Limier.
Loire. — a : Courroie.
Lolhomme. — m : Surnom donné au cinquième garçon d'une famille.
Lolues. — t : Contes extravagants.
Lolus, vendre à. — t, m : Vendre en fraude des contributions indirectes.
Lombard. — t : Banquier, usurier.
Londiner. — a : Être long, paresseux, lent.
Lone, loncux. — l : Homme d'esprit, qui fait le simple.
Loneries. — l : Plaisanteries d'un homme qui s'amuse à faire le niais.
Longe. — a : Loge.
Longis. — a : Long, lent.
Lopin. — m : Crachat, morceau.
Loque. — m : Guenille.
Loquence. — t, m : Voix forte, facilité d'élocution.
Lorain, lorein. — m, t : Bride, courroie, harnais.
Lorgne. — m : Coup, lorgner, frapper.
Lorimier, lormier. — m : Sellier, fabricant d'armures de cuir.
Loriol. — t : Loriot, oiseau.

Lorsignol. — m : Rossignol.
Losin. — a : Fraude — Paresseux.
Losse. — a : Badin, fainéant.
Losterie. — a : Badinage.
Lotir. — a : Partager en tirant au sort.
Lou. — a, m : Le. — Où.
Louche. — m : Aveugle, qui n'y voit pas.
Loudier. — m : Grossier.
Loudière. — m : Vêtement grossier, matelas, couverture.
Louge. — a : Loge, baraque de planches.
Louguer. — a : Regarder.
Loure. — a : Musette.
Loureur. — a : Joueur de musette.
Lourpidon. — a : Vieille maussade.
Lousse. — a, m : Cuiller à soupe.
Louvette. — m : Insecte, qui ronge les chiens.
Louvielle. — a : Besace.
Loxias. — a : Louche, douteux.
Loyer. — m : Lier, attacher.
Loyeure. — m : Lien, chaîne.
Lozin. — a : Nonchalant, fraude.
Lu, lus. — a : Lumière. — m : Brochet.
Lubieux. — a : Fantasque.
Lud, lut. — m : Brûlé, incendié.
Luec, luez. — m : Lieu, ici, là.
Luée. — a, t : Lieue.
Luench, de. — a : De loin.
Luizarne. — y : Luzerne.
Lulut. — m : Alouette de bois.
Lumer. — a, m : Éclairer, allumer des cierges.
Lumerette. — a : Feu follet.

Lumichon. — a : Lumignon. Poisson, brochet.

Lurette, il y a belle. — l : Il y a Luwe. — a : Lieue.
beau temps.

Luzotte. — l : Ivraie.

Lus, lusceaux, lutiaux. — m : Lymignon. — m : Lumière.

M

Ma, mas. — m, t : Mais.

Maagnie. — a : Malade, souffrant, inquiet.

Macecrier, macelier. — a, m : Boucher.

Machal, machau, machault.. — a : Grange, remise.

Mache. — t : Nature du foin.

Machiller. — m : Manger sans appétit, avec peine.

Machonner. — m : Manger sans appétit.

Machot. — t : Grange, meule de foin.

Machotte. — t : Engin pour pêcher en eau trouble.

Machurer. — a : Noircir avec de l'encre et du charbon.

Machuret. — a : Rhume.

Macis. — m : Sorte d'épice.

Macjon, macujon. — a : Plante, (gessa tuberosa).

Macquart. — a : Brutal, vigoureux.

Maderinier. — m : Marchand, fabricant de coupes.

Madienne. — a : Juron.

Madier. — a : Table de boulanger.

Madir. — a : Mouiller.

Madre. — a, m, t : Vase de bois veiné, ou d'agate, ou de marbre.

Madré. — a, m : Jaspé, veiné. — Rusé.

Madrien. — m : Sorte de friandise.

Ma-fi. — l, m : Par ma foi, certes.

Maflé, maflu. — a : Joufflu.

Magistrer. — m : Admettre à la maîtrise.

Magneuse. — m : Jeune fille élevée dans un hôpital de Reims, fondé par madame de Magneux.

Magnie. — a : Assemblée, foule, suite.

Magui. — t : Guenon.

Mahangneur. — m : Malheur, mal, tort.

Mahom, mahon. — a, m, t : Mahomet. — Gros sou.

Mahonner, se. — a : Se battre, se quereller.

Mai, may. — t, m . Huche au pain.

Maidieu. — a : Que Dieu m'aide, avec l'aide de Dieu.

Maie, moy, mait. — a : Le mois de mai.

Maie de mesure. — a : Amas de gerbes destinées aux moissonneurs.

Maiet. — a : Marteau, maillet.

Maieu. — t : Plus.

Maieur, mayeur. — m : Maire.

Maige. — a : Savant, médecin.
Maigné. — a : Cadet (mains-né).
Maignie. — a, m : Maison, gens.
Maignien, maignier.— m : Chaudronnier.
Maignier. — a : Domestique.
Maignon. — a : Mignon, enfant, petit homme.
Maigresse. — a : Maigreur.
Mailleton. — a : Rejeton d'un tronc coupé l'an précédent.
Maillière. — a : Marnière.
Main. — a, m, t : Matin, milieu, moyen.
Mainade. — a : Compagnie.
Maingnier. — m : Chaudronnier.
Mainœuvre. — m : Main d'œuvre.
Mainoir. — m : Manoir.
Mainpas, mainpast. — m : Famille, table, pension, gage.
Mainsné. — a, m : Cadet. — Mainsnette : a : Position d'un cadet.
Maintenir. — m : Entretenir.
Mairer. — m : Maîtriser.
Mairlier. — a : Marguillier.
Mais. — m : Mauvais, méchant. — Huche, pétrin.
Mais. — a, t, m : Plus. — Mais que : m, t : Pourvu que, lorsque.
Maiselle, maixelle. — m, t : Joue, visage.
Maisement. — Mal, à tort, méchamment.
Maishuy. — m : A présent, dorénavant, jamais.
Maishuy, je n'en parlerai. — a, m : Je n'en parlerai plus aujourd'hui.
Maisière. — Haie, clôture, masure.
Maisné. — a : Cadet.
Maisonner. — m : Bâtir. — Maisonage : Construction.
Maistre gaite.— m : Chef du guet, garde champêtre.
Maïstrer. — m : Admettre à la maîtrise.
Maître, être à. — l : Être au service.
Maître. — m : Façon donnée à la terre pour faire écouler l'eau, que les sillons ne boivent pas.
Maiwe. — a : Milan.
Maix. — a : Maison, clos, ferme.
Malacie. — a : Faim canine.
Maladroit. — l, m : Grossier, brutal, hargneux, difficultueux.
Malage. — a, m : Maladie.
Malan. — a : Vice, mal, faute.
Malans.— t : Canard sauvage mâle.
Malantru. — a : Grossier, malotru.
Malart. — m, t : Canard sauvage mâle.
Malatras. — m : Grossier, fat, maniaque.
Malebosse. — a, m : Peste, maladie de peau.
Maleit, maloit. — t : Maudit.
Malemort. — m, t : Mort violente.
Malengin. — a, m : Fraude, méchanceté.
Malenuit. — a, m : Mauvaise nuit.
Malette. — m, l, a : Sac, bissac, valise.
Maligneux. — a : Méchant.
Malinguier. — a : Marguillier, sa-

cristain.
Mallier. — Cheval de poste.
Malo, malos, malot. — a, m : Grosse mouche, bourdon. — m : Merde à malot : Gomme des arbres.
Malvitié. — m : Méchanceté, crime.
Mammelles, herbe aux. — m : *Laplana communis.*
Manage. — m, a : Manoir, résidence.
Manandie. — a : Habitation.
Manant. — a, m, t : Habitant. — Campagnard — Grossier. — t : Écolier paresseux, qui n'avance pas.
Mancène. — l : Plante grimpante, viorne.
Manchereau, mancheron. — a : Petit manche, bras de la charrue.
Mand. — a, m : Commandement.
Mande. — a : Panier élevé.
Mandille. — a : Casaque de laquais.
Mandrerie. — a : Ouvrage d'osier.
Manée. — a : Contenu de la main.
Mangeur. — m : Garnisaire.
Mangon, mangonne. — a : Fripier, maquignon, courtière.
Maniance, avoir en. — l : Avoir en maniement, à sa disposition.
Maniele. — m : Goupillon.
Manicle. — a : Qui joue des mains, brutal.
Manne, Mannequin. — a, m :
Panier, grande corbeille.
Mannier. — m : Vannier.
Manoie. — a : Mémoire.
Manoiner. — m : Manier, frapper des mains.
Manois, de. — t : A l'instant.
Manre. — m : Mauvais, moindre.
Mansion. — m : Habitation.
Mante. — m : Partie de la tenture d'un lit.
Mantel. — a : Essuie-main, serviette, nappe.
Mappe. — a : Torchon.
Mapper. — a : Essuyer.
Maque. — a : Vente, marchandise.
Maquebotte. — m : Crotte.
Maquelard. — Courtier, maquignon.
Mar. — a, m, t : Cri de malédiction, cri de douleur.
Marager. — a : Jardinier de marais.
Maraischière. — a, m : Marais cultivé.
Marandaille. — a : Canaille.
Marander. — a : Faire collation.
Maraser. — a : Jardinier de marais.
Marcaige. — m : Marais.
Marceau, marcelée. — m : Sorte de saule.
Marchander. — a : Faire le métier de marchand.
Marchandise. — m : Trafic, négociation.
Marchands de la ville, faire les. — m : Aller chez tous les marchands de la ville.

Marchepied. — m, y : Engin de pêche.

Marchesse. — a : Grains semés en mars.

Marchier. — t : Être voisin, toucher.

Marcier. — a : Affliger.

Marcoux. — t, m : Matou. — Plante (*gessa tuberosa*).

Marçusson. — m : Champignon.

Maréchaux. — I : Insecte, bête au bon Dieu.

Mareglier. — a : Marguillier.

Marelle. — a, t, m : Jeu d'enfant. — Espace laissé entre deux pièces de charpente, bord d'un puits.

Marender. — m : Faire la collation.

Marenge. — t : Carotte sauvage.

Marescalcie. — a : Maréchaussée.

Mareschassie. — a : Maréchaussée.

Marie-haut, cul. — m : Culbute.

Marguerites de cimetière. — m : Les premiers cheveux blancs.

Margajat. — m : Petit garçon, polisson.

Marescancier, marescaucier. — a : Ferrer un cheval.

Margot. — m : Pie, bavarde.

Margouiller. — m : Salir. — Margouillis : gâchis.

Margoulette. — m : Mâchoire.

Marie-crochet. — m : Être imaginaire dont on fait peur aux enfants.

Marié, trop tost. — m : Mari malheureux.

Maringotte. — m : Petite voiture.

Mariole. — a, m : Fillette, poupée, statuette, image.

Marionette. — m : Perche garnie de linge à son extrémité supérieure, dont on se sert pour détruire les chenilles.

Marisson. — a : Chagrin.

Marjolaine. — a, m : Porcelaine, fleur des champs.

Marjolet. — a : Fat.

Marle. — a : Marne.

Marlier. — m, a : Marguillier.

Marlière. — a : Marnière.

Marmanteaux. — a : Haute futaie.

Marmiteux. — a, m : Gueux, parasite, maussade, ennuyeux.

Marmonner. — a, m : Murmurer, gronder.

Marmot. — m : Figure ridicule.

Marmotter. — a, m : Murmurer.

Marmouset. — m : Figurine, statuette.

Maronier. — m : Batelier, marinier.

Maronnes. — m : Culotte. — Chausses larges. On disait aussi chausses à la marinière.

Marotte. — a : Marionnette, poupée, statuette, jouet.

Marou. — m : Chat, matou.

Marouette. — m : Sorte de râle de genêt, râle moucheté.

Maroufle. — a, m : Grossier, malotru.

Marpaut. — m, a : Voleur, gourmand.

Marquise. — m : Sorte de poire.

Marrement. — a : Chagrin.
Marrien. — m : Bois, poutre.
Marsault. — m : Sorte de saule.
Marsèche, marsois. — a : Grains semés en Mars.
Marsel. — a : Boucherie.
Marsellier. — a : Boucher.
Martel à cugnier, martiaus à assener. — m : Outil de paveur.
Martroir, martrouère. — a : Piége à prendre des fouines et des martres.
Marvir. — m : Maudire, se désespérer.
Mas. — a : Maison, clos.
Masage. — a : Village.
Masière. — a : Clôture.
Maslot. — a : Bourdon, insecte.
Massouyage. — a : Herbage, légumes.
Massouyer. — a : Jardinier.
Mastoque. — m : Animal, imbécile, butor.
Mat. — m : Mol, vaincu.
Matéraux. — l, m : Matériaux.
Matois. — m : Matin.
Matton. — t : Grumeau.
Mau, il m'est en. — t : Cela m'ennuie, je m'ennuie.
Maubrouet. — m : Mauvais mets.
Mau conseil. — m : Mauvais conseil.
Maudoule. — a : Maladroit.
Mauller. — t : Dresser, habituer, forger.
Maupayer. — m : Mal payer, ne pas payer.
Mauparlier. — m : Médisant.
Maurage. — a : Vif, remuant.

Maurli. — a : Marguillier.
Mauté. — m : Méchanceté.
Mauvis. — m : Alouette, merle.
Maxauder. — m : Caresser, fatiguer, contrarier.
Maxenage. — a : Maçonnerie, réparation de maison.
Maixière. — a : Masure.
May, le. — Le premier jour de Mai.
Maye. — m : Buffet, coffre.
Mayement. — m : De même.
Mazette. — a : Mauvais cheval. m : Étourdi, incapable.
Mazovier. — a : Jardinier.
Mécaingre. — l : Malingre, valétudinaire.
Mécaniques, les gens. — m : Les artisans.
Méchaniquerie. — a : Avarice.
Médonner. — m : Donner maladroitement, de mauvaise grâce.
Meffait présent. — m : Flagrant délit.
Mege. — a : Savant, médecin.
Megedex. — a : Maréchal-ferrant.
Megie, cuir de. — m : Peau préparée par les mégissiers.
Megle. — a : Herse à bec pointu.
Megnie, menie. — a : Maison, famille.
Meguzon. — l : Plante, gland de terre (*gessa tuberosa*).
Méhaigner. — a, m : Blesser, estropier, vexer.
Mehaing. — a, m : Malheur, infirmité, blessure.
Meï. — a : Demi, moitié.
Meidi. — a : Midi.

Meiner. — a : Rester, demeurer.
Meis, Meix. — a, m : Maison, clos, ferme.
Meite, meité. — a : Moitié.
Melingre. — l : Malingre, valétudinaire.
Mellan. — m : Merlan.
Mellart. — t, v : Malart.
Melle. — m, t : Nèfle, merle, merlan, mesure de grains.
Membré, bien. — l, m : Bien fait, fort.
Membrer, se. — t : Se souvenir.
Ménandie. — a, m, t : Manoir, provision.
Menant. — m, t : Qui a des ressources, une habitation.
Mendis. — a : Mendiant.
Menée. — a : Transport en voiture.
Menestre, menestré. — m : Ménestrel, ménestrier, domestique.
Menissier. — m : Menuisier.
Menistrer. — m : Servir, administrer.
Menneure. — m : Menée, conduite.
Menois. — m : Manoir, fortune. — De menois : de suite, du moins.
Menon. — a : Poignée.
Menre. — a, m : Moindre, cadet, chétif.
Mente. — l : Mensonge.
Menu, par le. — m : En détail.
Menuaille. — a : Petites choses.
Menueté. — a : Petitesse.
Menus droits. — t : Abatis de volaille.

Menuserie. — m : Sciures de bois, copeaux.
Méplant. — m : Perches.
Mequine. — a : Fillette, servante.
Merc, mercq. — a : Marque, signe.
Merce. — a : Merci.
Merchassie, merchaucie. — a : Rez de chaussée.
Mercher. — a : Marquer.
Merciant. — a : Volontiers.
Merdier. — l : Vidangeur.
Mere, mereau, merelle. — a, m : Marque, monnaie, jeton, palet, jeu d'enfant, part, lot, coup.
Mergey. — l : Tas de pierres.
Mérencoliant. — m : Mélancolique.
Mérende. — a : Goûter, collation.
Mérender. — a : Faire collation.
Mércin. — a : Dépit. — m : Bois.
Méridien, démon. — a : Attaque d'épilepsie.
Mérienne. — a : Méridienne, sommeil de midi.
Merin, merrin. — a : Huissier.
Merlin. — m, a : Hache, cognée.
Merme. — a : Moins, moindre.
Mès, mèt. — m : Pétrin.
Meschin, meschine. — a : Jeune garçon, fillette. — Valet, servante.
Mescrus. — a : Défiance, soupçon.
Mesdis. — a : Midi. — m : Médisance.
Mesestance. — m : Infortune.
Mesgnie, mesnie. — m : Gens, maison, famille.
Meshai. — V. Maishuy.

Mesnage d'hôtel. — m : Ameublement, économie.

Mèsmener. — m : Maltraiter, conduire mal.

Mesnil. — a, m, t : Habitation, jardin.

Mèspassé. — m : Malsain, gâté.

Mesquedi. — a : Mercredi.

Mesrouan. — m : Demain, plus tard, dorénavant.

Messer. — a : Donner, envoyer.

Messère. — a : Missel.

Messervir. — m : Nuire, desservir.

Messes basses, dire ses. — t, m : Murmurer tout bas.

Messien. — a : Trouble, gêne.

Messier. — m : Garde moisson.

Messon. — m : Moisson. — a : Maison.

Mestier. — m : Besoin, utilité, savoir faire.

Mestillon. — m : Méteil.

Mestret. — t : Méchanceté, perfidie.

Mestrie. — m : Art, supériorité.

Mestroier. — m : Maîtriser, instruire.

Mesuage. — a : Logement.

Mesus. — a : Abus.

Metié. — t : Moitié.

Mette, mecte. — m : Bornes, limites, métal.

Mette en pot. — m : Étain, plomb.

Mettrieux. — a : Fagot.

Meumé. — l : Momie, poupée.

Meure. — m : Fruit, mûre. — t : Mule, haquenée.

Meurdre. — m : Meurtre.

Meurdrir. — m : Tuer.

Meurizon, meurté. — m : Maturité.

Meute. — m, a : Bruit, Emeute.

Mex. — a : Maison.

Mey. — a : Demi, moitié.

Mèz. — m : Maison, hôtel.

Mezalé. — m : Moisi, sale.

Mezau, mezeau, mezel. — a, m, t : Lépreux, pourri, malade.

Mialer. — m : Miauler.

Miaullée. — m : Pâture préparée pour les jeunes chats.

Micer. — a : Donner un coup dans le ventre.

Michault, michelet. — m : Galant.

Miche. — m : Gros pain.

Miché, michet. — m : Galant, amoureux.

Michette, michot. — l, m : Petit pain blanc, morceau de pain.

Miclas. — t : Brouillard.

Midret. — t : Jeu de palet.

Miée. — a : Jatte de lait et de mie de pain.

Mier. — a : Pur, net.

Mière. — a : Guérison.

Mièvre. — a : Malin, vif.

Mièvrerie. — a : Malice, impétuosité.

Mignan. — a : Chaudronnier.

Mignauder. — m : Faire la mine, de l'embarras.

Mignon. — a : Enfant, petit homme.

Mignot, mignotte. — m : Terme d'amitié, délicat, gracieux.

Milion. — a : Milan.

Milouin, milouineau. — m : Sorte de canard sauvage.

Mimi. — m : Surnom donné au troisième fils d'une famille.

Minable. — y, l, m : Misérable, ruiné.

Mine. — a : Jeu de dé.

Mineresse. — m : Fille mineure.

Mingner. — a : Faire des mines.

Mingrelin. — a : Enfant délicat.

Minguette. — m : Engin de pêche.

Minstral, mistral. — a : Intendant.

Ministre. — m : Officier, domestique.

Minuer. — m : Écrire en minute.

Mion. — a : Mignon, petit homme.

Mire. — t : Médecin. — Miresse : Femme qui soigne les malades.

Mireor, mireour, mirour. — a, t, m : Miroir, modèle.

Mirouyer. — m : Marchand de miroirs.

Mise. — l : Bout de ficelle qui termine le fouet. — m : Avance, dépense.

Miseur. — a : Juge, arbitre.

Misse. — l : Rate d'un animal.

Mistanflute, à la. — m, t : De travers, au hasard.

Misturlet. — a : Fanfaron.

Mitaine. — m : Gant de peau de chat.

Mitan. — a, m : Milieu.

Mitis. — a : Matou, gros chat.

Miton. — m : Savonnage, eau de savon tiède.

Mitonner — m : Laver dans l'eau de savon.

Mitouries. — t : Caresses, minauderies.

Mitre. — Cuisses et croupe d'un dindon rôti.

Mizerande. — t : Hydromel.

Moe, moette. — m : Moue, minauderie.

Mocier. — t : Souillé, moisi, mêlé.

Moictoyen. — m : Mitoyen.

Moie. — m : Tas. — Mien, mienne.

Moiel, moieu d'œuf. — a : Jaune d'œuf.

Moiel de bled. — a : Tas de blé.

Moillier. — m : Femme, épouse.

Moiloné, mur. — m : Bâti en moellons.

Moinage. — m : Vie des moines.

Moindrement, pas le. — l, m : Pas le moins du monde.

Moine. — m : Bouteille d'eau chaude. — Bois de lit.

Moine rouge. — m : Templier, chevalier de Malte.

Moison, grains de. — t : Récolte qu'on partage.

Moits. — a : Moitié.

Mole. — m : Tas, meule.

Molette. — m : Ustensile de cuisine.

Molestes, les pieds. — m : Maladie du cheval : tumeur molle aux jambes.

Molicar. — m, t : Tendre, mollet.

Molinel, molinet. — a : Moulin.

Molinier. — a : Meunier.

Moller. — m : Mouler, sculpter.

Mollot. — t : Pain blanc d'une bouchée.
livre.
Molu, or. — m : Or en poudre, en feuille.
Momeur, momon. — a : Masque, momie.
Moncieux. — m : Masse, monceau.
Mon, à savoir. — m : A savoir donc. — C'est mon : c'est donc cela.
Monde. — m : Net, propre. — Monder : Nettoyer.
Monopole. — m : Intrigue, complot.
Montance, monte. — m, a, t : Valeur, total.
Montenier. — a : Montagnard.
Monteplier. — m : Multiplier.
Monter. — m, a : Haut, sommet. — Action de monter à cheval, à l'assaut.
Montre. — a : Usure, revue, rôle, liste, parade.
Mordant. — a, m : Agrafe.
Mordière. — m : Morsure.
Moreau. — m : Cheval brun ou noir.
Morie, morille. — m, a : Peste, mortalité.
Morigéner. — m : Réprimander.
Morillon. — m : Sorte de canard sauvage.
Mornicault. — t : Figure, museau.
Mornifle. — m, a : Coups, raillerie.
Morre, mourre. — m, a : Jeu de hasard.
Mors. — m : Agrafe, morsure,

Morteté. — a : Mortalité.
Mortier à veiller. — m : Lampe en forme de mortier.
Motte. — m : Monticule.
Mou. — t : Mouillé, moite. — m : Le mou : Le temps humide.
Mouchette. — l, m : Mouchoir d'enfant attaché à la poche par un bout de ruban.
Mouchier. — m : Eleveur d'abeilles.
Moue. — a : Museau, mine.
Mouffeter. — m : Remuer.
Moufles. — m : Gants.
Mougnier, mouiger, mouinger. — a : Manger.
Mouie. — m : Tas de fumier.
Mouillère. — t : Marécage.
Moulée d'émouleur. — m : Ce qui tombe de la meule.
Mouliaux. — m : Meule à repasser.
Mouliné, bois. — t : Bois mangé aux vers, tombant en poussière.
Moumoutte, ma. — m : Ma petite chatte.
Mounier. — a : Manger.
Mousiner. — m : Pleuvoir légèrement.
Mousse. — t : Honteux, sot.
Moussu. — m : Mousseux, vain, élevé.
Mout. — a : Cuit, écrasé.
Moutelle, motelle. — l : Petit poisson d'eau douce.
Mouver. — m : Remuer.
Moyaud. — m : Fermage de la

moitié de la récolte.
Moyau. — m : Muet.
Moye. — m : Partage, sillon, limite, part.
Moyen. — m : Partage, moitié.
Moyeux d'œuf. — m : Jaune d'œuf.
Mozette. — a : Camail.
Muage, muance. — m, a : Changement.
Muardie. — a : Paresse.
Muche. — m : Moisi.
Mue. — m : Prison. — Changement de plumes, de toilette.
Mue, tenir en. — m, a : En prison, en cage.
Mué. — t : Changé, neuf, élégant, leste.
Mueau, muiau. — m, a : Muet.
Muelle. — a : Lame de corne dont on faisait des lanternes. — m : Meule.
Muere, muetre. — a : Moisissure.
Muete. — m : Trouble, émeute.
Muetre. — m : Moisi.
Muge. — m : Linge à peu-près sec.
Mugette, muguette, noix. — m : Noix muscade.
Muglias, mugueliet. — m : Fleur, muguet.
Mugue. — m : Plante, mélilot.
Mule, mulette. — m : Pantoufle. — Meule.
Mule traversaine. — m : Maladie du pied du cheval.
Mulon. — m : Meule.
Munche. — m : Mouche.
Muncher, se. — m : Se moucher.
Mure. — a : Habit de peaux de rats. — t : Mule, haquenée.
Murtil. — a : Mur, clôture.
Musage. — a : Paresse, niaiserie.
Musard. — a, m : Fainéant, qui perd son temps, crédule. — Bateleur.
Muse. — m : Musette.
Musequin. — m : Figure d'enfant.
Musir. — m : Moisir.
Musser, muser. — m, a : Cacher.
Mut. — m : Muet.

N

Naagier. — t : Naviguer.
Nabine. — a : Champ de navet.
Nabot. — a, m : Navet. Nain.
Nacard. — t : Narquois, railleur.
Nacarder. — t : Persifler.
Nacheur, nachoux. — a : Difficile, délicat.
Nacque, nacquelle. — t, l, m : Dent, mâchoire.
Nacquer. — t : Bailler.
Nacquet. — a : Valet de jeu de paume, laquais.
Nacquette. — a : Revendeuse à la toilette.
Nacquetter. — m : Tirer avec les dents. — Terme du jeu de paume.
Nacquettes. — t : Premières

culottes d'un enfant.
Nacqueux. — t : Railleur.
Nacquiller. — m : Manger sans faim, du bout des dents.
Nacquit. — a : Sans-soin, sans-souci.
Nacure. — a : Sans-souci.
Nacutier. — t : Mauvais tailleur.
Nafre. — t : Blessure.
Nafrer. — t : Blesser.
Naguette. — a : Revendeuse à la toilette.
Naier. — t : Nier.
Nahu. — m : Sot, niais.
Naïs. — m, t : Natif, naïf, naturel.
Naissement. — a : Naissance.
Nanas. — t : Femme crédule.
Nantille. — m, y : Lentille.
Napperon. — t : Torchon. — Nuage.
Naque. — V : Nacque.
Nareux. — m : Difficile, exigeant.
Nargue. — a : Raillerie, mépris.
Narqueteur. — a : Marqueur au jeu de paume.
Narquois — a : Grimaces et ruses des gueux.
Nasel. — t : Nez.
Nasquis. — m : Natif, naturel, destiné.
Nasse. — a : Instrument d'osier pour prendre le poisson.
Nasse pelée, nasse aux gors, nasse épaisse, nasse doublée : — y : Engins de pêche.
Natoier : Nettoyer.
Naturel. — m, t : Franc, bon, ouvert.
Nau, nauc, naus — m, a : Cer-

cueil, bateau, gouttière.
Navag. — a : Plaine.
Naveau. — m : Navet.
Navée. — a : Navette, graine ; Vase à encens.
Navette. — m : Vase à encens.
Navière. — a : Champ de navets.
Nay, nayotte. — t : Linge mis autour d'une oreille malade.
Nayer. — t, l, m : Nouer, noyer, naviguer.
Neau. — m : Chêneau, gouttière.
Nec. — a : Nez.
Nellui. — m, t : A aucun.
Nenette. — m : Sein.
Nerci. — t : Noirci.
Nèque, nès que. — m : Non plus que.
Nequedent. — m : Néanmoins, cependant.
Nes, neis. — t, m : Ne les, pas même, peu de chose.
Nesel. — t : Rien, pas même, peu de chose.
Netier. — m : Nettoyer, hausser.
Nescus. — t : Natif, naturel.
Neu, neus. — a : Nuit. — Journée de travail.
Neure. — a : Nuire.
Neuroux. — a : Nouveau jour, nouvel an.
Neusette. — a : Noisette.
Neux. — m : Gratification due par l'archevêque de Reims à chaque chanoine, qui l'assistait à l'office divin.
Neuxe. — a : Noix.
Neuze. — a : Noisette.
Nevon, nevoult, nevour. — t, a .

neveu.
Neyer. — m : Noyer.
Nezun. — m, a : Pas un, nul.
Niau. — m : Voyez Nichet.
Niafre. — m : Cordonnier, savetier.
Nianté. — m : Rien, misère, niaiserie.
Nicasser. — t : Grimacer.
Nicassier. — t : Grimacier.
Niche. — a : Saleté.
Nichereux. — a : Sale, grossier.
Nichet. — a : Œuf indiquant aux poules le lieu de la ponte.
Nicheté. — a : Saleté.
Nichil-au-dos. — a : Costume brillant, cachant des guenilles.
Nié — m : Dénégation, fait nié.
Niée. — t : Nichée, masse, réunion.
Nièche. — Nièce.
Nielle. — m, a : Pluie froide, brouillard, gelée. — Maladie des blés.
Nient. — m, t : Rien, néant.
Nièpce. — m, a : Nièce.
Nieps, nier, nier, niès, niez. — a, m : Neveu.
Nieule. — m : Croquignole, friandise. — Coup.
Nieulier. — m : Marchand de nieules, de croquignoles.
Ni-fait. — m : Négation, fait nié.
Nif, nize, ny. — m : Nid.
Niger. — a : Ne rien faire, être paresseux, s'occuper de bagatelles.
Ninès, les. — m : Les seins.
Nioche. — l : Niais.

Niole. — a : Voyez Nieule.
Nique. — m, a : Raillerie. — Faire la nique : Attraper, mystifier.
Niquedouille. — t : Nigaud.
Nis. — m : Dénégation, fait nié.
Niser. — m : Nicher, faire son nid.
Nivès. — a : Niveau.
Nixe. — m : Étroit.
Noans, noant. — m, t : Rien, néant, misère, sottise.
Noberte. — m : Petite prune noire et acide. — Noberté : Confiture faite avec ce fruit.
Noble épine. — m : Aubépine.
Noc, nos, not. — m : Gouttière.
Noce, faire la. — m : Vidanger.
Noceur. — m : Bon vivant.
Nochier. — m : Nuire.
Noé. — m : Noël, cri de joie.
Noef. — m : Neuf, nouveau.
Noel d'arc. — m : Clef de voûte.
Noelé. — m, t : Noué, noueux.
Noelier. — Voyez Nieulier.
Noguette. — a : Revendeuse à la toilette.
Noguière. — m : Gouttière.
Noiant. — m : Rien, néant.
Noiaus. — m : Nœuds, boutons, fruits.
Noier. — m : Nier.
Noif, nois, noy. — m : Neige.
Noilleux. — a : Noueux.
Noire, mur faisant. — m : Mur faisant coude.
Nondines. — a : Foire, marché.
Nondinien, nondinal, nondinaire. — a : Relatif aux foires.
Nonnette. — a : Épingle. — m : Sorte de pain d'épices, de ca-

nard sauvage. — Mésange de marais.
Noous. — a : Neveu.
Norois. — m, t : Du nord.
Norole. — a : Brioche, pâtisserie.
Norrisson.— Menus poissons pour repeupler un étang.
Note. — m : Air, musique, chanson.
Nou. — a : Nœud, gouttière.
Nouailleux. — a : Noueux.
Nouant. — m : Néant, nul.
Noue. — m : Bas-fond, vallée.
Nougette. — a : Noisette.
Noulet. — a : Gouttière.
Nouvellier. — m : Inconstant.
Nouviaus, pieds. — m : Pieds jeunes, faibles. Enfant nouveau-né.
Novale. — m, a : Terre nouvellement défrichée.
Noy, noyse. — a : Débat, bruit.
Noyaux. — m : Nœuds, boutons, fruits.
Noyel. — a : Nouvel.
Nublesse, nublette. — m, a nuage.
Nuese. — a : Nudité, misère.
Nuisement. — m : Ennui, ennuyeux.
Nuit entrée. — m : Pendant la nuit.
Nulenois, nullevoie.— a : Jamais.
Nullui. — m, t : A aucun.
Nun, nune, nuns, nus. — m, t : Nul, aucun, quelqu'un.

O

O, od. — m, a, t : Avec, à, vers.
Oan. — a, t : Avant, dorénavant, cette année.
Oberdie. — t : Manie, rêverie.
Oberlique. — a : Ce que chacun possède.
Obice.— a m: Empêchement, obstacle.
Obicer, obicier. — a : empêcher, objecter.
Obombrer. — a : Cacher.
Obres. — t : Cendres de paille.
Occoisonner. — m : Poursuivre, accuser.
Occult, en. — a : En secret.
Ocler. — a : Tricher.
Ocleur. — a : Tricheur.
Ocris. — a : Têtu, mauvaise tête.
Oda. — a : Oui-dà.
Odable, odale. — m : Ennuyeux, fatigant.
Oder. — m, t : Fatiguer, ennuyer.
Oèque. — a : Salle à manger.
Oes. — a : Abeilles, volonté, vœux. — Œufs.
Oct. — a : Huit.
Œuvrer. — m : Travailler, bâtir.
Offendre. — m : Offenser, attaquer.
Ohic. — a : Malade.
Oiance. — t : Public, auditoire, ouïe.

Oictable. — m : Octave, huitaine.
Oïe. — m, t : Bruit, voix publique.
Oile. — m, a : Huile, olive.
Oilé, oilier. — m, a : Huilier.
Oilée. — a : Pluie d'orage.
Oilhe ! — l : Hélas !
Oilier. — m : Marchand d'huile.
Oilleté. — t : Semé d'yeux.
Oillets. — a : Yeux.
Oillos. — a : Oye.
Ointerie. — m : Commerce de graisse.
Ointure. — m : Graisse, onguent, caresse, friction.
Oirée. — a : Pluie d'orage.
Oirre. — a : Trace, pas, route.
Oirrer. — a : Marcher, cheminer.
Oiseau de la mort.— m : Chouette.
Oiseuse. — m : Oisiveté.
Oissor. — a : Épouse.
Oler. — a : Répandre une odeur agréable.
Olerie. — a : Ennui, charge, fatigue.
Olie. — m : Olive.
Olus, faire l'. — m : Frauder l'octroi.
Ombroier. — m : Se tenir à l'ombre, abriter.
Omiteur. — t : Suc, saveur agréable.
Ongle, honorer à l'. — m : Autant que possible.
Onier, onjer. — t : Travailler.
Oprume, auprume. — a : D'abord, seulement, tôt.
Opson. — a : Champignon.
Or, ore, oire. — m, a : Aujourd'hui, à présent, alors.

Oraille. — a : Bord, lisière.
Orains. — m, a : Naguère, dorénavant.
Oran. — a : Avant, auparavant.
Orbée, par. — m : De temps à autre.
Orche. — t : Coupure, blessure.
Orçon. — a : Morceau de pain.
Ord, orde. — m, t : Sale.
Orde. — a : Tocsin.
Ordir. — m, a , Souiller.
Ordoier. — m : m : Salir.
Ordous. — m, a : Sale, dégoûtant.
Orée. — m, a : Bord, lisière, pluie d'orage. — A l'orée : A l'entrée, au début.
Orendroit. — m, t, a : Dorénavant, maintenant.
Orenis. — a : V. Orains.
Orer. — m, t : Prier.
Orfente. — a : Orpheline. — Orfenté : Abandon, faiblesse.
Orfray, orfroy. — m : Broderie, relief sur une étoffe.
Orfrie. — a : Chouette.
Orgie. — l : Mélange d'orge et d'avoine.
Orgne, orgnieux. — m : Vexation, outrage.
Oriatan. — l : Orviétan.
Oribus, poudre d'. — a : Poudre d'or.
Orier. — a : Étole.
Orière. — a : Bord, lisière.
Oriflant. — m, t, a : Éléphant. — Fort, fier, présomptueux.
Orine. — m : Origine, famille.

7

Orison. — m, t : Oraison.
Orle, orlet. — a : Ourlet. — Orler : Ourler.
Ormaie, ormille, ormoie. — a : Plantation d'ormeaux.
Ormoire. — y : Armoire.
Ornie. — a : Cri injurieux.
Oroest. — a : Nord-ouest.
Orrie. — m : Hoirie, succession.
Orruble. — a : Horrible.
Orseau, orson. — a : Morceau de pain.
Ort. — a : Jardin.
Ort, peser. — a : Peser ensemble le contenant et le contenu.
Ortelage. — m : Jardinage.
Orve de froment. — m : Fleur de froment, gâteau.
Orvier. — m : Meunier, marchand de fleur de froment, boulanger, pâtissier.
Osche. — a : Jardin, clos. — Carreau de terre couvert de gazon, réduit en cendres et converti en engrais.
Osière. — t, m : Lieu, jointure, osier, oseraie.
Oson. — m : Oison.
Ossé. — a : Hardi.
Ossez. — a : Assez.
Ossis, vieil. — a : Vieux trembleur.
Ossu. — t : Sans doute.
Ostant, non. — m : Nonobstant.
Osté, ostei, osteil, ostelage, ostié, ostiex, ostieus. — m, t, a : Hôtel, logis, logement.
Ostier, ostoir. — m, a, t : Autour, oiseau de proie.

Ostière, gueux de l'. — t, m : Mendiant, qui va de porte en porte.
Ostille. — t, m : Hôtel, maison.
Ostiné. — m : Têtu.
Ostiner. — m, a : Impatienter, taquiner.
Ostise. — a : Hôtel, maison.
Otevent. — a : Auvent.
Otru. — a : Autrui.
Ottale. — m : Octave, huitaine.
Ouaiter. — a : Regarder.
Ouan. — m : Cette année, l'année qui vient.
Ouand. — a : Paresseux, endormi.
Ouate. — a : Lit de plumes, duvet, coton.
Oublée, oublette. — m : Oublie, plaisir, pâtisserie légère.
Oublier. — m : Marchand d'oublies.
Ouche. — a : Jardin, clos.
Oüe. — m : Oie.
Ougat. — l : Nougat.
Oule. — a : Huile, marmite, mets.
Ouny. — m : Uni, niveau, alignement.
Ourmel, ourmicel. — m : Ormeau.
Outé, à l'. — t : Au logis.
Outieux. — m : Outil.
Outil. — m : Maladroit, butor, machine.
Ouvrages blancs. — m : Ouvrages de fer polis sur la meule. — Ouvrages noirs : Ouvrages de fer achevés à la lime. Cette distinction divisait en deux corporations les taillandiers de

Reims : elles furent réunies en 1612.

Ouvre. — m : Œuvre, travail.

Ouvrer. — m : Travailler.

Ouvroir. — m : Atelier, boutique.

Ouziat. — l : Audacieux, impétueux.

Ovée, oviau. — l : Apostrophe railleuse, dont on salue ceux qui se laissent mystifier. (Au veau ! Au veau ! Voyez les poésies de Coquillard).

Ozière. — t : Ozier.

Oyeau à la mort. — t : Crieur juré.

P

Paagier. — t : Payer un péage, le faire payer.

Pacant, pacaud, paquant. — t, m : Lourdaud, rustre.

Pacret. — m : Lourdaud.

Paëlle. — m : Poêle, poêlon, pelle. — Paëlle trouée : Écumoir.

Pafourni. — t : Pain qu'on fait cuire pendant que le four chauffe.

Pagnier fourchu, faire le. — l : Jeu d'enfant qui consiste à se tenir la tête en bas, les pieds en l'air et écartés.

Pagnotte, paigneutte, peigneutte. — l, a : Lâche, paresseux. — a : Compagnie, escorte.

Pagnotterie. — a : Poltronnerie.

Paier. — a : Faire la paix, traiter.

Paignolle. — a : Débauché.

Paigre, pègre. — t : Espiègle.

Paile, paille. — a : Étoffe de drap. — Poêle, poêlon.

Pailis. — m : Barrière.

Paillard. — m : Fainéant.

Paillolé. — a : Débauché, paresseux.

Paillore. — a : Lieu de débauche.

Paillot. — m : Paillasse d'enfant.

Pain d'oiseau. — l : Plante, (*sedum*).

Pain de douleur. — m : Pain noir, pain des prisonniers.

Pain enchanté. — l, m : Pain à chanter.

Painegier. — m : Pétrir le pain.

Paison. — m, t : Pieu, anneau, corde. — Aliments.

Paisse, passe. — a : Moineau, passereau.

Paissonier. — m : Poissonnier.

Paix aise. — t : A son aise, tranquille.

Paix brisée, attaquer sur. — m : En rompant la trève.

Pal. — m, t : Pieux.

Palafour. — m : Gâteau fait pendant que le four chauffe.

Palais. — t : Palissade.

Palala, en. — t : En cérémonie.

Paler. — m : Nettoyer avec une pelle.

Palestraux. — m, t : Guenilles, peile.

Palette, palle. — m, a : Pelle,

poêle.

Palis. — m : Palissade.

Paller. — a : Parler, travailler avec la pelle, écorcher, peler, nettoyer.

Palletie. — a : Escarmouche.

Palleyage. — v : Pillage.

Pallie. — a : Pâleur.

Palme. — m : Main.

Palmier. — a : Pèlerin.

Palmoier. — m : Manier.

Palon. — m : Pelle en bois.

Pals. — m : Pieu.

Palson. — t : Morceau de bois soutenant le mortier entre les murailles.

Palsonner. — t : Poser les palsons.

Paltoquet. — m, a, t : Singulier, original, sot.

Palue, palus. — t : Marais, gouffre, palissade.

Paluer. — t : Palissader, fermer.

Pamplier. — l : Peuplier.

Pan, paneu, panie. — a : Vol, lacune. — t : Être en pan, être en paneu : Être en chemise.

Panays. — a : Hardes, haillons, jupon.

Panciaut. — m : Sorte de chardon.

Pançu. — m : Qui a un gros ventre.

Panée. — l : Panais.

Panelier, pannelier. — m : Vannier.

Paner. — a : Receler.

Panière. — m : Panier, pannetière.

Pannais. — a : Hardes, haillons.

Panneau, panneu. — t, m, a : Piége.

Panneter. — m : Pétrir le pain.

Pantanias. — l : Nigaud.

Pantéiser. — t : Étouffer, suffoquer.

Panteler. — a : Respirer avec peine.

Pantine. — l : Femme d'une dévotion minutieuse.

Pantois. — a : Asthmatique.

Pantoiser. — a : Respirer avec peine, être essoufflé.

Paonage. — a : Couleur de paon, éclat du paon.

Papier. — m : Paier.

Papin. — a, m : Bouillie au lait.

Papinette. — m, a : Cuiller de bois.

Papoute. — l : Soupe d'enfant.

Parcennier. — m : Propriétaire par moitié d'un mur, d'un domaine.

Parement d'un mur. — m : Enduit d'un mur.

Parement, chambre de. — m, a : Chambre de parade.

Parchet. — m : Parquet, parc, pavé, salle.

Parchier. — m : Partager.

Pardoan. — a : Pardevant, auparavant, avant cette année.

Pardon. — m : Pâtisserie.

Pardon. — m : Grâce, faveur, espérance, temps perdu, perte.

Pareux, paraux, parun. — m, t : égal, pareil.

Parfin, à la. — m : Enfin, à

la fin.

Parfond. — t, m, a : Profond, au fond.

Parge. — a : Page.

Paries. — a : Mur, cloison.

Parigal. — t : Égal, pareil.

Paritoire.— a : Plante, pariétaire.

Parieure. — l : Pari, gageure.

Parlement. — m : Surnom donné aux lavoirs publics.— Complot, traité, rendez-vous.

Parme.— l : Compas, exactitude.

Parmer. — l : Mesurer, toiser.

Parmi dix francs. — m : Au prix moyen de dix francs.

Parmitant. — m : Par ce moyen, ainsi.

Paroche, parochial, parochien. — m : Paroisse, paroissial, paroissien.

Paroffrir. — t : Offrir avec instance.

Parpains, parpins. — m : Sorte de pierre de taille, qui devait avoir deux pieds de long, un pied de large, et un pied et demi de hauteur.

Parpayer. — m, a : Payer, solder.

Parsomme, à la.— m: En somme, enfin.

Parson. — m : Partage, moitié. — Cohéritier, associé, copropriétaire. — Sorte de jeu.

Parsonnier. — m : Domestique, cohéritier, associé, qui a droit à un partage.

Particulier. — m : Égoïste.

Pas moins. — t : Néanmoins, cependant.

Pascor, pascour. — t : Paques.

Passeroute. — a : Malin, adroit.

Passe solitaire. — m : Passereau solitaire.

Passet. — m : Tabouret de bois, marche-pied.

Passette. — m : Chauffrette.

Passonieus. — m : Poissonnier.

Past, vivre à. — m, t, a : Vivre à tant par repas, ou en communauté, ou aux dépens d'autrui en vertu d'un droit.

Paste de roy. — m : Friandise.

Patabeu. — t : Quinte majeure au jeu de briscambille.

Patabœuf. — m : Lourdaud.

Pataclan.— t : Embarras, attirail.

Patapouf. — l : Lourdaud, gros.

Patard, patarin. — m : Menue monnaie, homme de rien.

Pataroux.— l : Trouble, querelle.

Patat. — t : Jeu de marelle.

Patatras. — m, l : Exclamation provoquée par la vue d'une chûte.

Pataule. — t: Plante, patience.

Patenais. — m: Panais.

Patenotrie. — m : Commerce de chapelets.

Pathieu. — l : Exclamation poussée quand on est suffoqué par la fumée.

Patipata. — m, t : Caquet.

Patouillas. — m, t : Bourbier, gâchis.

Patouiller. — m, t : Marcher dans la boue.

Patouillot. — t : Gros enfant.

Patricotage. — t : Manége, caquet.
Patricoter. — t : Intriguer, bavarder.
Patricoteux. — t : Intrigant, bavard.
Patrigone. — l : Sorte de prune, perdrigon.
Patter. — m : Étendre ses racines.
Pau. — a : Pièce, poil, herse. — mesure de longueur (*palma*).
Pau. — m : Peu.
Paulmée, paumée. — a, m : Main, poignée de main, parole donnée.
Paumerin. — a, m : Premier, pélerin.
Paumeton, à. — t : Sur la paume, ou avec la paume de la main.
Paumier. — Pélerin.
Paumier. — m : Jurer la main levée, offrir la main en signe de parole donnée.
Paumison. — m : Pamoison.
Paumoyer. — a : Manier. — Au paumoyer : A pleines mains.
Paupier. — m : Papier, cahier, lettre.
Paurge. — a : Tas de fumier.
Pauteney. — l : Lourdaud, rustre.
Pautonnier. — m : Fainéant, voleur, homme de rien.
Pautre. — t : Lit, paillasse.
Pautrer, se. — t : Se coucher, se vautrer.
Pauvrosse. — t : Pauvre femme.
Paux. — a : Poils, poux.
Pauxon. — a : Poisson.
Paxe. — a : Face, façade.
Pec. — a : Sot.
Peccata. — y : Ane.
Peçoier. — m, t : Mettre en pièce.

Pecol, pecoul. — a : Colonne, cadre.
Pecquet. — a : Genevrier.
Pect. — a : Poitrine.
Pécune. — m : Argent.
Peignée. — m, a : Coups, violences.
Peis. — a : Pied, poitrine.
Pejeur. — m : Pire.
Pel. — m : Peau, poil, pieu.
Pelace, pelecte, pelette. — a, m : Pellicule.
Pelisse, peliçon. — a, m, t : Habit de peau, couverture de lit, jupon.
Pellage. — m : Déplacement de grains fait à la pelle.
Pellauder. — a : Prendre aux cheveux, battre.
Pelle. — m : Engin de pêche.
Peller. — m : Remuer à la pelle.
Pelotter. — a : Frapper.
Pelson. — l : Motte de gazon.
Pelu. — a : Velu, garni de poils.
Pen. — a : Sommet.
Penaillon. — a : Guenille.
Penal, penault. — a : Mesure de grains.
Penaut. — a : Qui va nu-pieds.
Pendant. — m : Colline.
Pendefust, pandefust. — m : Cloison de bois.
Penderet. — a : Potence.
Pendre, défendre sur le. — m : Prohiber à peine de potence.
Pendu, corps. — l : Pomme de capendu.
Pénéant. — m : Pénitent.
Penelle. — l : Prunelle, fruit

sauvage.

Peneux. — l : Honteux, sot. — a : Qui va nu-pieds. — m : Dur, pénible.

Penne. — m : Fourrure, plume, morceau d'étoffe, étoffe.

Pennelier. — t : Vannier. — m : Fourreur.

Penot. — t : Bout d'aile, plume de l'oie. — Traîner les penots : Être malade, tirer de l'aile.

Penouse, la semaine. — a : La semaine sainte.

Peonace. — t : Couleur de paon, semblable au paon.

Peor, peior, peour. — t : Pire, payeur.

Pèque. — a : Mauvais cheval.

Pequet. — a : Genévrier.

Pequier. — a : Pêcher, arbre.

Pequier. — a : Aller à la pêche.

Perager. — a : Voyager.

Percette, persinette. — m : Bluet.

Perchas. — m : Poisson, perche.

Perchelle. — m : Poisson, perche.

Perdeaulx, perdreaux. — m, a : Cailloux posés près des bornes des champs.

Perdu, le diemange. — a : Dimanche de la septuagésime.

Perlouette. — m : Et cœtera.

Permey. — a : Moyennant, ainsi, par ce moyen.

Perot. — a : Baliveau de deux âges.

Perrière, perlière. — m : Carrière. — Perlieux : Carrier.

Perroche. — m : Paroisse.

Perron. — l : Banc de pierre.

Persin. — a : Persil.

Persinette. — m : Bluet.

Pesance. — t : Chagrin, poids.

Pesant. — t : A charge, maussade.

Pesantume. — a : Pesanteur.

Pescheraine. — m : Pécheur de grenouilles.

Peser. — m : Contrarier.

Pesme. — a : Très mauvais.

Pesse. — a : Morceau, pièce.

Pesson. — a : Vêtement de peaux.

Peste. — m, t : Espiègle.

Pestel, pesteil. — a : Pilon, massue.

Pesteller. — a : Piler, pétrir.

Pestris. — m : Perdrix.

Petal. — a, m : Pilon.

Petallier. — a : Piller, pétrir.

Peteler. — a : Voler.

Peterine. — m, t : Poitrine.

Petor. — a : Sorte de voiture.

Petrais. — a : Poire sauvage.

Petrat. — m : Grossier, paysan.

Pétréau. — m : Genièvre.

Pétrissoire. — l : Pétrin.

Peuceyer. — t : Appuyer le pouce, écraser avec le pouce.

Peut, peux, peute. — l : Laid, laide.

Peuteux. — l : Groseilles vertes.

Peutil, peutis. — t : Fumier.

Peux. — m, a : Poils, cheveux, poux.

Peyne. — m : Sorte d'outil.

Peyre. — a : Pierre. — m : Poire.

Peyrier. — a : Maçon, carrier, tailleur de pierre. — m : Poirier. — Peyrière : Carrière.

Pezas. — t: Cosses de pois.
Piaffe. — a : Faste, somptuosité.
Piailler. — m : Crier comme un jeune oiseau.
Pialage. — m : Cri, cri d'oiseau.
Piarre. — m : Pierre.
Piaulard. — m, a : Pleurer.
Piauler. — m, a : Pleurer, crier comme les jeunes pies.
Piautre, envoyer. — a : Envoyer paître.
Piaux. — m : Petits de la pie.
Pic. — m : Pieu, bâton ferré, pioche.
Pichet. — m : Le quart d'un setier.
Pichon. — t : Urine.
Pichotte. — t : Essuie de lessive.
Picorée. — m : Maraudage.
Picoté. — l : Marqué de la petite vérole.
Pieça. — m, a : Depuis quelque temps, il y a longtemps. (Pièce il y a.)
Pièce. — a, m : Espace de temps.
Pied-gueia, jouer à. — l : Jouer à cloche-pied.
Pied de chèvre. — a : Pince fendue par le bas.
Pied droit. — m : Pied de roi.
Piel. — a : Poitrine.
Pierrée. — a: Cours d'eau coulant sous une voûte de pierre.
Piètre. — m, a : Pauvre, chétif.
Piètrerie. — m, a : Misère.
Piette. — m : Sorte de canard sauvage.
Pieur, pior. — t : Pire.

Piex. — a : Pieu.
Pif, piffre. — a : Gros mangeur.
Pigeoller. — t : Pulluler.
Pignolat. — m : Friandise.
Pigoise, pingoise. — m : Quart d'un denier tournois.
Piler, maistre. — m : Pilier principal d'un édifice.
Pillé. — a : Bâton à cierge.
Pillecte. — m : Sorte de coiffure en forme de pilon.
Pillote. — a : Noisette hors de son enveloppe.
Pilous. — m : Mauvaises terres.
Pilvolter. — t : Sautiller en tournant.
Pilvoltiau. — t : Volant de bois à trois plumes.
Pimpesoué. — t : Fat, précieux, ridicule.
Pinte. — m : Mesure à peu près égale au litre.
Pinçon, avoir le. — m : Avoir l'onglée.
Pinsoir. — m : Engin de pêche prohibé.
Piolé. — m, a : Piqué, moucheté.
Pioler. — m, t, a : Pleurer, crier.
Pioner. — l : Pleurer, crier.
Pionne. — l : Fleur, pivoine.
Piotre. — t : Pauvre lit.
Pipe. — m : Chalumeau, sifflet.
Pipolter. — a : Enjoliver.
Pique, piquette, avoir la. — m : Avoir l'onglée.
Pique ou nogue. — l : Jeu d'enfant, nommé ailleurs tête ou pointe.
Piquebœuf. — m : Surnom donné

par les garçons de labour de Champagne à ceux de Brie.

Piquet. — m : Couverture de piqué.

Pis. — m, a : Pied, poitrine, sein. — Puis : Pieu.

Pisé. — m : Mortier de terre et de paille.

Pissenier. — m : Poissonnier.

Pister. — a : Broyer.

Pitance. — m : Portion, régal.

Pitant. — a : Pitoyable.

Pite. — m : Pitoyable, souffrant, pauvre.

Piter. — a : Donner un coup de pied, se tenir ferme sur ses pieds, piétiner.

Pitieu, pitois. — l : Putois.

Piver, faire. — t : Faire sauter, chasser.

Place. — m : Chambre.

Plaier. — m : Blesser.

Plain. — m : Plat, facile.

Plaintieux. — a : Fertile.

Plamer. — a : Piler, épiler.

Plamuse. — m, a : Soufflet, coup sur le visage.

Plançon. — a, m : Plant, greffe, branche, bâton.

Planiesté. — m : Niveau, platitude.

Planquer, plaquer. — m, a : Appliquer, placarder, bâtir en torchis.

Plantée, à. — m, a : En abondance.

Plantureux. — m : Fertile, abondant.

Plantuvement. — a : En abondance.

Plat au château. — l : Plat dont le contenu a de la hauteur.

Plateau, platel. — m, t : Plat, terrine, poisson plat, sorte de brème.

Platine. — l : Plaque de cheminée.

Plâtre, en. — t : En quantité.

Platrouiller. — m : Marcher dans la boue.

Plaut, plautre. — V. Pleutre.

Plays, pleys. — m : Poisson, plie.

Plesse. — a : Place, chambre.

Plesseis. — m : V. Plessis.

Plessier. — m, a, t : Plier, plisser.

Plessier. — a : Chemin frayé dans les bois.

Plessis. — m, t, a : Parc, clos, habitation de plaisance.

Pleurs-miché. — t : Pleurs d'enfant.

Pleutre. — l, m : Avare, rustre, sans parole, maladroit.

Plevine. — m : Promesse, fiançailles. — Plevir : Promettre.

Pli. — l : Terme de jeu de cartes : levée, main.

Pliure. — t : Osier de petite espèce.

Ploder. — V. Pellauder.

Ploge. — m, a : Pluie.

Ploi de mur. — m : Pli, angle, saillie.

Plomair. — a : Plumet, plumeau.

Plombée. — m : Marteau de plomb.

7*

Plomeau. — a : Fardeau lourd comme plomb.

Plommet, à. — a : D'aplomb, de niveau.

Plommier, ploumier. — m : Plombier.

Plongel, plungel. — t, m : Vent d'occident, de la pluie.

Plongeon. — t : Tas de gerbes coupées nouvellement.

Plouirée. — a : Porte coupée par le milieu.

Plouvier. — a : Plume, lit de plumes.

Ploy. — m : Pli, habitude.

Ploye-sappe. — a : Bandit.

Ployon. — a : Morceau de bois courbé et mobile, qui tient le coutre de la charrue. — Brin d'osier.

Pluchotter. — m, t : Manger du bout des dents, avec dégoût : éplucher.

Plueve. — a, m : Pluie.

Plumart. — a : Plumeau, balai de plumes.

Plumetif, plumetis. — m, a : Brouillon, minute, note. — Primitif.

Pluvial. — a : Manteau à mettre en cas de pluie.

Po, poc, un. — m, a : Un peu.

Poble. — a : Peuple, peuplier.

Poche. — 1, t : Cuiller à pot.
— m : Sorte d'oiseau chanteur.

Pochet. pochot, un. — m, t : Un peu.

Pochotte, pochette. — t : Petite poche.

Poderous. — a : Puissant.

Poël dormant. — m : Sorte de serrure fermant à clef.

Poëlette. — a : Petite poêle, palette.

Poesté. — t : Puissance.

Poestéis. — t : Puissant.

Poffe. — t : Fille maladroite.

Pognis, poingnéis, pougnis. — a, m : Poignée, coup de poing, combat.

Poi, un. — a : Un peu.

Poiegnetter, pougnetter. — a : Battre à coup de poings, empoigner.

Poignard. — m : Jeune brochet.

Poillaille, poulaille. — a, m : Volaille.

Poiloux. — m, a : Poilu, pouilleux, vilain.

Poindre. — m : Piquer, éperonner. — Poindre un veau, piquer la peau et les chairs pour le faire enfler.

Poing. — m, t : Poignée.

Point. — a : Poussin, poulet.

Point en tout. — t : Point du tout.

Poior. — t : Pire.

Poirée, porée. — m : Purée.

Poiriau, poriaulx. — m : Pendants d'oreille en forme de poire.

Pois, poys. — m : Pesanteur, chagrin, mal, oppression.

Poiser. — m : Contrarier, opprimer.

Poison, poisson. — a, t : Potion.

Poiteviner. — m : Faire tort, voler, frauder.

Poitras. — m : Poitrail, sein, face.

Poitrine. — m : Cœur.

Polacre. — l, m : Polonais, sale, dégoûtant.

Pollet. — m : Sorte d'outil.

Polx. — a : Pouce.

Pomache. — t : Plante, doucette, salade.

Pommelette de bois. — m : Pomme sauvage.

Pommelotier. — m : Pommier sauvage.

Pommeroye. — m : Plantation de pommiers.

Poncer le parchemin. — m : Le polir, le préparer à recevoir l'écriture.

Ponçoir. — a, m : Loquet, pierre ponce, rabot, outil de parcheminier.

Ponçonner un cuir. — m : Le préparer, le polir.

Ponée. — m : Dépôt, cachette, surprise, secret.

Pongoise. — m : Menue monnaie, bagatelle.

Ponre. — m, a : Poser, pondre. — Ponu : Posé, pendu.

Popelin. — t : Peuplier.

Popelinière. — t : Plantation de peupliers.

Popisme, faire le. — a : Faire le brave cavalier.

Pont. — m : Poignée, garde, manche.

Pontife. — m : Savetier.

Popue. — t : Huppe, oiseau.

Po.jue, un. — a : Un peu.

Poqué. — m : Marqué de la petite vérole.

Poques, les. — m : La petite vérole.

Porche. — l : Passage, porte.

Poreaulx. — m : Excroissances aux pieds des chevaux.

Porge. — a : V : Paurge. — m : Porche, vestibule.

Poriaulx, poriolx. — m, a : Boucles de cheveux, poireaux, poires, pendants d'oreille.

Poriet. — a : Porte d'entrée d'un baptistère.

Porjon. — m : Poireau.

Porolment. — a : Mobilier d'une famille.

Porquant. — m : Pourtant.

Portée. — m : Portion de bâtiment, chambre.

Portelette. — m : Petite porte.

Possesser, possier, posseter. — m : Posséder.

Post, fort comme un. — m : Vigoureux, puissant.

Poste. — m : Etourdi.

Postéis. — m : Puissant.

Postis, potis. — m : Poterne.

Pot. — m : Trou fait par la carpe dans la vase. — Pot de mouture : Seizième d'un boisseau de farine.

Potée. — t : Blé en grange non battu.

Potelle. — a : Armoire destinée à de menus objets.

Potement. — t : Escalier dérobé.
Potiche. — l : Enjeu au jeu de palet. — Jouer potiche à popotiche : Jouer une poignée de billes contre une autre poignée.
Poture, mettre en. — t : Envoyer une jument en fourrière avec l'étalon.
Pou, un. — m : Un peu.
Pou de moine. — m : Herbe aquatique.
Poudré, bois sentant le. — m : Bois vermoulu.
Pouc. — a : Bouillie.
Pougeolle. — t : Gourme.
Pouger. — a : Puiser.
Poulier. — m : Marchand de volailles. — Pouille : Poule.
Pouillère. — Poche de robe.
Pouillesou. — a : Verrou.
Pouilleu. — l : Fruit de l'aubépine.
Pouilleux. — m : Petit perdreau.
Pouillis. — a : Mauvaise auberge.
Pouillot. — m : Oiseau, roitelet — Plante aromatique.
Poul. — t : Coq.
Pouli. — a : Poli, honnête.
Pouliot. — a : Petite poulie.
Poulot. — a : Jeune enfant, poulet.
Poundre, pounu. — V Ponre.
Pouné. — a : Puîné, cadet.
Poupa. — a : Père, papa.
Poupard. — a : Père. — Enfant.
Poupelain. — a : Gâteau.
Poupet. — l : Coquet, fat.
Poupier. — m : Peuplier.
Pourçai. — a : Grossier, rustre.

Pourçainte. — m : Enceinte, domaine.
Pourcelaine. — t : Plante, pourpier.
Pourcer. — a : Porter, pousser.
Pourchas, pourche. — m, a : Brique, recherche, demande, désir, chasse.
Poure. — m, a : Poudre, poussière.
Pourer. — t : Répandre maladroitement.
Pourot. — l : Poireau.
Pourpoindresse. — m : Couturière de pourpoints
Pourri, jouer au. — l : Jouer aux barres.
Poursieute. — m : Poursuite.
Poursigre. — m : Poursuivre.
Pourte. — a : Rang, situation.
Pourtesueurs. — a : Règlement.
Poussaille, poussaillerie, pousse. — a : Police, sergents de ville.
Poussé, jouer au. — l : Jouer à la poussette.
Poussier. — t, l, m : Poussière.
Poussinis. — t : Pluie fine.
Poussot. — m : Poussin.
Poustiller. — l : Poursuivre, solliciter.
Poutils, poutis. — t : Fumier.
Poutre. — m, a : Pouliche.
Poutrel. — m : Jeune cheval.
Poux, herbe aux. — m : Plante, qui détruit ces insectes.
Pouxon. — a : Poisson.
Pouxour. — a : Pêcheur.
Pouyon. — a : Poulet.
Poyon. — a : Poulet.

Poyot, rire. — a : Rire d'une manière forcée.
Poys. — a : Poils.
Prael, praiel, praelet. — m, a : Pré, petit pré.
Praière. — m : Prairie.
Prast. — a : Prêt.
Prayer. — a : Sorte d'oiseau des prés.
Pré noyé. — m : Marécage.
Pregnant. — a : Aigu, violent.
Preime, femme. — a : Femme enceinte.
Premier.— m, a : D'abord, avant.
Prendre son cœur à autrui. — l : Prendre part aux peines d'autrui.
Prenelle. — a : Prunelle, liqueur faite avec ce fruit.
Presme, premesse. — a, m, a : Prochain.
Preu. — m , t, a : Profit. — Brave. — Beaucoup.
Preume, à. — m. : A l'instant.
Preumes, aux. — m : Au soir.
Preutir. — t : Pétrir.
Prevoir, provoir. — m : Prêtre, prieur.
Preyre. — a : Prêtre.
Prime, primes. — m, t : Six heures du matin. — Dès primes laschiées : Dès que la cloche des primes est sonnée.
Primevoire. — m, a : Printemps.
Prinson. — m : Prison, prisonnier.
Priolé, priolée. — m, a : Prieuré.
Prit. — a : Livre, volume.
Prius. — m : Préjudice.
Privée, fosse. — m : Lieux d'aisances.
Privoul, privaul. — m : Privé, familier.
Pro. — a, m : Profit, beaucoup.
Procallor. — a : Procureur.
Prochienneté. — m : Proximité, intimité, parenté.
Proème, prohême. — m, a : Préface.
Proesme. — m, a : Prochain, héritier immédiat, proche parent.
Proesmie. — m : Parenté proche, la plus proche.
Proic. — m, a : Butin, capture.
Proisier. — m : Prisier, estimer.
Prome-conde. — a : Maître d'hôtel, pourvoyeur.
Promenettes. — m : Lisières d'enfant.
Promours. — a : Saison de labour.
Prone, proneaulx. — m : Grille en bois, balustrade, pieux.
Proposer. — m : Soutenir, accuser.
Proprieule. — a : Petite vérole.
Proteller. — a : Retarder.
Prou. — m, a : Profit, beaucoup, assez, un peu, point. — Probe, prudent, brave.
Provendier. — Pourvoyeur.
Provenesin. — m, a : Habitant de Provins.
Proyer. — a : Oiseau des prés.
Proyme. — V. Proesme.
Pruantir. — m, a : Démanger.
Pruantise. — m, a : Démangeaison.
Psie. — m : Vessie.

Puant. — l : Punaise.
Puce maligne. — l : Pustule maligne.
Puche. — a : Puce.
Puchier. — a : Puiser.
Puech. — a : Puits, montagne.
Puepler. — a : Dévaster.
Pui, puis. — a : Montagne, puits, plus, depuis.
Puisas. — m : Puisard.
Puisier, puisette. — y : Engin de pêche.
Puissin. — a : Petit poulet.
Pujas. — m : Puisart.
Punaisie. — m : Air corrompu, odeur, nuisible.
Puné. — a : Puîné, cadet.
Pupu, puput. — m : Huppe.
Pure teste, être en. — m : Avoir, la tête nue.
Purette, être en. — m : Être les bras nus.
Purge. — a : Médecine.

Pusseneu. — l : Poulet nouvellement éclos.
Pussin. — l : Poulet, poussin.
Pussinière. — l : Cage à poulets.
Put. — m, l, t : Puant, vil, laid. — Puits. — Puis, depuis.
Pute. — m : Fille de joie.
Putefi. — a : Mauvais lieu.
Putefoi. — a : Mauvaise foi.
Putel. — m, t : Puisard, marais.
Putier. — m : Débauché.
Put-ocre. — t : Laid, vilain, ladre.
Putras, putrin. — m : Fange, boue, eau de fumier.
Pux, puix. — a : Puits.
Py, pyel, pys. — a : Poitrine.
Pyrer. — a : Suppurer.
Pytoyeux. — m : Officier de l'impôt.
Pyvart. — t : Pi-vert.

Q

Quacheor. — m, a : Cheval de bataille.
Quadrilloner. — a : Carillonner avec quatre cloches.
Quair. — a : Car. — Quart. — Quatrième.
Quance, faire. — l, a, m : Faire semblant.
Quand, quant. — m, l : En même temps que, avec.
Quant et quant. — a : De suite.
Quantque. — a : Tout ce que, autant que.
Quarquier. — t : Pain d'une demi-livre.
Quarre. — m : Défaut d'une pierre fine.
Quarrel, quarreau, quarriau. — m, t : Quartier, pâté de maisons ; brochet ; flèche, tapis, tabouret.
Quarrette. — a : Charrette.
Quarron. — t : Petite pièce de terre.

Quarson. — a : Enfant de quatre ans.

Quart, quartel de setier. — m : V : Quartel.

Quartel. — m : Mesure de terre contenant 40 verges carrées, ou 8 ares et 46 centiares.

Quartenier. — m : Chef de quartier, officier de milice.

Quartier. — t, a : Pain d'une demi-livre. — Mesureur de grain.

Quas. — m, t : Nul, brisé, cassé, fatigué.

Quasi, quasiment, quausi. — m, a : Presque, ainsi.

Quasser. — a : Chasser, anéantir.

Quaterne. — m : Cahier, rôle de la taille.

Quaterne, expédier en. — m : En quadruple expédition.

Quatre. — m : Battre, secouer.

Que de vous, si j'étais. — l, m : Si j'étais à votre place.

Qued qui oncques, au. — a : En tout cas, de toute manière.

Quedre. — a : Cueillir.

Queignas, avoir les. — t : Avoir des courbatures.

Queigne. — t : Femme publique.

Queire. — a : Pouvoir.

Quémander. — m : Mendier.

Quena. — a : Femme.

Quenegatte. — a : Chaise, où on asseyait les individus condamnés à être décapités, pour leur trancher la tête.

Quenne. — a : Cruche.

Quenotte. — y, m, t : Dent d'enfant.

Quèque-feie. — a : Quelquefois.

Quequingues. — a : Quelques-uns.

Quer. — m, a : Cœur. — Cuir. — Choir. — Car. — Chercher.

Querage, — a : Cuisinier.

Querbossé, querbossu. — m : Bossu, bosselé.

Querche. — m : Charge, peine.

Querniotte. — m : Petite fenêtre, jour de souffrance.

Querre. — a, m : Chercher.

Quersonnaire. — l : Plante, scorsonère.

Quès, quex. — m, t : Que les, lesquels, auxquels.

Quesigneux. — m : V. Cogneux.

Queslier. — a : Fabricant de chaises, de caisses.

Quesse. — a : Coffre, caisse. — l : Poêle à frire.

Quest. — a : Gain.

Queste. — m : Recette, récolte, recherche, poursuite.

Quetis. — t : Boue ramassée dans la rue.

Queu, queux. — m : Cuisinier.

Queuche. — t : Cuisse.

Queude. — m : Coude.

Queue à aiguiser. — m : Pierre à repasser.

Queue, faire la. — t, m : Jouer un vilain tour.

Queussy-queumy. — t : De même.

Queuvre. — m : Cuivre.

Quevrechief. — m : Bonnet, coiffure.

Quias quias. — t : Grive d'une grosse espèce.

Quiex, quieux, queus. — a : Quel, lequel, lesquels.

Quibus, du. — m : De l'argent.

Quiche, quicheute. — a : Cime.

Quillart. — m : Jeu de quille.

Quille, répondre au coup la. — m : De suite.

Quillette, quillote. — m, a : Bouture d'osier.

Quilleter. — a : Se tenir debout, immobile.

Quilloser. — t : Abattre un rang de quilles d'un seul coup de boule.

Quinaud. — a : Gueux.

Quinès. — t : Gorge de femme.

Quinquenelle. — m : Répit, délai.

Quinson. — l : Pinson.

Quintaine. — a, m : Jeu d'adresse. Il fallait atteindre un mannequin d'osier avec une flèche ou une perche. Les chevaliers s'exerçaient aussi à la quintaine : mais alors le mannequin était couvert de fer.

Quire. — a : Pouvoir.

Quitement. — t : Librement.

Quitous, quitus. — a : Quittance.

Quitte. — t : Libre, disponible.

Quoi, quoit. — a : Paisible, immobile, lâche, paresseux.

Quoquart, quoquelu. — m, a : Fat, bavard, mari trompé.

Quoquer des dents. — m, t : Frapper les dents les unes contre les autres.

Quoquet. — a : Caquet.

Quoqueter. — a : Bavarder.

Quoquetreau. — a : Bavard.

Quoy. — t : Animal à qui on a coupé la queue.

Quoyement. — m, a : Sans bruit, sans rumuer, en repos.

Quoyon. — a : Glacé, immobile, lâche.

R

Rabace. — y : Engin de pêche.

Rabache. — a : Tapage.

Rabacher. — m, a : Rabaisser, radoter.

Rabardel, rabardiaus, rabardie. — m, t : Chanson, danse du printemps.

Rabatance. — m : Diminution.

Rabaudie. — m : Réjouissance.

Rabats. — a : Lutin, esprit. — m : Mur placé au bout du jeu de paume.

Rabonnir. — m : Apaiser.

Rabotir. a : Polir.

Rabotte. — m : Pomme entourée de pâte et cuite au four.

Rachasser. — m : Relancer la balle du jeu de paume.

Rache. — a : Rage.

Rachet. — l : Morveux.

Racle, racloire. — m, a : Planchette qui sert à fixer le contenu d'une mesure de grain.

Racointeux. — a : Espion.

Racoiser. — a : Apaiser.

Racolt. — a : Pas régulier du cheval.

Raconater.— m, a: Recouvrir une maison, raccommoder.

Racoquiller, se.— m : Se resserrer.

Racoutrer. — m, a : Réparer, recouvrir.

Racoutreur. — m : Savetier. — Racoutreuse : Ravaudeuse.

Racouvateur. — a : Couvreur.

Racurnon. — a : Gratin.

Rade, mesurer à la. — m : Raser la mesure.

Rader. — m : Raser, polir, unir. — Raser la mesure.

Radiwagon. — a : Chariot.

Radoire, radouère. — a : Planchette qui sert à raser les mesures de grains. — m : Rateau, rasoir.

Raembrer, raembre. — m, a : Racheter, rançonner.

Rafarder. — t : Mystifier.

Rafaroux. — l : Rude au toucher.

Rafistoler. — m, a : Réparer.

Rafler. — m, a : Enlever, ramasser.

Rafflette, raffloir. — m : Outil de maçon et de tailleur de pierre.

Raffoler. — a : Estropier de nouveau.

Raffolir. — a : Devenir fou.

Raffoué.— m : Blasé, dégoûté.

Raffuter. — a : Battre, rebattre, châtier.

Rafistoler. — m : Réparer, rattacher.

Ragagir. — a : Rengager.

Ragaidir, se. — a : Se rétablir.

Ragas. — a : Inondation.

Rager. — t : Remuer.

Ragonner. — l, t : Murmurer, gronder.

Ragosser. — l : Recevoir avec la main une balle qui retombe.

Ragot. — m, t : Conte, bavardage. — Souche. — Pierre mise sur un chemin.

Ragoter.— m, t : Bavarder, battre la campagne.

Ragoteux. — t : Difficultueux, difficile, raboteux.

Ragotier — m: Radoteur, menteur.

Ragouiste.— a : Cuisinier habile.

Ragrener. — m : Grater, enlever le gratin.

Ragrenon.— m : Gratin.

Ragroubiller, se. — m : Se blottir, se faire petit.

Raguencher. — a : Battre.

Raguencher, se. — a : Refaire sa toilette, se brosser.

Raguiner.— t : Exciter, caresser.

Rahaner. — a : Herser pour la seconde fois.

Rahanon, rahanot. — a : Ramassis.

Raherdre, se. — m, a : Se rattacher.

Raiche. — a : Rachat.

Raidosse. — t : Femme aigre, acariâtre, méchante.

Raigne. — t : Grenouille.

Raim, rain, rains. — m, t, a : Brin de saule, branche.—Branche de famille.

Raimar, raimas. — a : Pâtisserie faite avec un reste de pâte.

8

Rainable, rainaule. — m : Raisonnable.

Rainauselle. — t : Grenouille verte.

Raine. — m, t : Grenouille.

Rainsée. — m : Volée de coups de bâton.

Raioir. — a : Retenir, retirer.

Raire. — m, a : Raser. — Bramer, braire.

Rais, à la. — a : En moyenne.

Raiseur. — a : Rasoir.

Raiz. — m, a : Rayon. — Niveau, rez-de-chaussée.

Ral. — a : Perche.

Rallonge. — l : Planche destinée à agrandir une table.

Ramage. — m : Sauvage, qui court les bois.

Ramager. — l m : Fréquenter, sauter de branche en branche.

Ramaille. — m : Menu bois.

Ramale. — a : Verge.

Ramander. — a, m : Réparer.

Ramasse. — a : Fouet, punition.

Ramasser. — a, m, t : Fouiller, gronder.

Rame, ramée. — m, a : Fagot, branche.

Ramé, ramu. — m : Garni de branches.

Ramée. — t : Charpente d'un édifice.

Ramel, ramerel. — m : Branche.

Ramembrance. — t : Souvenir.

Ramembre. — t, m : Rappeler, racheter.

Ramener. — m : Murmurer.

Ramentevoir. — t : Remettre en mémoire.

Ramenuisier. — m : Diminuer, réduire.

Rameuchir. — m : Mouiller.

Ramicher, se. — m : Refaire sa fortune.

Ramier. — m : Branche. — Sauvage, volage, qui voltige.

Ramignotter, se. — m : Refaire sa fortune.

Ramille. — m : Menu bois.

Ramoier. — m : Mettre en tas, ramasser avec un balai.

Ramominer. — t : Murmurer.

Ramon. — m, a : Balai, verge.

Ramonade. — m, a : Fouet, punition.

Ramoner. — m, a : Fouetter, balayer, murmurer, gronder.

Ramouner. — a : Ramener.

Rampogne, ramponne. — m, a : Querelle, reproche, raillerie.

Ramponneur, ramponneux, ramponnier. — m, a : Taquin, querelleur, railleur.

Rancœur, rancor, rancour. — m, a : Rancune.

Rancoliner. — a : Améliorer un terrain.

Rancuser. — m, a : Dénoncer, rapporter, diffamer.

Randenuler les talus d'un fossé. — m : Les relever.

Randir, randonner. — m : Courir impétueusement.

Randon. — m : Impétuosité.

Ranette. — m, a : Petite grenouille.

Rang, ragne. — m : Ligne de

maisons, ligne de pavés. — Mesure de bois à brûler.

Rangourir. — a : Tomber en langueur.

Rannes. — a : Feuillages posés sur un semis pour le garantir des oiseaux.

Rannir. — a : Couvrir de vernis.

Ranvials, ranviaux. — a : Excès, outrages, pillage, profusions.

Raoncle. — t : Bouton, abcès.

Rapache. — a : Tapage.

Rapailles. — a : Bruyères, broussailles.

Rapapiller ses babines. — m : Lécher ses lèvres.

Rape. — m : Rave. — Brosse.

Rape de lièvre. — l : Rable de lièvre.

Raphiteux. — a : Raboteux.

Rapière, rapiest. — a : Vieille épée.

Rapois. — m : Rave, racine, rape.

Raponeuse. — a : Querelle.

Rapouaiger, rapouaigir. — a : Apaiser.

Rapougner, se. — a : Se battre une seconde fois.

Rappairer, se. — m : Se remettre au pair, se compléter.

Rappairier. — m, t : Se retirer, se reposer, s'abriter.

Rappeau. — l : Egalité. — t : Petite cloche d'horloge. —

Rappeau de caille. m, l : Chant de la caille.

Raque. — a : Tout-à-coup. — Boue, ordure.

Raquier. — a : Cracher.

Ras de terre, à. — m, l : Au niveau du sol.

Rasière, rassière. — a : Mesure de grain emplie jusqu'aux bords seulement.

Rassal, rassas. - m : Engin de pêche.

Rasseux. — t : V : Ragoteux.

Rassoté. — m : Double sot.

Rataconneur. — a : Savetier, ravaudeur.

Rataion, ratayon. — m : Bisayeul.

Ratafler. — m : Voler, ramasser.

Ratatinis. — t : Ragoût de viandes mêlées.

Ratatouille. — l, m : Mauvais ragoût.

Rate. — a : Proportion, contingent.

Rateau gris. — m : Grosse poire bonne à cuire.

Ratillon, raton. — a : Petit rat.

Ratin, ratis. — a : Fougère.

Ratoire. — a : Cautère.

Raton. — m : Gratin.

Ratrot. — t, m : Réprimande aigre.

Ratte. — t : Gras de la jambe.

Raul. — a : Perche.

Ravacher. — a : Gronder, radoter.

Ravailler. — a : Ravaler, abaisser.

Ravallant, au plus. — m : Au rabais.

Ravaluer. — m : Évaluer, réduire.

Ravasser. — l : Radoter.

Ravater. — l : Gronder, maltraiter.

Ravauder. — t : Radoter.

Ravelin. — a : Correction.

Raver. — a : Vagabonder.

Raverdir, raverdouer. — l, m : Reverdir.

Ravine. — l, t : Impétuosité, ardeur, torrent.

Raviner. — l : Pleuvoir à torrent.

Ravitter. — t : Fuir, baver.

Ravoier. — m : Remettre en bonne voie.

Ravonnet. — l : Petite rave.

Ravoye. — a : Retour, renvoi.

Rayer. — m, a : Jaillir, rayonner, couler, arracher.

Rayère. — a : Fente.

Rayre. — a : Soupirail long et étroit.

Ré, rai — t : Flamme, rayon, rond, rien, chose.

Rébarber, se. — Se révolter.

Rébarder. — a : Changer le refrain d'une chanson.

Rebendre. — a : Ensevelir.

Rebiffer. — m, a : Retrousser.

Rebiner. — m, a : Donner un troisième labour.

Rebonner. — a : Renouveler.

Rebouche, pensée. — m : Mauvaise pensée.

Rébouffer. — t : Réprimander.

Rébouler. — t, m : Reboucher, émousser.

Rebouque-nez, à. — t : Jusqu'à satiété.

Rebour. — a : Pillard, voleur de grand chemin.

Rebourcier, rebourser. — a, m : Rebrousser.

Rebous, rebours. — m : Engin de pêche.

Rebouter. — m : Repousser.

Rebouteur. — m : Charlatan de village, qui remet les membres démis ou cassés.

Rebras. — a : Pli, bord d'un vêtement.

Rebrasser. — m, a : Retrousser, replier.

Rebrèche. — a : Dessein, reproche.

Rebrecher. — a : Censurer.

Rebriche. — V. Rubrique.

Rebricher. — a : Réitérer, répéter.

Rebuffade. — a : Soufflet.

Rebuser. — a : Éloigner du but.

Rebuter. — l : Voir qui jouera le premier.

Recaigner, recaner. — a : Ricaner, braire, répondre avec insolence.

Receigner. — l : Faire collation.

Receler. — l : Attraper, jouer. — t : Répliquer.

Recept. — m : Asile, cachette.

Recerceler. — m, a : Boucler, mettre en cercle, rouler.

Recessier. — a : Battre, chasser.

Recet. — m, a : Retraite, asile.

Rechainge, par. — a : Tour à tour.

Rechappe, être de. — l : Être sauvé.

Réchaud de fête. — m : Octave d'une fête.

Rechet. — V. Roche.

Rechigner. — m : Singer, imiter.

Rechin. — m, a : Triste, rechigné.

Rechiner. — m : Être maussade.

Rechoupiller. — m : Raviver, ranimer.

Reciner. — m, a : Faire collation.

Réclains. — m, a : Plainte, réclamation.

Reclaquer. — m : Vomir.

Recocriller, se. — t : Se tordre, comme le parchemin sur le feu.

Recoi. — a : Repos. — m : Tranquille.

Recoirdie. — a : Leçon.

Recoiter. — a : Receler.

Recoler. — m, a : Réciter, collationner.

Record, recors, recort. — a : Souvenir, témoignage, leçon. — Qui se souvient.

Recorder. — m : Répéter une leçon, réciter.

Recorveler. — a : Recourber.

Recommandise, messe de. — m : Messe dite le dimanche, qui suit un enterrement.

Recouilliez. — a : Récoltes.

Recouper. — a : Sonner le tocsin. Déchirer, annuler.

Recourre. — m, a : Recouvrer, délivrer.

Recous. — a, m : Délivré, sauvé, acquis.

Recousse. — a : Délivrance.

Recoy. — a : Repos, secret, asile.

Recrant, être de. — m : Être fatigué.

Recréant. — m, a : Las, fatigué.

Recreue. — m : Fatigue, halte.

Recris, vendre à cris et à. m : Vendre aux enchères.

Recroire. — m : Se fatiguer. Se fier, remettre, accorder un délai.

Recroyaument. — a : A regret.

Recruchons. — t : Fruits de rebut.

Recrute. — m : Augmentation nouvelle.

Recueil de noces. — m : Retour de noces.

Recuillier. — a : Reculer.

Redder. — a : Rêver.

Redoguer. — t : Repousser, renvoyer.

Redonder. — m, a : Abonder.

Réer. — a : Rayer, raser, fendre.

Rées d'aulx. — m : Raies d'oignons.

Refascher. — a : Remettre un enfant dans ses langes.

Réfection. — m : Réparation.

Référendaire. — m : Rapporteur, bavard.

Refoillir. — a : Reverdir.

Refonder. — a : Rembourser, rétablir.

Regain. — m : Deuxième coupe des prés.

Regainée, herbe. — t : Pré dont on a fauché le regain.

Regard. — m : Mur par dessus lequel on peut voir. — Égard, faveur.

Regehir. — m : Proclamer, aimer, dire, se plaindre.

Regeigner. — l : Contrefaire, singer, tourner en ridicule.

Regiber. — J. de B. : Se secouer, s'agiter, résister.

Regimbeau. — t : Ressort, nerf.

Regler. — m : Compter, arrêter un compte.

Regles, les. — L'arithmétique.

Regolis. — m, t : Réglisse.

Regomion. — t : Restes d'un repas.

Regort. — m : Rigole, torrent, bassin.

Regosser. — t : Saisir à la volée.

Regouler. — a : Contrefaire.

Regrattier. — m : Revendeur.

Regrediller. — a : Friser avec un fer chaud.

Regrener. — t : Détacher en raclant.

Regrenon. — t : Gratin de bouillie.

Regrimper, se. — l : Se plisser, se rider, se chiffoner.

Regriolé. — l : Réfroidi, gelé.

Reguerli. — l : Ridé, flétri.

Réguser. — m, l : Aiguiser, repasser sur la meule.

Rehorder. — a : Fortifier, réparer.

Rehousser. — a : Hérisser.

Rehus, reheus, faire. — a : Réduire quelqu'un au silence ou à faire un aveu.

Reiche. — m : Rude, dur au toucher.

Reilhuage, reillage. — a : Labourage.

Reilhe, reille. — a : Charrue, soc.

Reiller. — a : Labourer.

Reis. — m, t : Petite mesure de grains.

Reis de, à. — m : Jusqu'à concurrence de.

Rejouvenir. — a : Rajeunir.

Rejoyer. — a : Réjouir.

Relan, relent. — y, t : Mauvaise odeur.

Relent. — t : Paresseux, fainéant.

Relevées, releveies. — m, a : Relevailles d'une accouchée.

Relicher. — m : Lécher.

Relicte. — a : Veuve.

Relief. — m, a : Reste.

Religion. — m : Couvent.

Reliquer. — a : Retarder.

Reloge. — y, t : Horloge.

Relogner. — m : Regarder effrontément.

Relouquer, reluquer. — a, m : Regarder du coin de l'œil.

Relucter. — a : Objecter.

Remanoir. — m : Habiter, rester, échouer, manquer.

Rembrer. — m, a : Racheter.

Rembroncher. — l : Recourber, plier, froisser.

Rembrouer. — m : Maltraiter, gronder.

Rembrunche. — t : Obstacle, embarras.

Reme. — a : Rameau.

Remémorier, se. — l : Se remettre en mémoire.

Remenant. — m : Reste, débris.

Remenoir. — V. Remanoir.

Remettre. — m : Vomir.

Remiscorer, se. — t : Songer trop tard aux amours.

Remont, vendre à. — m : Vendre aux enchères.

Remonter. — m : Enchérir, faire monter.
Remontrance. — a : Ostensoir.
Remoulin. — a : Tache blanche au front des chevaux.
Rempe. — a : Rot (*ructus*).
Remplage. — a : Remplissage.
Remplumer, se. — Se rétablir.
Rempouiller, se. — m : Se rétablir.
Remputer. — a : Bavarder, rapporter.
Remu. — a : Remise, délai.
Remucier. — a : Recéler, cacher, Fuir.
Renacler. — m : Reculer, refuser, hésiter.
Renacquer. — t : Renifler.
Renaï. — t : Rachétique.
Renard. — t, m : Ruse, adresse.
Renarder. — m : Vomir.
Renaud. — a : Renard.
Renauder. — a : Vomir.
Renc, reng. — m : V. rang.
Rencener.— m : Mettre à rançon.
Renchérir. — m : Vendre cher ce qu'on a payé bon marché.
Renchu. — a : Renchéri. — t : Retombé.
Renchute. — t, m : Rechûte.
Renclore. — m : Renfermer.
Rencontrer. — m : Renfermer.
Rencontrer. — t : Toucher d'un côté le but déjà touché sur un autre point.
Rendage.— m, l : Rente, fermage.
Rendre.— m : Livrer, abandonner, perdre, rapporter, payer.
Rendre religieuse, se. — l : Prendre le voile.
Reneuf, l'an. — m : Le nouvel an.
Renfus. — a : Refus.
Renfuyer. — a : Refuser.
Renge. — t : Écharpe, baudrier, nœud.
Rengregement.—a : Redoublement de mal.
Rengreger. — a : S'irriter, augmenter en douleur.
Renié, renoié, renois, renos, renous. — a, t : Renégat, coupable, fâcheux, sot, méprisable.
Renifleur. — t : Mauvais plaisant.
Renouveau, au. — a : Au printemps.
Renser. — a : Affiler, aiguiser.
Rentaire. — l : Rente, fermage.
Renterse. — m : Plainte, réclamation.
Renterser. — m : Réclamer, se plaindre.
Rentraite. — m : Terme de couture, reprise.
Rentouser. — m : Réparer.
Renusser. — a : Renoncer.
Renverdie. — m, a : Chanson de mai, danse du printemps.
Renverdir. — m, t : Reverdir, refleurir.
Renvers — l : Colline, pente.
Renvider, se. — m : Mourir.
Repairier, reparier. — m, a : Habiter, rentrer, revenir chez soi.
Répandre, se. — t, m : Se laisser choir.

Répentin. — a : Mouvement subit.
Répier. — a : Épier, regarder.
Répiter. — a : Donner du temps, avoir pitié.
Repoitiée. — a : Délai, remise.
Repoitier. — a : Différer.
Repopuler. — m : Repeupler.
Repos, repost, reposte, repot, repote. — m, a : Cachette, réserve, magasin. — A repost : A l'écart.
Repostement, repotement. — m, a : En secret.
Repoutir. — a : Différer.
Requart. — a : Quart d'un quart.
Requasser. — a : Chasser.
Requel. — a : Recueil.
Requiller. — t, a : Répliquer, redresser.
Requirende. — m : Dette échue et non payée.
Rère. — m : Raser.
Resaiges. — a : Dépendances d'une maison.
Resas. — l : Recoupe.
Resausser. — a : Bien battre.
Reschesir. — a : Rechasser.
Rescouer, rescouser. — m : Sauver.
Rèse de l'esté, à la. — m : A l'entrée de l'été.
Rescul. — a : Reseau, filet.
Resgard. — m : Egard, compte, examen, inspection.
Resicle. — t : Reglisse.
Resixième. — a : Sixième d'un sixième.

Reslargir. — m : Traiter libéralement.
Resongner. — m : Craindre.
Resout. — m : Résolu.
Respassant. — m : Promeneur, passant.
Respiter. — m : Gracier, sauver.
Respondre. — m : Cacher.
Respost, respostaille. — m : Cachette.
Resqueus, resquous. — m : Délivré.
Resquours, resquousse. — m : Secours, délivrance.
Resse. — a : Race.
Resséant. — m : Séant, convenable.
Resserre. — l : Remise, serre.
Ressoignier. — m : Craindre.
Resson. — a : Raison, discours, avis.
Ressort, être à. — m : Être en avance, être dupe.
Ressuer. — m, t : Sécher, faire sécher.
Restanceler. — m : Étinceler.
Restanchier. — m, t : Étancher, éteindre.
Reste-un. — a : Hormis un.
Rester. — m, l : Habiter.
Restrinction. — m : Économie, réforme de maison.
Retaper, retapsoder, retapsonner. — t : Racommoder de vieux habits.
Retarger, retargier. — m : Retarder.
Reteaux. — m : Claie d'osier, filet.

Retenance. — m : Réparation.
Retenir. — m : Réparer, entièrement.
Reter. — a : Accuser.
Rethelier. — m : Meuble fermant à clef.
Retiers. — a : Tiers d'un tiers.
Retine. — m, a : Filet, claie d'osier.
Retion. — a : Collation, goûter.
Retionner. — a : Faire collation.
Retraier, retraire. — m, t : Retirer, ressembler.
Retrait. — m. a : Latrines.
Retri. — m, a : Rétréci, ridé.
Retrillonné. — L : Etroit, mesquin.
Retriver. — m : Riposter, résister.
Rétu. — m : Vif, raide, bien portant.
Retumer. — m : Retrancher.
Retuyer. — t : Mettre de côté des grains conduits au marché et non vendus.
Reuchier. — a : Ronger.
Reuser. — a : Reculer.
Reuss. — a : Ruisseau.
Reuvard. — a : Officier de police, expert, égard.
Reuver. — t : Demander, prier.
Reuveter, reuvaiter. — a : Regarder, épier.
Reux. — a : Adversaire réduit au silence, convaincu.
Revaicin. — a : Regain d'un pré.
Revange. — m, a : Revanche, vengeance.
Reveaux. — m : Plaisirs, débauches.
Revel. — m : Bruit, gaîté, émeute.
Reveler. — m : Réveiller, révolter.
Revelin. — a : Boulevard. — Chaussure. — Ravin.
Revenger, se. — m, a : Prendre sa revanche.
Rever. — m : Niveler, raser. — V : Reys.
Reverchier. — t : Examiner, arranger.
Reversier. — m : Nettoyer.
Reviscoulés. — a : Ranimé.
Reviseter. — a : Raviver.
Revoigner. — a : Regagner.
Revolver. — a : Repasser dans sa mémoire.
Revoyure, à la. — m : Au revoir.
Reward. — a ; V : Reuvard.
Rewarder. — m, a : Epier, faire attention
Rewarnir. — m : Regarnir.
Reys et yve d'un fossé. — m : Son niveau.
Rez. — a : Chose, (res). — m : Tonsuré, rasé. — Niveau.
Rezaige. — a : Reste.
Rhagasse. — a : Tronc de choux.
Rhan. — a : Engrais.
Rhitupis. — a : Pierreux, sablonneux.
Ri, ric. — a : Riche, puissant.
Riace, riaux. — a : Rieur.
Ribaux. — a : Rivaux.
Ribaudie. — t : Excès, folie, débauche.
Ribler. — m, a : Courir la nuit, mener une vie scandaleuse.
Riblerie. — m, a : Vol, débauche.

8

Riblette. — m : Filet de porc frais.

Ribleur. — m, a : Voleur, débauché.

Ribobage. — a : Débauche de plusieurs jours.

Ribobette. — a : Fille de joie.

Ric. — a : Riche.

Ric-à-ric. — a : Ni plus ni moins.

Rice. — a : Riche. — Ricement : Richement.

Ricetté. — a : Richesse.

Richainer. — t : Arracher les cheveux.

Richard. — a : Riche.

Ride d'oignons. — t : Rang d'oignons.

Rideaux. — m : Penchant d'une colline, butte, mur de soutenement.

Rider. — m : Plisser, froncer une étoffe.

Ridole, la. — m : Engin de pêche.

Ridrece, ridresse. — a : Tromperie.

Rien. — m, t : Chose, personne.

Rier, rière. — a : Arrière, en dedans.

Rietz, riez. — a : Terre friche.

Rieule. — m : Règle, loi.

Rieulé. — m : Réglé, moine.

Riffle. — m : Engin de pêche.

Riffler. — m : Voler, piller.

Rigle. — t : Loi, coutume, règle.

Rigolage. — a : Gaité, joie.

Rigoler, rigouler. — a, y : Rire, s'amuser, conter, couler, glisser, ruisseler.

Rin. — a : Rien. — Rameau, brin.

Rincée. — m. V : Rainsée.

Rinceler, rainceler. — m : Mettre en petites branches.

Rindre. — a : Rendre.

Ringuelotter. — m : Mettre en lambeaux.

Riolé. — m, a : Rayé.

Rion. — a : Sillon.

Rios, riot, riote. — m, a : Querelle, badinage. — Rioter : Quereller.

Riotoux. — a : Chicaneur.

Ripeux. — a : Qui a la roupie au nez.

Ris poyot, ris jaune. — m, a : Rire forcé.

Rissir. — m : Ressortir.

Riste. — a : Collet, cravatte.

Rister. — a : Pousser, presser.

Rit, rith. — a : Gué, route.

River, rivoier. — a : Chasser, marcher le long d'un bois, au bord d'une rivière.

Rivet. — m : Bord, bordure.

Rix. — a : Riche, fort, vaillant.

Ro, rob. — a : Roux, rouge.

Robarot. — t : Sorte de pâté.

Robechon. — a : Petite voûte.

Robelie. — a : Sorte d'herbe.

Rober. — m, a : Voler, soustraire.

Roberie. — m : Vol, pillage.

Robeur. — m, a : Voleur.

Robine. — m : Sorte de poire.

Robinet. — l : Martinet, fouet.

Rocambole. — m : Ail, oignon,

farce, sauce.
Roch, herbe St. — m : Plante, (*inula dissenterica*).
Roche, rock, rocquet. — m, t, a : Chemise, sarreau. — Rocher, roc.— Feuille fanée.
Roe. — m, a : Roue. — Rouge, roux.
Roé. — t : Enroué.
Rocler. — a : Rouler.
Roelle, roet. — m : Petite roue.
Roge. — a : Roux, rouge.
Rognieulle. — a : Bout, rognure.
Rognis. — a : Digue.
Rognon, donner du. — m : Heurter quelqu'un.
Roie, roion. — m : Sillon. — A roie : Le long, à côté, en ligne
Roille, roillé. — a : Vagabond.
Roiller, roillier. — a : Vagabonder, regarder çà et là, rouler.
Roince, roinse. — a : Ronce.
Rois, roix, roisiaux. — m : Rets, filets.
Roissoir. — a : Rouille, tache.
Rolle. — a : Rouleau, volume, liste.
Roller. — a : Rouler.
Rollet. — m : Barrière, mur, outil.
Romprer son mariage. — m : Manquer à la foi conjugale.
Ronche. — a : Ronce.
Roncheux. — 1 : Petite colline.
Roncine. — a : Verge de brins de ronce.
Ronciner. — t : Péter.

Rondeaux. — m : Filet, nasse.
Roner. — l : Se plaindre, murmurer.
Roneur. — l : Plaignard, mécontent.
Rongeon. — l : Trognon.
Rongir. — a : Rogner, ronger.
Rontier. — a : Terre remise en culture.
Rontoile, à. — a : En chemise, nu.
Roquer. — m : Gagner au jeu.
Roquie, roquille. — m, a : Coquille, petit verre.
Ros, rosel, rossel. — m, a : Roseaux.
Rosoyer. — a : Tomber en rosée.
Rossaille, rossas, rossat, rosse.— m : Poisson blanc.
Rossignon. — m : Trognon de pomme.
Rostiée. — m : Rôti, grillarde.
Rostier. — m : Rôtissoir.
Rou. — t : Rouleau de laboureur.
Rouchais. — a : Ruisseau.
Rouchet. — a : Sarreau.
Rouelle. — m : Petite roue, menue monnaie percée au milieu.
Roueller. — m : Rouler.
Rouette. — m : Petite perche flexible.
Rouillis. — m : Digue.
Rouillot. — t : Battoir à lessive.
Roulée. — m, l : Coups. — t, m : Œufs de Pâques.
Roulet. — a : Inscription, titre.
Roulette. — m : Jeu d'adressse, jeu de Siam.

Rouquin. — m : Qui a les cheveux roux.
Rous, rout. — m : Rompu.
Rousserolle. — m : Sorte de fauvette.
Route. — Rang, ligne, bande.
Routeis. — a : Retiré.
Router, roter. — y : Oter.
Routier. — a : Roturier. — Vagabond, voleur.
Routis, routie, routée. — m : Sentier, chemin de traverse.
Rouver. — m, t : Demander, prier.
Rouvesons, les. — t : Les Rogations.
Rouvre. — a : Chêne.
Roux, rox. — a : Cheval.
Rover. — m, t : Demander, prier.
Rouwairder. — a : Épier.
Rowaird. — a : Espionnage, rapport, examen.
Rowalz. — a : Ruisseau, canal.
Rowelle. — a : Ruelle.
Royat. — m : Creux, bassin.
Roye. — m, a : Sillon. — A roye : Le long, à côté.
Royés, royers. — a, m : Voisins séparés par un sillon.
Roynette, rainette. — Jeu de hasard.
Royon. — m, a : Sillon.
Royoux. — a : Chaîne destinée à enrayer une voiture.
Roys. — m : Rets, filets.
Roytiaus. — m : Roitelet, oiseau.
Ru. — m, a : Ruisseau.
Ruage. — a : Usage.
Rubeste, rubete. — a : Robuste.
Rubricher. — a : Rappeler, citer.
Rubrique. — m : Acte, titre, billet.
Rucumaincher. — a : Recommencer.
Rudement. — m : Beaucoup, très.
Rue. — a : Roue, échafaudage.
Ruéez. — a : Roues.
Ruellette, ruellotte. — a : Petite ruelle.
Ruement. — a : Rugissement.
Ruer. — m, a : Précipiter. —
Ruer jus : Mettre à terre.
Ruever, reuver. — m, t : Demander.
Ruille. — a : Règle, mesure.
Ruiller. — a : Mesurer.
Ruimer. — a : Rugir.
Ruisseler une mesure. — m : En faire tomber l'excédant.
Ruissette. — m : Outil de cordonnier.
Ruiste, rust. — m, a : Impétueux, rude, grossier.
Ruit. — m, a : Rugissement, ruisseau.
Ruixel. — a : Ruisseau.
Rulujant. — a : Brillant.
Ruminant. — a : Querelleur, tapageur.
Runcine. — a : Verge de brins de ronce.
Runciner. — a : Fouetter avec des brins de ronce.
Ruser. — m : Quêter, envier, chercher à avoir.
Russeau, russi, russiau. — t, a, m : Ruisseau.
Russie. — a : Issue, fin, réussite.

Rustarin. — m, a : Grossier, fort, gaillard.

Ruste. — m, a : Fort, vigoureux.

Rustelée. — a : Ce qu'un rateau ramasse d'un coup.

Rusteler. — a : Rateler, amasser.

Rusteleux — a : Jardinier qui ratisse.

Rut. — m, a : Ruisseau, rugissement.

Ruy. — m, a : Ruisseau.

Ruyer. — a : Agent voyer.

Rycalisse. — m : Réglisse.

Ryd. — a : Gué.

Rydder. — a : Courir, passer.

Ryvin. — a : Rival, riverain.

Ryxour. — a : Querelleur.

S

Sable-savoyard. — m, a : Sable brun.

Sabmedi. — m, a : Samedi.

Sacage. — m, t : Contenu d'un sac, — foule, — secousse, — destruction.

Sacal. — a : Coup.

Sacant. — a : Brutal.

Sacard. — t : Vilain, puant.

Saccomeuse, saccomuse. — a : Cornemuse.

Sacellain. — a : Sacristain, chapelain.

Sacolle. — a : Niche, coffret, panier, reliquaire.

Sache. — a : Sac, sage, gaine.

Sachée. — m : Contenu d'un sac.

Sacher. — m, a : Dégainer, secouer, mettre en sac, en gaine.

Sachie. — a : Contenu d'un sac.

Sacle. — m : Outil pour sarcler.

Sacle. — l : Sarclure, mauvaises herbes. — m : Socle.

Sacler. — l : Sarcler.

Saclet. — a : Petit sac, sac de nuit.

Sacoper, se. — Se renfermer.

Sacoute. — t : Coup de poing.

Sacquer. — m : Donner un coup sec.

Sacreloter. — t : Jurer.

Sacrement, sacrument. — m, a : Serment, secret.

Sade, sadinet. — m, a : Aimable, gentil.

Saffre, saffret. — m, a : Gourmand, rusé, habile, aimable, joli.

Saffrer. — m : Orner, parer.

Sage. — m, a : Savant. — Se faire sage : S'instruire.

Sagel. — a : Sceau.

Sagir. — m, a : S'instruire, agir habilement.

Sagnir, se. — a : Faire le signe de la croix.

Sagouiller. — l : Troubler l'eau, l'agiter.

Sahin. — a : Saindoux.

Sahs. — a : Couteau.

Saiau, saie, saiel. — m, a : Sceau.

Saieller. — a : Sceller.

Saier. — a : Goûter, essayer.

Saige. — m, t : Savant. — Saigement : Adroitement.
Saigir.— m : Savoir, être habile.
Saigner. — a : Marquer, signer.
Saille. — a : Seau.
Sailliée. — m : Partie de maison en saillie.
Sain, saing. — m : Soin, signe, sceau, marque.
Sain, sayn. — m : Graisse, suif. — Cloche, appel.
Saingnier.— m : Signer, marquer.
Sainir. — m : Guérir.
Saints, jurer sur. — m : Jurer sur des reliques.
Saiplat. — a : Ciseau taillant par le bout.
Saïr. — a : Essayer, goûter.
Sairlement. — a : Sacrement.
Sairpe, sairpoir. — a : Serpe, serpette.
Saisse, saissier. — V. Cesse.
Sal. — a : Fou.
Salace. — a : Salaison, nature du sel.
Sal-conduit. — a : Sauf conduit.
Salf. — a : Sauf.
Salney. — a : Saunier, marchand de sel.
Saloux.— a : Salière, boîte à sel.
Salvaigine. — a : Bête fauve.
Sambuc. — m, a : Harnais, équipage d'un cavalier.
Sambuque — a : Flûte de sureau.
Saineresse. — m : Femme qui exerce la médecine.
Sanger. — l : Changer.
Sangle. — m : Unique, simple.
Sanne.— m : Marché, assemblée, tocsin.

Santier. — a : Sergent de ville, le guet.
Saoner. — a : Reprocher.
Saoul d'ouvrer. — t : Fainéant.
Sap. — a : Sapin.
Sapelate. — a : Outil de mineur pour saper.
Sapine. — t : Seau de bois de sapin.
Sapinière. — t : Charrette en bois de sapin.
Saphoire. — a : Coquette.
Sappe. — a : Haie, cloison.
Saqué, un. — a : Un rien, une misère.
Saquer. — m, a : Secouer, tirer l'épée.
Sarabande, — l, a : Danse, air.— Fille de joie, danseuse. — Donner la sarabande : Donner un bal, une volée de coups de bâton, le fouet.
Sarcher. — m : Chercher.
Sarcine. — m : Charge, fardeau.
Sarement. — a : Serment.
Sarge.— l : Charge.— t : Hausse que l'on met à un cuvier trop plein de lessive.
Sarger. — l : Charger.
Sargot. — l : Secousse, cahot.
Sargoter — l : Cahoter.
Sarine. — y : Engin de pêche.
Sarpilière. — m : Boutique, étalage.
Sarqueu, sarquiou. — t : Cercueil.
Sarriette. — m : Outil de menuisier, hachette.

Sasse. — m : Tamis. — Sasser : Tamiser, éplucher.

Sattefier. — m : Satisfaire, fournir.

Sauce. — m, a, t : Saule.

Saucel, saucelet. — m : Jeune saule.

Sauceron. — m : Champignon.

Sauchine, branche.— a : Branche de saule.

Saucler. — a : Sarcler.

Saucleur. — a : Ouvrier qui sarcle.

Sauclez. — a : Soucis, désirs.

Saucloux. — a : Sarcloir.

Saudure. — m : Soude, soudure.

Sauf. — a : Grange, grenier.

Saule. — m : Sale, salle.

Saulrir. — a : Saler, assaisonner, fumer.

Saulve. — a : Sauvegarde.

Saulvieux. — a : Réservoir.

Saupiquet.— m : Sauce piquante.

Saur, saure. — a : Jaune, doré, mûr.

Saurer. — a : Sécher, mûrir, dorer.

Saures. — a : Terres incultes. — Plantes sèches.

Saurir. — a : Saler, fumer, assaisonner.

Saurpe, saurpette. — a : Serpe, serpette.

Saussaye. — m : Plant de saules.

Sausse. — m, a, t, l : Saule.

Sausseraye. — m : Plant de saules.

Sausseron. — t, m : Champignon.

Sauteray, sautray, sauteur. — a : Démon incube,— esprit familier, qui passe pour soigner et protéger les bestiaux.

Sauteur. — m, a, l : Homme sans caractère, prêt à tout.

Sautier. — a : Psautier.

Sauvagine. — a, m : Gibier, bête sauvage.

Sauvement. — m : Protection, salut.

Sauve-sûreté. — m : Sauvegarde, parole.

Sauveté. — m, a : Asile.

Sauvillot. — l : Plante, trouène.

Sauvoir. — m : Réservoir de poisson.

Saux. — m, a : Saule.

Savart. — m, a : Terrain inculte, aride.

Saveler — t : Rassasier.

Savelon. — a : Savon, sable.

Saverir. — a : Assaisonner.

Savourat, savouret. — a : Os à moëlle.

Savy. — a : Sage, savant.

Saxine. — a : Saisine, gage.

Saye, sayon. — m, a : Sarreau.

Sayer. — m, a : Essayer.

Scabari.— a : Fou, évaporé.

Scacle.— m : Outil pour sarcler.

Scailler.— m : Fouetter.

Scarbotte.— a : Escargot.

Scarre. — a : Escadron.

Scellé.— t : Partie du corps d'un enfant enfermé dans le maillot.

Schaffer. — a : Emmailloter un enfant.

Schelme. — a : Traître, séditieux.
Scil. — a : Chariot.
Scintille. — a : Eclat de bois, étincelle.
Scizeaux. — m : Ciseaux, tarière.
Scobie, scovie. — a : Sureau.
Scraifi. — a : Grandi.
Screchu. — a : Augmenté, grandi.
Scribsailles. — a : Tablettes pour écrire.
Scrin. — a : Coffre, écrin.
Scriptule. — a : Scrupule.
Scrotté. — a : Crotté.
Scrutine, à la voie. — m : Au scrutin.
Scultriet. — a : Maire, bailli.
Séance. — t : Convenance, bienséance.
Sébarat. — a : Épouvantail pour les oiseaux.
Sébarer. — a : Épouvanter.
Seche, nuit. — m : Nuit où l'on couche seul.
Secheron. — a : Gâteau sec.
Secorgeon. — m, a : Orge, fouet.
Secroy. — a : Secret.
Sede. — l : Qui a bon goût.
Sederie. — a : Soirée.
Sedon. — a : A moins, sinon.
Seglat. — t : Plante farineuse, fromental.
Segnelle. — m, a : Prunelle, fruit sauvage.
Segnis, segnys. — a : Lâche, mendiant.
Segrail. — a : Chambre secrette.
Segramor. — t : Sycomore.
egroy. — a : Secret, sacré, retiré.
Seiay. — a : Seau.
Seignie. — t : Marque, seing.
Seignier. — m : Mettre une marque, désigner.
Seignon. — a : Sureau.
Seil. — a : Char à deux roues.
— Sel.
Seille. — t, m, a : Scel, sel, seau, récolte, vase de bois.
Seillon. — m : Sureau.
Seime. — a : Seine, filet.
Seingle. — a : Sangle.
Selet. — a : Seau.
Selle, sellette. — m : Siége.
Selon. — m, a : Le long, au bord, en suivant.
Selve. — m : Forêt.
Semadi. — a : Samedi.
Seme. — a : Sixième messe dite sept jours après les funérailles.
Semée, semi. — m, a : Partage, moitié.
Semille. — a : Agitation, vitesse.
Semilleux. — a : Alerte, vif, brillant.
Semnie. — a : Monastère.
Semonce. — m : Avis, proclamation, billet de garde.
Semonceur. — m : Crieur public, porteur de billet de faire part en cas de décès.
Semondre. — m : Avertir, gronder, convoquer.
Sempre. — m : Toujours.
Sène, sayne. — a : Saxon.
Sené. — m : Sensé, sage.
Senelle. — m : Fruit de l'aubépine,

Seneuc. — l : Plante, sénevé.
Senillon. — m : Sureau.
Senne. — m, a : Cloche, tocsin, assemblée, marché.
Sente, sentelette. — m : Petit sentier.
Sepmadi. — a : Samedi.
Sepmey. — a : Fin d'un travail.
Septaine. — a : Enclos.
Septembresche, septembrée. — m : Fête de Notre-Dame en Septembre.
Seps. — m, a : Fers, chaînes.
Sequer.— l : Mettre à sec, ruiner. — m : Sécher.
Sercaer. — a : Chercher.
Sercot, sorcot, surcot. — m, t, a : Robe de dessus, vêtement qui serrait la taille.
Serée, serie. — a : Soirée.
Seri. — m : Serein, calme. — A seri : A voix basse.
Seris. — l : Souris. — m, a : Chicorée.
Serorge, serourge. — m, a : Belle-sœur, femme de frère — Beau-frère, mari de sœur.
Serpault, serpol.— a : Trousseau.
Serqueur, serqueux. — a : Cercueil.
Serqueus. — m : Cercueil.
Serre. — m, a : Serrure, coffre, armoire.
Serre-feu. — a : Couvre-feu.
Serrier. — m : Serrurier.
Sersifs. — m : Salsifis.
Serve. — a : Réservoir.
Servent.— m : Serviteur, vassal.
Serveur, serveux. — a, m : Serviteur, domestique qui se loue à la journée.
Ses. — t : Si les, les, ces.
Sese, seseron. — a : Pois chiche.
Sesme. — a : Filet de pêcheur.
Setier. — m : Mesure de terre contenant à peu près 34 ares. — Mesure de capacité contenant un demi-litre.
Sesse. — t : Fournée de pain, sa cuisson.
Seste. — t : Sixième.
Setme. — t : Septième.
Seu. — m, t : Seigle, saule.
Seu, seus. — a : Sureau, — suivi, seul.
Seuilley, seuillon. — t, a : Sureau.
Seunnion, seunion.— a : Sureau.
Seur. — t : Sûr, apre au goût.
Seurfaix.—m : Fardeau, récolte.
Seve, selve. — a : Forêt.
Sevrer. — m : Séparer.
Sible. — m : Sifflet, cri.
Siest. — a : Oui ; cela est ainsi.
Sieu. — m : Suif.
Sieurre. — m : Cordonnier.
Siglaton. — m : Robe, housse, manteau.
Signacle. — m : Imposition de mains.
Signe. — m : Signature.
Signer, signier. — m : Mettre un signe, signaler.
Sigozée. — a : Chicorée.
Silence, balai de. — m : Balai de fleur de roseau.
Sille. — m : Serpe.
Simer. — t, m : Suinter, sup-

purer.

Simmille. — a : Fleur de farine de froment.

Simonet. — m : Gâteau de pâte, feuilleté, mangé en carême.

Sinaux, sinet, sinot. — m, a : Grenier à foin.

Sindon. — a : Mouchoir.

Single. — a : Bille à jouer.

Singuler, un. — m : Un individu, un particulier.

Sirvange. — m : Sorte de poire.

Sisain. — m : Partie de l'once.

Sisaille à tête. — m : Outil à faire les têtes d'épingle.

Siserin. — m : Linotte.

Sisettes. — a : Petits oiseaux.

Sister. — a : S'arrêter, se tenir, être.

Sivanne. — t : Vallon en prairie.

Sivre, sievre. — t : Suivre.

Skrauffe. — a : Coque de l'œuf.

Skraufir. — a : Sortir de sa coquille, éclore.

Skriner. — a : Couper les crins.

Sliumo. — a : De suite.

Smalec. — a : Réprimande.

So. — a : Ainsi ; soit.

So. — a : Soûl, seul.

Soal. — a : Seul.

Soçon. — a : Associé, compagnon.

Socote, socque, socquelle. — a : Souche, racine.

Socquet. — m : Cahot d'une voiture.

Soe, soen. — m : Son, sa, sien, sienne.

Soef, souef. — a : Haye. — m, t : Agréable, suave.

Sœurette. — l : Petite sœur : surnom donné aux jeunes filles.

Sogne. — a : Soin.

Sogner. — a : Soigner.

Sogre. — a : Beau-père.

Sogre-dame. — a : Belle-mère.

Soi. — m : Soit.

Soie — m : Sien, sienne. — Grande soie : Régal, bon morceau.

Soier. — m : Scier ; moissonner.

Soiette, lime. — m : Lime à l'usage des épingliers.

Soieur. — m : Scieur, moissonneur.

Soignantage. — a : Concubinage.

Soigne, sougne. — a : Cicogne.

Soil, soile, soille. — m, a : Seigle. — Sol, terre.

Soiler. — m : Céler, cacher.

Soion. — m : Hameçon, amorce.

Soissonge. — a : Saxe.

Solaus, soleis, soleus, soulaus. — m, a, t : Soleil.

Sole. — a : Place publique, halle.

Solé, soler. — m, a : Soulier.

Soleret. — a : Soulier ferré.

Solerre, solers, soulers. — t : Vent du midi.

Solièr. — m, a : Étage, grenier, rez-de-chaussée, appartement.

Soliers bescus. — m : Souliers terminés en pointe.

Solliciter un malade. — t, m : Le soigner.

Solut. — m : Libre, affranchi, célibataire, payé.

Somair, somart, sommart. — a : Terre, qui repose.

Somairtras, somertras, soumaitras. — a : Mars, mois des semences.

Sombre.— l, t : Terre en jachère. — Terre, qui reçoit un premier labour.

Sombrer. — t, l : Donner un premier labour à une terre reposée.

Sommage de bûche. — m : Droit perçu par les mesureurs de bois.

Somme.— m, t : Source, sommet, tête. — m : Outil de jardinier.

Sommé. — a : Sujet, fermier.

Sommelle. — m : Semelle de soulier.

Sommerette. — a : Houpe, tête.

Sommeron. — a : Sommet.

Sommier.— a : Cheval de somme.

Sommon de plomb.— m : Plomb en lingot, en barre.

Son. — t : Sommet.— Chanson, air.

Sonica, obéir. — m : Obéir sans répliquer.

Songis.— m : Rêveur, soucieux, dévoué.

Sonne. — a : Songe, sommeil.

Sonnet. — t : Chansonnette.

Sono. — t : Son de farine.

Sor. — m : Blond, jaune, doré.

Sorbir. — a : Avaler.

Sordois. — a : Sourd.

Sordoyer. — a : Jaillir.

Sordre. — m : Saillir, jaillir.

Sore. — a : Savoir.

Sorelle. — t : Plante bulbeuse.

Soret. — m : Hareng fumé.

Sorner. — a : Railler.

Sornette. — m : Fadaise, conte.

Soroison. — a : Soirée.

Sorparler. — m : Bavarder.

Sorquiou. — a : Cercueil.

Sorsemé, sorsenné, porc. — m, a : Porc ladre, gâté.

Sortir. — m : Assortir, munir.

Sorvisquer.— a : Survivre.

Sosmé. — a : Tenancier, soumis.

Sospiradis. — a : Soupir.

Sos-tu, sos-vous. — m : Sais-tu, savez-vous.

Sotart, sotot. — m, a : Sot.

Sotte farine. — m : Amidon.

Sottiser. — m : Insulter.

Souatinne.— m : Saveur, parfum.

Souaye. — a : Seigle.

Soubaut. — t : Sournois, perfide.

Soubranoier. — t : Entremetteur.

Soubsagé, sousagé. — a : Vieux, décrépit.

Soubsroys.— m : Engin de pêche.

Souchet. — m : Sorte de canard sauvage, plante de marais.

Soucillier.— m : Tailler les sourcils.

Souçon. — a : Associé.

Soudée.— t : Ce qu'on a pour un sol, solde.

Soudis, soudivant.— m, t, a : Séducteur, traître.

Soudre. — t : Lever, soulever.

Souef. — m : Doux, suave.

Souffler un veau mort. — m : Le faire enfler pour qu'il paraisse plus gros.

Soufraige, souffraite, souffrance,

souffrette. — m, a : Disette, gêne.
Sougne. a : soin, tracas.
Soulon. — l : Ivrogne.
Soultre, soutre. — a : Dessous.
Soupresure. — a : Surprise.
Souravis. — a : Habit de dessus.
Sourcière. — m : Source, vivier.
Sourdis. — m : Fontaine, source.
Sourdre. — m : Jaillir.
Souris-chaude. — t, m : Chauve-souris.
Soursomme — m : Fardeau, excessif.
Sous. — m : Payé, soldé, libéré.
Sousmanant. — m : Vassal, subordonné.
Sousteit, soustet. — m, a : Sous son toit, chez soi.
Soustenail. — m : Appui.
Soustoite. — m : Avance d'un toit.
Soustoitier. — m : Abriter.
Soustraiteur. — m : Ravisseur.
Soutret. — t : Vieille paille, fascine, paille sur laquelle on étend le blé.
Souvandier, pain. — m : Pain de seconde qualité.
Souvin. — m : Couché sur le dos.
Souviner. — m : Renverser sur le dos.
Soy, avoir un bel à. — m : Une belle fortune.
Soye. — a : Gai, aimable.
Soye. — m : Scie, faucille.
Soyer. — m : Scier, moissonner.
Soyere, soyeur. — m. Scieur, moissonneur.
Soyon. — m : Hameçon, amorce.

Sparnir. — a : Épargner.
Spatter. — a : Couper les pattes.
Spaurge. — a : Tas de fumier.
Spec, spect. — a : Fantôme.
Speron. — a : Éperon.
Spetter. — a : Faire claquer un fouet.
Spiray. — a : Armoire, garde-manger.
Spiter. — a : Trépigner, donner un coup de pied, ruer.
Squalpere. — m : Salpêtre.
Squenie. — a : Souquenille, collet.
Stain. — a : Étain.
Stainche. — a : En bon état, debout.
Stallon. — a : Talon, étalon, mesure.
Stalz, staul. — o, a : Stalle, boutique, table.
Stappe. — a : Étape.
Staveux, stavour, staveresse. — a : Baigneur, maître, maîtresse d'étuves.
Stelle. — a : Copeau, éclat de bois.
Stenour. — a : Tanneur.
Steule. — a : Chaume.
Sticade. — a : Choc, heurt.
Stille sur un toit. — m : Gouttière.
Stipe. — a : Salaire.
Stiquer. — a : Pousser, glisser.
Stochet. — a : Bas coupé, servant de guêtre.
Stoffier. — a : Etouffer.
Stopper — a : Etouper, boucher.
Stouage. — a : Étoile.
Stoupe. — a : Étoupe.
Stourdion. — a : Étourdissement, danse, contorsion.

Strabes. — a : Solive.
Stragne, straigne. — a : Cérémonieux avec ses parents et ses amis.
Strain. — a : Paille.
Strapasser.— a : Gronder, punir.
Strie. — a : Étrille.
Strier. — a : Étriller.
Strime. — a : Étrenne.
Strimer. — a : Etrenner.
Struler. — a : Frotter, serrer, brosser.
Stucade. — a : Choc.
Stuquer. — a : Frauder l'octroi.
Stuve. — a : Étuve.
Stuvetre. — a : Baigneur.
Su. — m : Si.
Suasoire. — m, a : Persuasif.
Subille. — t : Vase de bois.
Sublet, sublot. — m, a : Sifflet. — Filet.
Suçon. — l : Plante, trèfle.
Sucre. — a : Belle-mère.
Suen. — t : Sien, son.
Suette. — m, a : Chouette.
Sueu. — a : Suivi.
Sueur. — m : Cordonnier.
Sueur. — a : Sureau.
Suffrage. — m : Service, complaisance.
Suir. — m : Suivre.
Supe. — t : Émondage.
Super. — t : Sucer. — Émonder, tailler.
Superlicoquance. — m : Supériorité, perfection.
Suppelier, supployer. — a : Supplier.
Supporté, linge. — m : Usé, fatigué.
Suque. — a : Haut de la tête.
Sur sa bouche, être. — m, t : Être gourmand.
Surciez de plume. — m : Lit de plumes, coussin.
Surdire. — a : Enchérir.
Surdite. — a : Encbère.
Surette. — m : Oseille.
Surgeon. — t, a : Rejeton.
Surger. — m : Dissimuler.
Surgien. — m : Chirurgien.
Surguet. — m : Patrouille qui allait d'un quartier à l'autre.
Surjetter. — a : Enchérir.
Surmarcher. — l : Envahir, empiéter.
Surmarchir. — a : Marquer, blesser, consacrer.
Surmoinger. — a : Manger la part d'autrui.
Surpoil. — a : Trousseau.
Surquanie. — a : Souquenille.
Sursemé. — m : Malsain, gâté.
Susin, susain. — m : Sureau.
Sustaigne. — a : Sureau, liège.
Suter. — t : Pleurer.
Suyeu, suys. — m : Suif.
Suzain, suzon. — m : Sureau.

T

Table, tablet. — a, m : Tableau, cadre, dyptique, jeu de dames, d'échecs.
Table en change. — m : Comptoir

de banquier.
Table-dieu. — m : Aliments donnés aux pauvres.
Tabler, se. — l, a : S'appuyer, compter sur.
Tablier. — m : Fabricant de jeu de dames, de tablettes de cire pour écrire. (13e siècle.)
Tabouler, tabuler, tabourer, tabourner. — t, a, l : Frapper, chagriner, quereller, tambouriner.
Tabut. — a : Noise.
Tacan. — a : Méchant. — Tacan de pas : Coupe-jarret, voleur en embuscade.
Tac-navette. — l : Insecte sauteur, taupin.
Tache. — m : Tablier de peau des ouvriers
Tachon. — a : Blaireau.
Tacon. — a : Petit nuage noir.
Tacon. — t : Cuir pour chaussure.
Taconneur. — a : Savetier.
Tacotte. — y : Battoir de blanchisseuse.
Tacre de cuirs à poil. — m : Certaine quantité de peaux, Paquet de peaux.
Tafon. — l : Terre glaise.
Tafoulot. — t : Cauchemar.
Taie, taion. — m : V. Raye.
Tailladins. — m : Pâte taillée pour en faire des potages.
Taillaument. — t : Avec insistance, en taillant.
Taille. — m, a : Ruine, impôt.
Taillefond. — m : Outil de charron.

Tailleor, tailleur. — m, a : Répartiteur des impositions.
Tailloir, taillon. — m, a : Morceau, tranche.
Taine. — l : Petit tonneau, seau.
Taint. — m : V. Teu.
Taint. — t : Pâle, décoloré.
Tairin. — l : Oiseau, tarin.
Taisiblement. — m : Tacitement, en silence.
Taisson. — m : Blaireau.
Taixenaire. — a : Ouvrier en coffre.
Talemelier. — m : Pâtissier.
Talent. — m, t, a : Désir, volonté.
Talenter. — m, a : Exciter, inspirer, vouloir.
Talentis. — m, t : Volontaire, désirant, ardent.
Talet, talette. — m : Tablette, dessus d'un meuble.
Talier. — m : V : Tablier.
Talle. — m : Table.
Talle, talloche. — m, t, a : Coup.
Taller. — l, t, m : Meurtrir. — Etendre ses racines.
Talloir. — m : Outil pour tailler.
Talot. — t : Lisière, brassière d'enfant.
Tamigier. — a : Passer au tamis.
Tançonner. — a : Étayer.
Tanfer. — m : Haleter.
Tannevelle. — t : Crécelle.
Tans, tant. — t : Fois, quantité, temps.
Tantes de fois. — m : Autant de fois.

Tantet. — a : Tant soit peu.
Tantimolle. — m : Crêpe, pâte frite.
Tantin, tantinet. — m, l : Un peu.
Tantin, tantine. — l, m : Tante.
Tanver. — m : Tanner.
Taper, s'en. — m : Se régaler avec excès.
Taper de l'œil. — m : Dormir.
Taperet, taporien. — l, t : Canon fait avec le bois de sureau, jouet d'enfant.
Tapinage, en. — a : En secret.
Tapineis. — a : Coup.
Tapoter. — m, a : Frapper.
Taque. — m, a : Plaque de cheminée.
Taque de cuir. — m : V. Tacre.
Taquet, taquin. — a : Prompt, soudain.
Taquin. — t : Avare, ladre.
Tarabuster. — m, a : Vexer.
Taraüster. — a : Attaquer, taquiner.
Targer. — t, m : Tarder.
Tarintara, parler. — m : Babiller.
Tarpir. — l : Fouler aux pieds.
Tartavelle, tartelle, tarterelle. — a, m : Crécelle.
Taschieur. — m : Tâcheron.
Tassais. — a : Tas de gerbes dans la grange.
Tasse. — m : Tas, monceau.
Tasson. — a : Étançon.
Tatiller. — m : Ne rien faire d'utile.
Tatin. — m, a : Un peu. — Dire un tatin : Un mot. — Donner un tatin : Donner un coup.
Tatiner. — t : Manier.
Tatinis. — t : Ragoût de viandes mêlées.
Taublis. — a : Tablier.
Taudir. — a : Se couvrir, s'abriter, se cacher.
Taudis — m : Chambrette, cabinet.
Taugnat. — m : Sournois, poltron.
Taugner. — m : Rosser.
Taule. — a : Table.
Taulée. — t : Troupe, suite, gens à table.
Tauler. — a : Tenir table.
Taulier. — m : Taillis d'une forêt.
Taumier. — a : Lâche.
Taupe, mal de. — m : Maladie du cheval.
Taupière. — l : Piége à prendre les taupes.
Taupin. — a : Poltron, — Noir, — ouvrier de mine. — m : Sournois.
Tause. — a : Toise.
Tavelé. — a : Tacheté.
Tavoiller. — a : Chatouiller, caresser.
Taye, tayon. — m, a : aïeul, aïeule.
Taygan. — a : Lassitude.
Té. — t, a, m : Tel.
Tèche. — t : Manœuvre, tour, tâche, vie.
Tect. — m, a : Toit.
Tedieux. — a : Ennuyeux.
Teil. — a : Toit.
Teille. — m : Tuile.
Teilleuse. — a : Assiette de bois.

Teincher. — a : Toucher.
Telon. — a : Instrument à cordes.
Teltre. — a : Tertre.
Témoing. — t : Preuve, exactitude.
Tempier. — m, t, a : Tempête, tête, tempe.
Temporée. — m : Espèce de temps.
Tempre. — m : Toujours, tôt.
Tenespoc, tantestpoc. — a : Si peu qu'il y en ait.
Tenancier, tenantaire. — a : Locataire, fermier.
Tendre. — m : Délicat, mignon.
Tendreure.—m : Délicatesse, faiblesse.
Tendon, tendron. — 1 : Trognon.
Tendue. — 1 : Piége.
Tendure, tenture. — 1 : Cloison.
Tenelle. — m : Outil de couvreur.
Tenement. — a : Métairie.
Tenementier. — a : Métayer, fermier.
Tenir, donner à. — a : Louer à cheptel.
Tenivier. — a : Tenir, observer
Tenne. — a : Mince, faible.
Tenne. — a : Querelle.
Tenner. — a : Fatiguer, vexer.
Tenneur. — a : Tanneur.
Tenneveile. — 1 : Crécelle.
Tenon. — m : Cheville, lien.
Tenre. — t, m : Tendre, préparer.
Tenre aux mouches.— t : Délicat, douillet.
Tente. — 1 : Piége.
Tentiveaux. — a : Gourmand.

Tenure. — m : Teneur, possession.
Tenvre. — t : Tendre, délicat.
Tepi-temi. — m : Toujours de même.
Terçaine. — m : Fièvre tierce.
Tergete. — 1 : Verrou, targette.
Terière. — 1 : Tarière.
Termine. — m : Échéance.
Terrage. — 1 : Droit à une portion des fruits d'un domaine. — Terragier : Fixer la part de chacun.
Terral. — a : Terrain, territoire.
Terras. — m : Tas de boue de terre.
Terrasse, mine. — m : Figure terreuse.
Terrer. — m : Posséder un domaine.
Terrien, seigneur. — m : Seigneur du sol.
Terris. — m : Aire d'une grange.
Terrun, terrune. — t : Terrain.
Ters. — m, t : Nettoyé.
Tertant. — a : Tout, autant. —
Tertous. — m, a : Tous.
Tes, tex, teus, teux — t : Tel, tels.
Tesson. — a : Blaireau. — m : Crâne : Débris de bouteille.
Testicoter. — 1 : Taquiner.
Testier, testus. — m : Outil de maçon.
Testolte. — t : Plante, (raifort d'eau.)
Tet. — 1 : Têtard, jeune grenouille, salamandre.
Tétard. — 1 : Têtu, entêté.
Teu. — m : Ruisseau couvert de pierre, petit canal voûté.

Teullerie. — a : Tuilerie.
Teumelerée. — t : charge d'un tombereau.
Teumer. — t : Tomber, renverser.
Teurtis. — a : Torche, flambleau.
Theie. — a : Tante.
Theion. — a : Oncle.
Thérèse. — m : Coiffure de femme, faite en toile.
Thibaude. — m : Vêtement, doublure de tapisserie.
Thibert, frère. — m : Le chat.
Thiois. — m : Allemand.
Tiaque. — l : Coup. — Tiaquer : Frapper.
Ticquer, tiquer. — m : Toquer, frapper, enfoncer, piquer.
Tieble. — a : Ruche.
Tieire, tière. — a : Rang, place.
Tiers-point, clef à. — m : Chef-d'œuvre exigé des maîtres serruriers.
Tieule, — m, a : Tuile.
Tieuls, tieus, tieux. — m, t : Tel.
Tiffe. — a : Ajustement.
Tiffer. — a : Orner, parer.
Tigens. — a : Espèce de bas, guêtre.
Til, tille. — m, a : Tel, telle. — tilleul, écorce de tilleul.
Timbre. — a : Sorte de Tambour.
Tinel, salle de. — m : Salle basse pour les domestiques.
Tinette, — m : Cuve de lessive.
Tintonner. — t : Retentir, sonner les cloches.
Tintouin. — m : Tracasserie.
Tiot, tiotte. — m : petit, petite.
Tippin. — a : Vase, terrine.

Tique. — m, l : Insecte fileur, surnommé en quelques pays le tisserand d'automne.
Tiquette. — a : Taie d'oreiller.
Tire à tire. — m, a : Un à un, tour à tour.
Tirefonds. — m : Outil.
Tireliranlire. — m, t : Chant de l'alouette.
Tirer. — l, m : Expédier, copier.
Tirreboute. — t : Perche armée d'un double croc.
Tiste. — m : Tête.
Title, — m : Titre.
Tobale. — a : Essuie-main, nappe.
Tocas. — a : Sournois, traître.
Tocqué. — m, l : Fou, bizarre.
Tocqué, bled. — a : Rétréci, ridé, séché.
Tocque-bois. — l : oiseau, pic-vert. — Ailleurs : pymars.
Tocque mornicault. — t : patène, paix.
Tocquer. — t, l : Toucher légèrement, ébranler.
Togner. — a : Battre, rosser.
Toie. — m, t: Ton, ta, tien, Tienne.
Toilette. — l : Crépine de porc.
Tollart. — a : Bourreau.
Toller, tollir. — a : Enlever, prendre.
Tolte, toulte. — m : Vol, rapine.
Tombe, — m : Cercueil. — a : Marteau.
Tombir. — a : Retentir.
Tombissement. — a : Bruit sourd.
Toquat. — t : Coiffure en arrière.
Toque, toquet. — m : Bonnet blanc de laine, bonnet d'enfant.

Toraille. — a : Séchoir pour les grains.
Torche. — t : Repas.
Torcher. — t : frapper, arranger.
Torchonnier. — m : Qui fait du tort, nuisible, injuste.
Torcis. — a : Natte, objets entrelacés.
Tordion. — a : Contorsion.
Tordoir. — m : Moulin à huile, pressoir à huile.
Tordre. — t : Préjudicier, faire tort.
Torelle. — a, v : Toraille.
Torfait. — m, t, a : Dommage, faute.
Torlorigot, boire à. — l : Boire avec excès.
Tornot. — t : Rouelle de bois sur laquelle on hache la viande.
Torois. — a : Rat de cave, petite bougie tournée en cercle.
Torquet, jeu de. — m : Jeu de hasard prohibé : On le nommait aussi le brelan.
Torser. — a : Avoir tort, faire tort.
Torsonnier. — m, a : Injuste.
Torsu. — m : Tordu.
Torteis, tortis. — a : Torche, flambeau. — Tordu.
Tortiner. — m : Tordre.
Tot. — t : Sycomore.
Totage, totaige. — m : total.
Toteleu. — l : Gauffre dure.
Totif. — t : Hâtif, pressé.
Touaille. — m, a : Toile, nappe d'autel, serviette.
Touaillon. — m, a : Serviette, torchon.
Touche. — a : Bois.
Toudis, — m, 7 : Toujours.
Touf, touffa. — l, m : Temps chaud et lourd.
Touigner. — l, m : Battre.
Touiller. — l, m, a : Salir, chiffonner, mêler, retourner, troubler.
Touillon, toullon. — m, a : Torchon, vieil habit.
Toupel. — t : Tête, sommet.
Toupiller. — a : Tourner sur soi-même.
Tourbleur. — t : Trouble, obscurité.
Tourdillon, tourdion. — m, a : Danse, contorsion.
Touret de nez. — m : Masque.
Touret de puits. — m : Poulie qui sert à faire monter l'eau.
Tourier. — m : Geôlier.
Tourin. — m : Ronde, danse.
Tourneboile. — t : Culbute sur les mains.
Tourneboiler. — t : Culbuter, renverser.
Tournéis. — a : Pont tournant.
Tourne-oreille. — m : Charrue à verser.
Tourner. — m : Aller aux tournois, voyager.
Tourner le pain. — m : Faire la pâte.
Tourniere, champ qui fait. — l : Sur lequel un voisin empiète.
Tourniquet. — m : Insecte (*girinus natator*).
Touroye. — a : Pont tournant.

Tourper le pain. — m : Le pétrir.
Tourraire. — a : Geler, périr de froid.
Tourtais, tourteau. — a : Petit pain rond et bis.
Tourtant. — a : Tout autant.
Tourteau à fallot. — m : Sorte de lampion, qu'on plaçait dans les lanternes.
Tourtel. — a : Étourdissement. — m : Tourte.
Tourtelet, tourtelot. — m : Pâte cuite, coupée en losange et mangée dans du lait ou en salade.
Tourtous. — a : Tous.
Touschaige — a : Bois, bosquet.
Touse, tousette. — m, a : Fille, amie, — oie.
Tousiaus. — a : Jeune garçon, amoureux.
Tousiller. — m : Toucher à tout, — Toussilleur : Brouillon.
Toussille. — a, v : Touzelle.
Toussir. — a : Enlever.
Tout, en. — t : Du tout.
Tout venant. — m : Charbon mêlé, gros et petit.
Touzé. — a : Tondu rase.
Touzele. — a : Espèce de froment sans barbe et à gros grains.
Toye. — a : Taie d'oreiller.
Toyen. — a : Tien.
Trac, traque. — m, a, l : Trace, allure, chasse.
Traconne. — Brie : Ravin, ruisseau.
Trahiner. — l, m : Traîner le corps d'un coupable.

Traictiée d'arc. — m : Portée d'un arc.
Train. — a : Paille.
Trainard, trainegainant, trainesavatte. — m : Fainéant.
Traire. — m : Traîner, tirer, assigner en justice, ressembler, reproduire.
Traistre, trahistre. — m : Traîner un condamné, sur une claie, derrière une charrette ou à la queue d'un cheval.
Traiteux. — a : Tréteaux.
Traitfeu. — a : Pelle à feu.
Traivotte. — m : Poutre, solive.
Tramettre. — m, a : Transmettre.
Trameser. — a : Envoyer, transmettre.
Tramois. — a, m : Blé de mars.
Tramure. — a : Trémie de moulin.
Tramuzer. — a : Envoyer, transmettre.
Trancheor. — a : Pommier.
Tranchoir. — a : Assiette de bois. — m : Tranche de pain, — grand couteau pour découper.
Traner. — o : Trembler.
Transgloutir. — t : Avaler.
Transsuder. — a : Filtrer.
Traoir, traoit. — a : Tiroir.
Trapant. — t : Planche.
Trape. — m : Engin de Pêche.
Trapé. — t : Étourdi.
Trapercer. — t, l : mouiller entièrement.
Trapusse. — a : Trappe, piège.
Trateler. — l : Chanceler.
Tratrès, jouer aux. — m : Au tric-

Trau. — a : Trou, chemin creux.
Travat. — a : Cheval taché de blanc aux pieds.
Travelot.— l, m : Poutre, solive.
Travers. — m : Traversin.
Travette. — m : Poutre.
Traveure, travure. — a : grenier à foin, dont le plancher est composé de perches.
Trayxe, terre. — a : Terre inculte.
Treche, trechon. — m, a : Tresse.
Trecoise. — a : Tenaille.
Tref, trez. — m, a : Tente. — Poutre.
Treffau. — a : Buche de Noël.
Treffond. — m : Dessous du sol.
Trefoyer. — a : Chenet.
Treiste. — a : Tête.
Trelue. — a : Double vue, vue trouble, berlue.
Tréluire. — a : Voir mal.
Trèluisant. — m : Transparent, dont la lueur est vive.
Tremaine. — l : Foule, suite, famille.
Trémais, trémail, trémois, trémoye. — m, a : Marsage, grains semés en Mars.
Trembleur. — m : Lueur de l'incendie.
Trémenter. — a : Tourmenter.
Trémontade, perdre la. — l : Perdre la tramontane, la boussole, la tête.
Trempette, trempinette, trempusse. — m, l : Rotie de pain trempée dans du vin sucré.

Trenqueson. — a : Tranchée, colique.
Trentain, trental, trentaulx.— a : Messes dites pendant trente jours pour le repos d'un mort.
Tréper. — a : Sauter, danser, fouler aux pieds.
Trèpercé. — m : Transperée.
Trépeter. — a : Secouer, danser, fouler.
Trépudier. — a : Danser.
Trèsanné. — a : Vieux, suranné, qui n'est plus de mode.
Trèsanner. — a : Vieillir.
Très-avelets. — a : Arrière-petits enfants.
Très-chambre, faire — a : Vider les pots de nuit.
Très ce que. — a : Jusqu'à ce que.
Très-que. — m, a : Dès que, jusque.
Très-reu-ici. — a : Vite ici, jusqu'ici.
Trèsdos d'un lit. — m : Rideaux, pentes d'un lit.
Tresel, tréziau. — m : Poids, portion de l'once.
Treseler, tresiller. — t : Carillonner à trois cloches.
Tresmuer. — m : Changer, transmettre.
Tressauter. — m, t, l : Tressaillir.
Tressave. — m : Trisaïeul.
Tressi, tresci. — a : Jusqu'ici.
Tressoir. — m : Nattes, coiffure.
Tressuer. — m : Suer beaucoup.
Trestornéc. — m, t : Fuite, ruse,

tour.
Trestot, trestout. — a : Tout.
Trestour. — a, m : Malheur.
Tretant. — a : Tout autant.
Tretel. — m : Tréteau.
Tretour. — a : Détour.
Tretous. — m : Tous.
Treu, treuf, treuve, treuzage. — a, m : Tribut, Trou, trouvaille. — Treu de nature : La mort.
Treuche. — a : Trois.
Trevines. — a : Trèves.
Trezeau. — a : Trio de batteurs en grange.
Tri. — a : Trois.
Triarcle. — m : V. Thériaque, remède.
Triane. — y : Engin de pêche.
Triballe. — a : Chair de porc frais, cuite.
Triballer. — a : Danser, secouer.
Triboler. — a : Carillonner.
Tribouiller. — a : Agiter, remuer.
Triboul. — m, a : Embarras, tourbillon.
Tribouler. — a : Vexer.
Triboulet. — a : Fou, plaisant, taquin.
Tricenaire. — a : Prières ou messes dites trente fois dans une intention pieuse.
Trichou. — a : Tricheur.
Tricois. — m : Tricot, broderie, jarretière.
Tricot. — t, a : Bâton, souche, obstacle sur un chemin. — m : Bâton gros et court.
Tricoter. — t : Battre avec une trique.

Tricouage. — a : Pince.
Tricouse, tricousse. — a : Guêtre.
Trifouiller. — m : Fouiller.
Trigauder. — a : Brouiller.
Trigaudin, trigaudour. — a : Brouillon.
Trigemeau. — Enfant né le troisième d'une même couche.
Trimar. — m, a : Bruit, fracas, embarras.
Trimasot. — a : Danse de Mai.
Trimballer. — m : Traîner.
Trimer. — t, m , a : Marcher vite, avoir du mal.
Trin. — a : Divisé en trois.
Tringle. — a : Sommet, tête.
Trinqueballer. — m : Tirer, traîner.
Trintrin. — a : Mauvais violon.
Triocher. — l : Radoter.
Trioiaine. — m, a : Refrain, danse, foule, suite.
Trioler. — m, t, a : Aller et venir, promener un enfant. — m : Perdre ses pas.
Triolet. — m : Trèfle rouge.
Triolot. — y, t : Lisières d'enfant. — Ustensile de lessiveuse. Genouillières de blanchisseuses.
Triot. — a : Réunion de trois personnes. — Terre ensemencée avec le même grain pour la troisième fois. — m : Terre aride, en friche.
Tripier. — t, a : Danser, s'agiter, fouler aux pieds.
Triplir, triplier. — a : Plier en

trois.

Tripoter. — t : Frapper du pied, danser.

Tripout. — a : Confusion.

Tripudier. — a : Danser.

Trique. — m, a : Bâton gros et court.

Triquer. — y : Choisir.

Triquet. — m : Jeu de hasard analogue à celui de rouge ou noir : il était affermé à Reims au 13e siècle.

Triquehouse. — a : Guêtre, bas mis par dessus le pantalon.

Triquenique. — a : Affaire de rien.

Trisoler. — a : Carillonner à 3 cloches.

Troaille. — a : Trouvaille.

Troche. — m, t : Pied de plante, touffe.

Trocher. — m, a : Pousser des rejetons, s'étendre.

Trois pour deux. — m : Morceau de bois de longueur illégale : il en fallait livrer 3 pour 2 de dimension régulière.

Trois pied. — m : Trépied.

Tronce. — a : Arbre ébranché et abattu.

Tronchet, tronchot, tronc. — t, 1 : Billot de bois sur lequel on hache la viande.

Tronçonner. — 1 : Couper les branches d'un arbre.

Tros, trous. — a : Tronçon.

Trossel. — a : Trousseau.

Trosque. — a : Jusque.

Troton. — a : Trot, galop, course.

Trou de choux. — t : Pivôt de tête de choux.

Troucheour. — a : Mendiant.

Troudeler. — a : Faire du bruit, troubler.

Trouffoie, trouffois. — t : Raillerie, calomnie.

Trouille. — a : Engin de pêche.

Trousse. — a : Culotte.

Troussel, troussiau. — m, a : Amas, vêtements, équipage.

Troussequin. — 1 : Outil de menuisier.

Trousser. — a : Charger, équiper.

Troussoire. — m, a : Robe à queue, peigne à moustache.

Trouve. — m : Découverte.

Trualté. — a : Vagabondage.

Truand. — m : Vagabond, paresseux. — Truandaille : Canaille.

Truanger. — a : Gronder, maltraiter.

Truau. — t, a : Engin de pêche; verveux. — m : Mesure de grain contenant un boisseau.

Truble. — m, y : Engin de pêche.

Truc, avoir le. — m, l : Avoir la manière, savoir faire.

Trucher. — m, a : Mendier.

Trudaine. — a : Folie, raillerie.

Trudent. — a : — V : Truand.

Truffe, truffle. — m, a : raillerie, ruse, fête, festin.

Truffer. — m, a : Plaisanter.

Truille, trulle. — m, t : Engin de pêche.

Truillier. — a : Etriller, frapper.
Trulie. — a : Soupe à la bière.
Trumeau. — m : Glace, bordure sur cheminée ou entre deux fenêtres.
Trumel. — a : Cuisse, jambe.
Trupelu. — a : Enjoué.
Trupigneis. — a : Trépignement.
Truque. — a : Pomme de terre.
Trusquin. — l : Outil de menuisier.
Tuen. — t : Ton, tien.
Tu, tyl, — a : Tilleul.
Tuerdre. — m : Faire du tort.
Tufau, craie. — m : Craie dure.
Tuffe. — a : Houppe, couronne.
Tumer. — m : Tomber, humer.
Tumereau, tumerel, tumeriau. — m, l, a : Tombereau.
Tumerelée. — m : Charge d'un tombereau.
Tun. — m : Goulot, égout, écoulement.
Tuppin. — t, a : Cuiller, vase.
Turbine. — a : Tribune.
Turcir. — t : Souiller, noircir, brûler.
Turne. — l : Cabane. — m : mauvais lieu.
Tuteau. — t : Chalumeau.
Tuter. — m, t : Sucer, téter, pomper avec un chalumeau.
Tuteron. — m : Biberon, tout ce qu'un enfant suce.
Tutin — t : Cuiller d'apothicaire.
Tuyoter. — t : Baguenauder, perdre son temps.
Tuyotier. — t : Baguenaudier, minutieux, fainéant.
Typher. — a : faire le fanfaron.
Typhon. — a Orgueilleux, téméraire.

U

Uche. — a : Porte.
Uevre : — m : Œuvre.
Ullement. — m : Hurlement.
Uller. — Hurler.
Umbril. — a : nombril.
Unitrophe. — a : Limitrophe.
Unodi. — a : Impossible.
Ure. — a : Bœuf sauvage.
Ureau. — a : Homme farouche.
Uredéc. — a : Étrivières, coups.
Ureoir. — a : Courir çà et là.
Urihfras. — a : Fort des bras.
Urinal. — m : Vase de nuit.
Uis, uix. — a : Porte.
Us. — m, a : Coutume. — Porte, passage.
Usage. — m : Partie de forêt où une commune a des droits.
Usance. — m : Coutume, droit d'user.
Uscet. — a : Petite porte.
Userier. — m, t : Qui use, usufruitier.
Usine. — a : Jouissance, fortune.
Ussier. — a : Barque plate.
Ustils, ustis. — a : Outil.
Ustuberlu. m, t : Étourdi,
Usum. — a : Jusque.
Util. — m : Outil.
Uty. — t : Outil. — Femme non-

chalante.
Uxe. — a : Porte.
Uxer. — a : sortir (exire).
Uxerie. — a : Porte, sortie.

V

Vacant. — m : Vagabond, sauvage, sans maître.
Vachère. — a : Petite ferme.
Vacque — m : Vide, vacant.
Vacquette. — a : Balle de colporteur.
Vademanque. — a : Porte.
Vah. — l : Exclamation de douleur.
Vaillance, vaillisance. — m : Valeur, montant.
Vaingnage. — a : Gain, ferme.
Vaingnier. — a : Gagner, prêter.
Vains. — a : Gros grains semés en octobre. — Navette de vain : Navette d'hiver.
Vairnier. — a : Vitrier, verrier.
Vaisseau d'œs, ou d'eps. — a : Ruche.
Vaissellement. — m : Batterie de cuisine, vaisselle de terre ou d'argent.
Vait. — a : Guet, gué.
Vaixellement. — a : Batterie de cuisine.
Valeton. — m : jeune garçon.
Valeuc, value. — m, a : Prix, mérite, valeur.
Valie. — a : Valeur, prix.
Valissance. — m : Valeur.
Valissant. — a : Vaillant.
Vallat. — a : Valet, jeune garçon.
Vallée, tomber à la. — a : Tomber du haut en bas.

Valoir. — m, a : Être vertueux, considéré.
Valtutaux. — m : Valet de ferme.
Vambe, cloches en. — l : Cloches en branle.
Vambée de fumée. — l : Bouffée de fumée.
Vanche. — m : Mesure de bois.
Vandoise. — m : Poisson, ablette.
Vanelet. — a : Perche, dague.
Vanité. — t : Syncope, faiblesse.
Vanneler. — a : Être vêtu au large.
Vanselaire. — a : Panier d'osier.
Vantadour, ventèrre. — m, l, a : Fanfaron, vaniteux, menteur.
Vantelle. — m : Battant d'une armoire.
Vantisson. — a : Jactance.
Vaquerie. — a : Petite ferme.
Varge. — m : Ivraie.
Varier. — m : Déraisonner.
Varde. — a : Garde, sauve-garde.
Varlet. — a : Page, vassal, valet.
Varlope, fer de. — m : Outil de menuisier.
Vart. — a : Vert.
Vasselage. — m : Eau répandue dans une chambre.
Vasseur. — a : Vassal.
Vatrigan. — a : Canal.
Vaucelle. — a : Petite vallée.

Vaucrer. — a : Errer çà et là.

Vaudeluque. — m, a : Sainte Face vénérée à Lucques. — Important, orgueilleux.

Vaultre, vaultroi, viautre. — a : Variété de chien de chasse, grand levrier.

Vaurlet. — a : Valet.

Vausenotte. — a : Cérémonie des Valantins.

Vautniant, vautnient. — à : vaurien.

Vaute. — m : Cabane à lapins, Voûte. — Crêpe, friture.

Vavasseur. — m, a : Arrière vassal.

Vaveis, vauveis. — a : Cours de la vie.

Va-vite, la. — m : Le cours de ventre.

Vaxiller. — t : Hésiter.

Vé. — a : Vrai. — m : Voyez.

Vé. — a : Gué. — Véable : Guéable.

Veau, pied de. — m : Plante. (*Arum maculatum.*)

Vecs. — a : Fois. (*Vices.*)

Véer. — m, a : Refuser.

Vééur. — a : Témoin.

Vef. — a : Œuf. — Veuf.

Vegin. — a : Voisin.

Vcher. — a : Voir.

Veherie. — a : Voirie.

Veillette. — l, t : Vrille.

Veillotte. — t : Fusée. — Plante. (*Colchicum autumnale.*) — a : Tas de foin séché.

Veler. — m : Crevasser, fendre.

Velille. — m : Terme de char-pente.

Velimeux. — m : Vénéneux.

Veliner. — a : Empoisonner.

Veloir. — m : Habitation, grange.

Vendue. — m : Vente.

Venel. — a : Tombereau.

Venelle. — a : Corridor, allée.

Venredi. — m, a : Vendredi.

Vent d'amont. — a, t : D'orient. — D'aval : Du midi, ou de l'ouest. — Droit : Vent du couchant. — De bise : Du nord.

Ventaux. — m : Vanne d'un étang.

Ventiler. — m : Discuter.

Ventillière. — m : Vanne d'un étang.

Ventillon. — a : Contrevent.

Ventoir. — a : Bois mort, chablis.

Ventreiller, ventroiller. — a : Se vautrer, se remuer, se sauver.

Ventreuil. — a : Ventre.

Vepre. — t : Guêpe.

Veprée. — m : Après diner, soirée.

Ver. — a : Printemps. — Grand, fort.

Verder. — t, m : Sauter, fuir. — repousser.

Verderolle. — m : Sorte de fauvette.

Verdi. — a : Vendredi.

Verdière. — l : Oiseau, verdier.

Verdon. — a Coutelas.

Vereux. — m : Qui a un ver dans la tête, fol, maniaque.

Verg, vierg. — a : Maire, bailli. (Vergobret.)

Vergate. — m, a : Loquette, brosse, tige.

Verge. — m, a, l : Bague, baguette — Ivraie. — Mesure de terre dont la contenance varie de 50 à 50 centiares. — Ligne de pêcheur.

Vergette. — l, m : Brosse, tringle.

Vergié. — m : Rayé, peint, émaillé, brodé.

Vergigeu. — l : Oseille sauvage.

Vergobret. — m : Magistrat rémois dans les premiers siècles de l'ère chrétienne.

Vergonder. — a, m : Humilier, outrager.

Vergongnier. — a : Insulter, déshonorer.

Veriné, bois. — m : Bois vermoulu.

Verlet. — a : Page, valet.

Vermate. — m : poisson d'eau douce.

Veron. — m : Poisson, ablette.

Verrue. — m, y : Vermine, ver.

Verruel. — m : Vitrail, fenêtre.

Versainne. — a : Terre qui se repose.

Versoyer. — a : Mêler.

Vert-may. — a : Branches ornant les rues le jour de la fête Dieu. — Arbre planté le premier Mai devant une maison.

Vertingo. — l : Vertigo, vertige.

Vertir, se. — m, t : Se tourner.

Vertoil. — a : Loquet de porte.

Verure. — a : Verrue, durillon.

Vesin, vexin. — a : Voisin.

Vesselet. — (*Sompuis*.) Le huitième d'un boisseau.

Vessiaux. — t : Voûte, édifice.

Vessigon. — m : Maladie du cheval.

Vessoux. — l : Houe.

Veudier. — a : Vider, sortir.

Vexillement. — a : Vaisselle.

Vey, vez. — a : Gué, voyez.

Viage. — m, a : Vie, village, voyage.

Vialz. — a : Vieux.

Viande. — m : Vie, aliment.

Viard. — a : Garde.

Vibailly. — a : Vice-bailly.

Vicable. — m : Viable.

Vicaille. — l : Vivres, victuaille.

Vicaire. — l : Boisson, aliment.

Vicquant. — a : Vif, vivant.

Vicquer. — a : Vivre.

Vider. — m : Délivrer, remettre, se débarrasser.

Vidié. — a : Vœuf.

Vié, vies. — a : Vieux.

Viedasse. — m : Injure, tête d'ane.

Vielarde. — m : Joueuse de vielle.

Vielier. — m, a : Joueur de vielle, de violon.

Viesseire. — a : Revendeur.

Viezerie. — m : Vieillesse, ancienneté.

Vigneté. — m : Ciselé, couvert d'arabesques.

Vigon. — a : Dur, cruel. — m : Sale.

Vigousier. — t : Mauvais cuisinier.

Vilaines, pierres. — Pierres de mauvaise qualité, ramassées

dans les champs, cailloux.
Villeneux. — a : Vilain, sordide.
Villette. — m : Outil de charpentier.
Villeune. — a : Vieillesse.
Villevese. — a : Vieille femme.
Villoir.— a : Petite ville, village.
Villotte. — a : Petit tas de foin.
Villoter. — m : Courir la ville, faire la débauche.
Villotier. — m, a : Homme de plaisir.
Vilois.— m : Vilain, campagnard.
Vilonie. — m, a : Tromperie, lâcheté.
Vimaire. — a : Force majeure, violence, orage.
Vimaire. — a : Vice-maire, adjoint.
Vintime. — a : Vingtième.
Vintre. — a : Ventre.
Violier. — m : Pied de violettes.
Vion.— t : Sentier séparant deux terrains.
Vionner. — l : Souffrir avec violence.
Viot. — a : Violence, passion.
Viouche. — a : Vieillard.
Virache. — t : Glissade.
Viracher. — t : Glisser, tomber.
Virade.— m : Glissade, pirouette, chûte.
Virer.— t, a, m : Glisser, tomber, tourner, aller et venir.
Vireur. — m : Patineur.
Viron. — a : Environ.
Virvanche.— t : Faux pas, marche chancelante, chûte.
Virvaris. — l : Détour, biais,

délais, sinuosité, réponse évasive.
Vis. — m, t, a : Visage. — Vivant, vif.— Semblant, apparent. — Avis.
Visquer. — a : Vivre.
Vissier. — a : Barque.
Vitaille. — m, t : Aliment.
Vitelots. — m : V : Tourtelets.
Vitric. — a : Beau-père.
Vitupère. — m : Blame, injure.
Vivelet. — m : Vif, frais.
Vivelotte, vivenotte. — a : Rente viagère laissée à une veuve.
Vivy. — a : Vivier, étang.
Vlimeux. — t : Vénimeux.
Vlin. — t : Venin, chenille.
Vo, vos. — m, t, a : Vous, votre.
Vocatis, père.— m : Père putatif.
Voepe. — m : Guêpe.
Voez. — a : Gué : voyez.
Vognon. — m : Sorte de prune.
Voidir. — m, t : Vider.
Voier, se. — m : Se mettre en route.
Voies, toutes. — t : Toutes fois.
Voioicer. — a : Chasser, priver.
Voir, voirre. — t : Oui, Peut-être, vraiment. — Verre.
Voire couleresse. — m : Fenêtre à coulisse.
Voirie, voirrerie. — m : Verrerie, fenêtre.
Voirloup. — t : Loup-garou.
Voirrier. — m : Vitrier, fabricant, peintre sur verre.
Voisdic. — a : Tromperie, raillerie.
Voiser. — a : Aller.

Voisier. — a : Voisiner, causer.
Voitier. — m : Désirer, envier, contrarier.
Voixin. — a : Voisin.
Volant. — m : Volage.
Volcquetis. — a : Salutations.
Vole. — t : Pâte bien levée.
Volereau. — m, a : Petit voleur.
Volille. — l : Volige. — m : Volaille.
Vollion. — a : Cage, grille.
Volon. — a : Complaisant, dévoué.
Volt, voult. — t : Visage, vœu, volonté.
Volte. — a : Voûte.
Vordre. — m : Bois, bosquet, broussaille.
Vorrement. — a : Vraiment.
Vosse. — l : Vesce.
Vot. — a : Vœu.
Vote, voute. — a : Omelette à laquelle on mêle de la farine.
Votis, votus, voutis. — m, t : Voûté, votif.
Voù. — l, t : Où.
Vouager. — l : Voyager.
Vouin. — m : Regain, récolte.

Voulance. — a : Volonté liberté.
Voulletrue. — a : Jeu de volant.
Voultilé, voutilé. — a : Voûté.
Voultif. — a : Agréable à voir.
Voultoir. — m : Vautour.
Vouté. — m : Cabane à lapins.
Vouyse. — t : Etendue imaginaire.
Vowe. — a : Veuve.
Voye. — m : Voyage, transport.
Vraune, vrauve. — a : Femme.
Vrille. — t : Petite vérole.
Vuarbe. — a : Haie de pièces de bois.
Vualope, vuarlope. — m : Outil de menuisier.
Vuarnement. — a : Vêtement.
Vuarnir. — m : Garnir.
Vué. — m, a : Gué.
Vueil, vuil. — a : Volonté.
Vues, vuis, vuy. — m : Veuf, en fuite.
Vuide, faire la. — m : Se sauver.
Vuilberquin. — m : Vilbrequin.
Vuitrac. — a : Sorte de roitelet.
Vulgalement. — a : Vulgairement.
Vulgaument. — m : Communément.

W

Wacon. — a : Bord de rivière couvert de cailloux. — Lieu vague.
Wacrer. — a : Errer, vagabonder.
Wage, waige. — a, m : Gage, gaine, poids.
Wague. — a : Sorte de Waide. — a : Gué, banc de sable.
Waignier, wainguier. — a : Gagner.
Waimal, wainal. — a : Automne.
Wain. — a : Grain semé en automne. — Regain : Moisson.

Wainaul. — a : Garde qui pro- tention.
tége les regains des pâturages Wayve. — a : Crieur public.
communaux. Waymel. — m : Poisson blanc
Wairas. — a : Héritiers. d'eau douce.
Wairier, warrier. — a : Guer- Wazon. — m : Gazon.
royer. Weir. — m : Défendre, refuser.
Wairière. — a : Vitrail, fenêtre. Weis. — m : Défense, refus.
Wairy. — a : Verrier, vitrier. Wercole. — V. Warcole.
Walle. — a : Bois flotté. Wernement. — a : Habillement.
Wambison. — m, a : Manteau, Werre. — a : Guerre.
pieu, arme. Weste. — a : Brave, vaillant.
Waque. — a : Corbeille à mesu- Westene. — a : Occident.
rer le charbon. Wet, wey. — a, m : Gué, guet.
Warandise. — m : Garantie. — Wet, la. — m : La garde de nuit.
Warandir, warentir : Protéger, Weter. — a : Vieux, vétéran.
garantir. Weus. — m : Œufs.
Warant. — m : Garant, caution. Wider. — a : Partir, quitter.
Warcolle. — a : Pièce de harnais, Wihot. — m : Mari qui se prête
bande de cuir posée sur le dos à l'inconduite de sa femme. —
des chevaux attelés. Wihoterie : Complaisance in-
Warcollier. — a : Sellier, bour- téressée d'un mari.
relier. Winaul. — a, m : V. Wainaul.
Warde, warte. — a : Garde. Wippes. — m : Poisson.
Warder. — a, m : Garder. Wirpis. — m : Renard.
Warenne. — a : Vitre, garenne. Wis. — m : Huis, porte.
Wargnée. — a : Masse d'eau, gué Wit. — m : Huit. — Wilavle :
large. Huitaine. — Witime : Hui-
Warnir. — m, a : Garnir. tième.
Warnissement. — m : Garniture, Woaitier. a : Prendre garde.
munition. Woingner. — a : Gagner.
Warou. — a : Loup-garou. Woirier. — a : Vitrier, verrier.
Wart. — a : Vert; verre. Wormais. — a : Oui vraiment.
Wastelier. — m, a : Pâtissier. Woualée. — a : Pluie d'orage.
Wattene, watine. — a : Sottise, Wouaspe. — a : Guêpe.
ordure. Woulsi, wulsi. — a : Voici.
Water. — Gâter, souiller. Wuilosse. — a : Vieux fainéant.
Waulgue. — a : Pain de suif. Wulsure. — a : Blessure.
Waurde. — a : Garde. Wye. — a : Vieille.
Wauyter. — a : Garder, faire at- Wys. — m : Porte.

X

Xailler. — a : Glisser sur la glace.
Xamé. — a : Ban, canton.
Xaper. — a : Échapper.
Xaplat. — a : Instrument de mineur pour saper.
Xauls. — a : Brêche, fente, fuite d'eau.
Xautelle. — a : Maladie inflammatoire.
Xavée, sente. — a : Sortie, issue.
Xeu. — a : Suif.
Xeure. — a : Sortir, suivre.
Xeurer, xourer. — a : Payer, obliger.
Xeure, xeurté, xoure. — a : Payement.
Xeut. — a : Suivi.
Xeuvant, xovant. — a : Suivant.
Xirier. — a : Lacérer.
Xiston. — a : Vert de gris en poudre.
Xoiner. — a : Excuser.
Xoul. — t, a : Glaieul, lien, paille.
Xoweure. — a : Serviette.
Xuer. — a : Sortir.
Xuiant. — a : Suivant.
Xuir. — a : Suivre.
Xuwer. — a : Obliger, contraindre.
Xyn, xyne. — a : Cousin, cousine.
Xyn. — a : Suif.

Y

Yac, yacque, yaucque. — m, a : Quelque, quelque objet.
Yauc. — m : Lieue.
Yauve. — m : Eau.
Ydoine. — m : Propre, habile.
Yeure. — a : Epingle, aiguille.
Yevre. — m, a : Lièvre.
Yffuwe. — a : Gratification, profit.
Yfitipis. — a : Superlatif de pire.
Ylier. — a : Flanc, côté.
Yraigne. — m, a : Araignée.
Yreux. — a : Irrité, en colère.
Ysse. — a : Habit de tiretaine, veste.
Yssir. — a : Sortir.
Ystre, ystrer. — a : Sortir, provenir.
Ytal, ytel. — a : Tel.
Yvrenage. — m : Travaux des champs à l'entrée de l'hiver.

Z

Zbaras. — a : Epouvantail pour les oiseaux.
Zec. — a : Milieu de la noix.
Zerer. — a : Abandonner, se

jetter sur, s'emparer.
Ziwerotti. — a : Dans la suite.
Zizi. — m : Oiseau, bruant.
Zocle. — a : Socle, tronc d'arbre scié, servant de table.
Zoguer, se. — a : Se marier, user des droits du mariage.
Zot. — a : Qu'il soit.
Zoujaix. — a : Oiseaux.
Zynzyn. — a : Cousin.

GLOSSAIRE

ANCIEN & MODERNE

Du Fabricant de Champagne.

A

Abat. — m : Laine provenant des parties inférieures de la toison, telles que le col, le ventre, les cuisses.
Acatir un drap. — m : Le lustrer.
Acatisseur. — m : Ouvrier qui lustre le drap.
Adroit d'une étoffe. — l : Endroit, côté extérieur.
Adversains, draps. — a : Draps croisés, petits draps.
Affeler, affoler un drap. — a : Le Fouler, le mettre en presse.
Afforer. — a : Fixer le prix d'un drap. — Aflorage : Étiquette, mise à prix.

Affutaige. — a : Bienvenue due par un ouvrier reçu compagnon.
Agneau, agnelin. — m : Laine d'agneaux.
Agrappe, draps faits à. — m : Terme de l'ancienne fabrique.
Aignebin. — m : Laine d'agneaux.
Ailechon. — l : Noyau d'une pelotte de laine.
Aingne, aingnelin. — a : Laine d'agneaux.
Alluchon. — l, v : Ailechon.
Année blanche. — m : Année sans bénéfice.

Aonnier. — m, a : Donner à une étoffe une qualité égale, une nuance égale.

Aparches. — a : Perches sur lesquelles on plaçait les draps pour les lainer. V. ce mot.

Apprentiche. — m : Jeune fille en apprentissage.

Apprêter. — m : Donner du lustre à une étoffe.

Apprêteur. — m : Ouvrier qui donne du lustre au tissu.

Armure. — m : Métier prêt à marcher.

Armure croisée. — m : Métier préparé pour faire des casimirs.

Armure sergée. — m : Métier monté pour faire des draps castors.

Armure taffetas. — m : Métier monté pour faire un drap uni et lisse.

Arsonner la bourre. — m: Terme de l'ancienne fabrique.

Aspergès. — m : Goupillon servant à arroser les pièces qu'on veut apprêter.

Assevir. — m : Se dit d'une trameuse qui cherche à aller aussi vite que le tisseur.

Assortiment. — m : Métier complet d'une filature.

Assortissement. — m : Laine qui a subi les trois opérations du cardage.

Assuir. — v : Assevir.

Aubifoin. — m : Couleur gris de lin.

Aune de Reims. — m : Longueur de 118 centimètres.

Auner. — m : Mesurer les étoffes tissées.

Auneur juré. — m : Officier de ville qui mesure les étoffes mises en vente et indique leur longueur sur une marque qu'il y attache.

Ause. — a : Toison.

Autriche, laine d'. — m : Laine garnie à sa racine d'un léger duvet.

Avaler un drap à la poulie. — m : Le tirer pour le rendre plus long.

Aversains, draps. — m : Terme de l'ancienne fabrique.

B

Baffandure. — a : Étoffe mal teinte.

Balême. — a : Couverture de laine.

Balinge. — m, a : Étoffe pour faire des langes.

Balocie. — m : Teinture violet foncé.

Bannette. m : Panier dans lequel on lave la laine dégraissée.

Banni d'une lisière, drap. — m : Drap qui avait une de ses lisières d'une autre couleur que le fond.

Banon. — m : Couverture de laine.

Barre. — m : Défaut d'un drap dans le sens de la trame.

Barré, drap. — m : Drap dont la trame est défectueuse ou la teinture irrégulière.

Barrée, aulne de. — m : Aune en largeur.

Basage. — m : Préparation à la colle des fils de la chaîne.

Bas-creux.— m : Défaut du drap.

Baser. — m : Lisser et fortifier les fils de la chaîne avec de la colle.

Battage. — m : Opération dont le but est d'assouplir la laine et de la séparer des corps étrangers qui s'y trouvent.

Battant. — m : Partie mobile du métier dont l'action resserre le tissu et le régularise.

Batterie, batteuse.— m : Machine armée de dents employée à battre la laine.

Beaudet. — m : Banc sur lequel le cardeur de laine se mettait à cheval.

Bayard. — m : Instrument composé de tringles et de doubleaux, servant à porter les canelles de laine.

Bazin. — m : Étoffe de coton, ou de fil : On le faisait frisé, figuré et planié : c'est à dire velouté, broché et uni.

Belaigne. — m : Étoffe, sorte de tiretaine.

Berrichonne. — m : Laine de Berry.

Bidavet, imprimeur de.— m : Terme de l'ancienne fabrique.

Billaud, billot, biot. — m : Espèce de bobine servant à dévider le fil ou la laine.

Bioche. — m : Marteau de foulerie.

Biset, passement à. — Sorte de ruban fait à Reims au 17e siècle.

Blanc filé. — m : Fil de laine blanche.

Blanchet.— m : Étoffe commune, doublure. — On faisait du blanchet de couleur. — Blanchet fin : Étoffe fabriquée pour les religieuses.

Blanchiment. — m : Savonnage et passage au soufre d'une étoffe de laine.

Blau, blo., bloi. — m : Bleu. — Sorte d'étoffe fabriquée au xiiie siècle.

Bloette. — a : Étoffe bleue.

Blousse. — m : Étoupe de laine, débris de laine, qui restent dans les peignes.

Bluteau. — m : Étoffe de laine pour tamiser la farine.

Bobinage.— m : Action de mettre le fil sur la bobine.

Bobine. — m : Petit rouleau autour duquel on roule le fil qui sert à faire la chaîne.

Bobiner. — m : V. Bobine.

Bobinoir. — m : V. Bobine.

Boge. — t : Étoffe de fil et de laine.

Boiard. — m : V. Bayard.

Boisé, fil. — m : Fil rouillé, gâté.

Bombacin, bombasin. — t : Basin, étoffe. — Bombasette. — m : Étoffe rase en laine.

Bonnet. — m : Étoffe de laine fabriquée pour faire des chaperons.

Borde, borderie. — m, t : Tas de tiges de chanvre.

Botte. — m : Sorte de ciseaux destinés à tondre les étoffes.

Bottoir, bottouair. — a : Moulin à fouler les draps.

Boucassin. — m : Étoffe de poils de chèvre.

Boudin. — m : Première préparation de la laine filée : elle sort du métier en boudins, qu'il faut unir entre eux.

Bougrand. — m : Sorte d'étoffe commune en laine et en fil, doublure de toile.

Bouier. — m, t : Mettre le chanvre en fil.

Bouieur. — t : Ouvrier qui travaille le chanvre.

Boulevardée, toile. — m : Toile à moitié blanchie.

Bouloir. — a : Moulin à fouler les draps.

Bouquerant. — m : Étoffe de poils de chèvre

Bourcassin. — m : V. Boucassin.

Bourgeois. — m : Sorte d'étamine. — Bourgeois fin : Etamine de belle qualité.

Bourras. — m : Étoffe faite de bourre de laine.

Bourre — m : Déchet de laine, laine qui tombe sous le métier du tisseur.

Bourre lanice. — m : Bourre de laine.

Bourrée de pelletier. — m : Débris de laine que les pelletiers détachaient des peaux après la tonte. Il était défendu de les employer à faire des tissus.

Boutas. — a : Chanvre.

Bresil. — m : Teinture de bois des Indes, rouge foncé.

Bresiller. — m : Teindre avec le bois des Indes.

Bride. — m, v : Flache.

Broches. — Petites tringles de fer qui font partie du métier à filer et à tisser, entre lesquelles passent les fils.

Broche, double. — m : Sorte de drap fort.

Broche vide. — m : Défaut de tissu.

Broiaire, broie, broiore. — a, t : Outil qui sert à briser le chanvre.

Broissier un drap. — m : Le brosser avec le chardon.

Brolet. — m : Sorte de couleur.

Brosse à laine. — m : Outil garni de chardon qui sert à brosser un drap pour lui donner du moelleux.

Broye, broyon. — t, V : Broiaire.

Brun, brunette, brunette de bure. — m : Étoffe commune, étoffe de deuil ; drap pour les couvents.

Brussequin. — m : Étoffe de laine teinte en noir.

Buffendure. — m : Étoffe de laine faite à Reims dans le XIVe siècle.

Bulteauteur. — m : Fabricant de bluteaux.

Burail, buraille. — Étoffe de laine et de soie.

Burat. — m : Etoffe de laine noire pour les couvents.

Burat buraté. — m : Etoffe pour soutane, tissu serré.

Burat doux. — m : Etoffe pour voile de religieuse.

Buratier. — m : Fabricant de burat.

Bure. — m : Grosse étoffe de laine.

Bureau. — m : Serge ou drap de fabrique pour couvrir les tables de travail.

Burel. — m : V. Bure, bureau.

Bureteau. — m : Etoffe commune en laine.

Bzer. — t : Tuyoter le chanvre, le briser.

C

Calibaly, calibary. — m : Chasse-navette.

Caltre. — a : Drap, draperie.

Camelotte. — m : Mauvaise marchandise.

Camelin, camelot. — m : Etoffe de poil de chameau ou de poil de chèvre. — Sorte de tiretaine. On en faisait aussi, où la soie entrait pour partie.

Camoais, camocas. — m : V. Camelin.

Canel. — a : Trame d'un tissu.

Canele. — m : Sorte de drap à dessin saillant.

Canelle. — m : Espèce de bobine à grands bords, servant à dévider les fils pour ourdir la chaîne.

Canetille. — m : Sorte de ruban.

Canette. — m : Fil de laine roulé en forme de cône sur les broches d'un métier.

Canevière. — a : Champ de chanvre.

Cap. — m : Chef d'une pièce d'étoffe. — Etamine ayant cap et queue : Pièce non entamée.

Capiton. — m : Chef d'une pièce d'étoffe. — Bourre de soie.

Caractère. — m : Pièce d'étoffe mise devant la poitrine des ouvrières de fabrique.

Cardage. — m : Première préparation subie par la laine.

Carde, cardon. — m : Chardon propre à carder. Opération du cardage. On distingue les cardes brasseuse, repasseuse, finisseuse ou à loquette : elles constituent les trois opérations du cardage.

Cardée, laine — m : Laine en ruban.

Cariage. — m, a : Canevas, grosse toile.
Caribary. — m : Chasse-navette.
Carlet, carrelet, tissu fait au — m : Terme de l'ancienne fabrique.
Carper. — m : Carder, peigner, lisser.
Carton. — m : Carton percé de trous destiné au métier Jacquart.
Carton, passer la pièce en. — m : La mettre entre des cartons chauds pour l'apprêter.
Carton. — m : Etiquette où est inscrit le prix de l'étoffe.
Casserre, laine de. — m : Laine d'Espagne.
Castilogne. — m : Sorte de frange.
Catapon. — a : Chef d'une pièce.
Celdal, cendal. — t, m : Etoffe précieuse de soie.
Cerant, ceris. — a : Faucille dentelée servant à effiler le chanvre.
Chabouiller. — t : Mêler les fils.
Chaîne. — m : Fils rangés parallèlement, entre lesquels court la navette qui fait la trame et achève le tissu.
Chainle. — a : Chanvre.
Chamoys. — m : Couleur fauve.
Chanevas. — m : Grosse toile de chanvre.
Chanevassier. — m : Tisseur de grosse toile.
Channier. — m : Ouvrier qui prépare la chaîne d'une pièce.
Chanre. — m : Chanvre.
Chapelle. — m : Pièce de métier à tisser.

Charpiner. — a : Carder.
Charpir. — a : Effiler.
Charret. — a : Rouet.
Chasse. — V : Battant.
Chasse-navette. — m : Mécanique qui fait marcher la navette entre les fils de la chaîne.
Chat, drap. — m : Drap fait avec des restes de trames et de chaînes, qu'on devait teindre en noir.
Cheanne. — a, m : V : Chaîne.
Chefs, pièce ayant ses deux. — m : Non entamée.
Chemin. — m : Course de la navette entre les fils de la chaîne.
Chenneveuil, chenevotte. — t, m : Bois du chanvre.
Chevot. — m : Sorte de défaut dans l'ourdissage d'une pièce.
Chief, chiés. — m, t : Tête, chef d'une étoffe. — Chief de chanre : Tête de chanvre.
Clayette, clayotte, clayon. — m, t : Claie sur laquelle la laine est battue et épluchée, ou sur laquelle on étendait un drap pour la faire sécher dans sa longueur voulue.
Choton. — m : Coton.
Circassienne. — m : Etoffe dont la chaîne était de coton et la trame de laine.
Clogne. — a, m : Quenouille.
Clongne — m : Quenouille.
Cloyère. — m : V. Clayette.
Cnasser. — t : Briser la tige du chanvre pour en détacher le

fil.

Coaille, coelle, coille — a : Grosse laine. — Échantillon de laine.

Cœur. — m : Laine longue et peignée.

Colleret. — m : Laine tondue sur le col du mouton.

Conréour de drap. — a, m : Foulon de drap, apprêteur.

Contremarches. — m : Tringles de bois placées entre les marches et les lames, et attachées aux unes et aux autres par de petites cordes.

Cordel. — m : Lisière. — Drap à un seul cordel. Drap qui n'avait qu'une lisière pour indiquer qu'il était fait de menues laines.

Cordelier, drap. — m : Drap fait pour les moines. La pièce devait contenir trente aunes.

Coremoire. — m : Petite claie emmanchée d'un bâton servant à retirer de la chaudière des débris de laine.

Coullogne. — m : Quenouille.

Couloire. — m : Pièce de bois percée d'une rainure par laquelle passe l'étoffe à mesure qu'elle est tissée.

Coupe. — m : Tonte du drap. — Coupon de drap.

Cours, course. — m : Longueur du fil de laine tourné autour de la guinde, et préparé pour la chaîne.

Courratier. — m : Commissionnaire en marchandises.

Couste, coutte, coutton. — m : Couverture de laine.

Crable. — m : V. Rable.

Crammelette. — m : Outil employé par les sergiers, les estaminiers et les rétendeurs.

Cramoisi. — m : Étoffe de belle qualité, habituellement rouge.

Crepon, crespon. — m : Étoffe de soie ou de laine.

Criquer la laine, faire. — m : La faire écailler en la collant avec excès.

Criseau, drap. — m : Terme de l'ancienne fabrique.

Croisé. — m : Étoffe dans laquelle les fils ne se croisent pas régulièrement.

Croizat de classenier. — m : Terme de l'ancienne fabrique.

Curère, cureur de toile. — m : Apprêteur de toile.

D

Dauphine. — m : Étoffe dont la chaîne était de soie et la trame de laine. — Dauphine à la royale : Étoffe blanche.

Débouillir. — m : Éprouver la teinture d'une étoffe à l'eau bouillante.

Debouillis. — m : Expérience faite à l'eau chaude sur la teinture d'une étoffe.

Décatir une étoffe. — m : Consolider l'apprêt d'une étoffe de manière à ce que l'eau ne la tache pas.

Décatissage. — m, V : Décatir.

Déchargeoir. — m : Rouleau de bois sur lequel se roule l'étoffe à mesure qu'elle est tissée.

Déchet. — m : Bourre et débris qui tombent sous les métiers.

Décreuser la laine. — m : La nettoyer, l'adoucir.

Décruer le fil. — m : Le laver.

Défeutrage. — m : Opération de fabrique consistant à convertir les mèches de laine en ruban.

Défeutrer. — V : Défeutrage.

Défeutreur. — V. Défeutrage.

Dégrais, dégraissage. — m : Opération qui a pour but d'enlever le suint de la laine ou la graisse reçue par elle dans ses premières préparations.

Dégraissoir. — m : Tinette de bois posée sur un trépied, dans laquelle on lave au savon les échets de laine, ou la laine non filée.

Demigraine. — m : Couleur rouge.

Dent. — m : Division du signeau. — V : Ce mot.

Descente. — m : Longueur d'étoffe tissée, qui se trouve entre la couloire du métier et son déchargeoir. — V : ces mots.

Deslaver la laine. — m : La laver.

Dessuinter. — m : Nettoyer, enlever le suint de la laine.

Desvodoir. — m : Dévidoir.

Détrier. — m : Diviser les diverses qualités de laine.

Dévidage. — m : Mise du fil de laine en écheveaux.

Dévidage par chaîne et par trame. — m : Terme de l'ancienne fabrique.

Diasprée, étoffe. — m : Moirée, veinée, de diverses couleurs.

Dicquedune, tixtre en. — m : Terme de l'ancienne fabrique.

Doublage. — m : Opération dont le but est de consolider la laine en ruban, ou de réunir deux fils ensemble.

Drap blanchet. — m, V : Blanchet.

Drap corsé. — m : Drap solide, épais.

Drap creux. — m : Étoffe dont le tissu n'est pas serré.

Drap cuir de laine. — m : Étoffe serrée et solide.

Drap damasquiné. — m : Étoffe brochée.

Drap en corde, descroisé. — m : Terme de l'ancienne fabrique.

Drap figuré. — m : Étoffe à dessins, damassée.

Drap cordelier, gros. — m : Drap commun pour les robes de moine.

Drap roié. — m : Étoffe à raies, — défectueuse.

Drap, tixerand de. — m : Tisseur de drap.

Drap royal. — m : Drap fin.

Drap yraingne. — m : Étoffe pour doublure.

Drap de cygne. — m : Étoffe tirée à poil.

Draperie d'œuvre rayée. — m : Fabrique d'étoffes rayées.

Draperie, grande. — m : Fabrique d'étoffes unies.

Draperie, petite. — m : Fabrique d'étoffes rayées.

Draperie pleine unie. — Fabrique d'étoffes unies.

Drapper. — m : Fabriquer du drap.

Drappier. — m : Marchand de drap.

Drappier drappant. — m : Fabricant de drap.

Dreppier, draipier. — V. Drappier.

Droguet. — m : Étoffe demi-fil, demi-laine. — Sorte de raz de Perse : on devait le tondre une fois à l'envers, deux fois à l'endroit. La première qualité se faisait en laine de Ségovie, la deuxième en laine de Berry.

Drousses, droussettes. — m : Petites cardes que l'ouvrier tenait en sa main pour en faire des ploques. — Machine destinée à carder la laine.

Duite. — m : Course du fil de la trame entre les fils de la chaîne, — la trame elle-même. — Pour éprouver l'égalité de la force d'une pièce d'étoffe, on devait la frapper une fois à duite ouverte, une fois à duite fermée. — Fausse duite : défaut d'une étoffe, passage de deux fils dans la trame, quand la navette n'en devait conduire qu'un.

Duvet de cygne. — m : Étoffe tirée à poil.

E

Eau. — m : Suite de voies. — V. Voie.

Ébourgeon. — m : Laine de rebut.

Ébourgeonner la laine. — m : La nettoyer.

Écang. — a : Morceau de bois employé à faire tomber la paille du lin.

Écanger. — m : Séparer la tige du lin de ses filaments utiles.

Écarlate. — m : Étoffe de laine très fine, qui n'était pas toujours rouge.

Échanvoir, échanvroir. — m : Outil qui servait à séparer le fil du chanvre de la tige.

Échet. — m : Échevette. — l : Écheveau de laine.

Éclisse. — m : Rondeau de bois fort mince, s'adaptant à la broche du tourret du fileur, et qui retient ou soutient le fil qui se roule sur la broche.

Écouaille, écouelle morte. — m : Laine coupée sur des moutons avant la tonte. — Écouailles vives : Laine arrachée de la peau avec la main.

Écoussoir. — a : Outil servant à peigner le chanvre.

Efforces, efforches. — m : grands ciseaux destinés à tondre le drap.

Écumoire. — m, v : Coremoire.

Emborer un drap. — m : Le farder par des moyens prohibés.

Embouler les fils. — t : Les mêler.

Embouter et eslever un tissu par tresme à la navette. — m : Terme de l'ancienne fabrique.

Empoulage à pointe et retour. — m : Terme de l'ancienne fabrique.

Empoutage. — m : *Id*.

Encollage. — m : Opération qui consiste à coller la chaîne pour consolider ses fils.

Encroiser la musette. — m : Terme de l'ancienne fabrique.

Enesser un drap retrait. — m : *Id*.

Enfuble. — m : Rouleau, bobine.

Engaller. — m : Préparer la teinture d'une étoffe avec de la noix de Galles.

Englinceler. — m, a : Mettre le fil en pelotte.

Ensaingnier la taine. — m : La graisser.

Entabler un drap retrait. — m : Le mettre sur une table.

Entoilage. — m : Terme de l'ancienne fabrique.

Entraier la laine. — m : *Id*.

Enverger la musette. — m : *Id*.

Envergure. — m : *Id*.

Enversain. — m : Étoffe de laine fabriquée au XVe siècle dans Reims.

Enversine. — m : Drap commun fabriqué à Suippes au XVIIIe siècle.

Envider, envuider. — m : Mettre le fil en pelotte.

Épacoler. — v : Époulet.

Épincer, épincceter un tissu. — m : En retirer les corps étrangers introduits pendant le tissage. — De là les mots : Épinçage, épincetage, épinceuse, épinceteuse.

Épeutir. — m, v : Épincceter.

Équipage. — m : Réunion du ros et de la lame. — v : ces mots.

Épeutisseuse. — m, v : Épinceteuse.

Époulet. — m : Petit morceau de roseau sur lequel on dévide du fil de trame qu'on place dans la navette qui doit courir dans la chaîne.

Esbrouer un drap. — m : Terme de l'ancienne fabrique.

Escalogne. — m : Quenouille.

Escarde. — m : Peigne de cardeur.

Escarlatte. — v : Écarlate.

Escharbouiller. — t : Mêler les fils.

Eschenette, drap tramé par. — m : Terme de l'ancienne fabrique.

Escouailles. — v : Écouailles.

Escrouelles de laine. — m : Terme de l'ancienne fabrique.

Escru, drap.— m : Drap non teint, ni blanchi.

Espagnolette. — m : Étoffe faite à Reims et à Châlons-s.-M. en laine croisée : drap commun.

Espée, tissu fait à l'.— m : Terme de l'ancienne fabrique.

Estaim, estain, estin. — m : Chaîne de l'étoffe. Fil de laine peignée. — Estain bâtard : Bourre de laine, fil de laine de mauvaise qualité. — Drap de deux estaims. — m : Étoffe roide et épaisse dont la trame et la chaîne étaient en laine peignée.

Estam, estame. — m : Étamine, sorte d'étoffe de laine, fine, rase.

Estamet. — m : Étamine.

Estamet à versain. — m : Sorte d'étamine.

Estamine. — Étoffe fine, rase, blanche ou noire.

Estamine demi-soye.— m : Étoffe fabriquée pour faire les voiles des religieuses.

Estamine mantée.— m : Etoffe de laine faite à Reims.

Estaminée, serge. — m : Serge fine.

Estaminie.— m : Fabrique d'étamine.

Estandure. — m : Chaîne d'une étoffe.

Estapler un drap.— m : L'étendre pour le faire sécher, pour l'allonger.

Esteints, serge drapée de deux. — m : V. Estaim.

Estouffe. — m : Étoffe.

Estrecher.— m : Rétrécir, rogner.

Etaim, etain. — V. Estaim.

Étirer. — m : Terme de fabrique.

F

Façon, faire à. — m : Travailler à la tâche.

Façonnier. — m : Ouvrier à la tâche; fabricant, apprêteur de draps.

Fautrer. — a, m : V. Feutrer.

Faux coups. — m : Défaut dans une étoffe.

Fauveau. — m : Couleur jaune, fauve.

Fayette.— m : Sorte de fil de soie.

Fenu grec.— m : Teinture jaune.

Ferandine.— m : Étoffe de soie.

Ferlin, drap.— m : Sorte d'étoffe

Feuillets d'airain. — m : Lames de cuivre chaud entre lesquelles on pressait le drap pour lui donner du lustre.

Feustel. — m : Drogues de teinture.

Feutrer un drap. — m : Le fouler.

Fil de cloistre. — m : Fil fin.

Filacherie. — m : Filasse.

Filage.— m : État de la laine filée.

Filage en fin. — Opération qui a pour but d'amincir le fil de laine.

Filage en gros. — m : Opération dont le but est de consolider et d'arrondir le ruban.

Filandier, filassier. — m : Marchand de filasse, fileur.

Fillé. — m : Fil: ce qu'une personne peut filer en un jour.

Filouer, filotier. — m : Fileur.

Fin gris. — m : Étoffe de laine fabriquée à Reims.

Fin gris à versuis. — m : Sorte d'étoffe ancienne, faite en laine.

Finette. — m : Tissu croisé en coton.

Fizollet. — m : Fil de soie, filoselle.

Flamme. — m : Action de l'air et du soleil sur la teinture.

Fleuret. — m : Étoffe de soie pour robe.

Fleurette. — m : Sorte de fil tors de soie et de laine.

Floche, soie. — m : Soie douce.

Foraine, bureau de la. — m : Bureau où on examinait à Reims les étoffes amenées par les fabricants et les ouvriers étrangers à la ville.

Forces, forches. — m : Grands ciseaux pour tondre les étoffes.

Forcettes. — m : Ciseaux de moindre dimension.

Foulage. — m : Opération qui a pour but de resserrer les fils de l'étoffe.

Foulerie. — m : Usine à fouler les draps.

Fraits de laine. — m : Débris de laine, bourre.

Fretter, freutter. — a : Peigner le chanvre.

Fretton, frettour. — m, a : Fileur, peigneur de laine ou de fil.

Frise. — m : Étoffe de laine dont les poils formaient au dehors de petits boutons en saillie.

Frise double. — m : Étoffe où ces boutons étaient en saillie des deux côtés.

Friser uu drap à la carde. — m : Donner au drap une espèce d'apprêt aujourd'hui inusité.

Frisette. — m : Étoffe pour doublure.

Funicle, or. — m : Or en fil, fil d'or.

Fusée. — m : Fil entourant la broche du touret du fileur.

Fusée de fil. — m : Le chanvre garnissant le fuseau.

Fustel. — m : Sorte de teinture.

Futaine. — m : Étoffe croisée dont la chaîne était en fil et la trame en coton ou en laine. — On faisait de la futaine figurée et frisée.

Fuizelier, fuzelier, fuzilier. — m : Fabricant de fuseaux.

G

Gaidieu. — l : Grosse toile.

Garde. — m : Carde.

Gardée, laine. — m : Laine cardée. — Gardain, gardein, gardin : Laine cardée.

Garnissage. — m : V. Lainage.

Gaude, racine de. — m : Drogue de teinture jaune.

Gauder. — m : Teindre en jaune.

Gaulde. — V. Gaude.

Gaulde, vert. — m : Vert jaunâtre.

Genestrolle. — m : Drogue de teinture jaune.

Gitage. — m : Dernier passage d'un drap sur les chardons pour démêler ses filaments à l'extérieur.

Glaioleure. — m : Drogue de teinture.

Govillon. — m : Fils passant ensemble dans la trame.

Graissage. — m : Opération qui a pour but d'adoucir les aspérités de la laine avec de l'huile.

Grandgarde. — m : Nom donné aux chefs de quelques corporations industrielles.

Gratuisse. — m : Bourre de laine enlevée sur les peaux mortes.

Gratousse de pelletier. — m : Débris de laine que les pelletiers font tomber des peaux qu'ils achètent.

Gravousse, gravuxe. — a : Sorte de tirelaine.

Grille. — m : Sorte de défaut dans le tissu.

Grille d'osier. — m : Claie d'osier dont on devait le dimanche couvrir l'étalage des boutiques.

Gris, petit. — m : Etoffe de bourre de laine.

Grisse, rubans faits à la. — m : Sorte de rubans.

Grossier. — m : Marchand en gros.

Guache. — m : Sorte de rubans faits à Reims au 17e siècle.

Guede, guelde, guedre. — m : Bleu de cuve.

Guedron. — m : Ouvrier qui prépare le bleu de cuve.

Guinde. — m : Machine cylindrique, grosse comme un tonneau, formée de petites tringles en bois, servant à l'ourdissage des chaînes.

H

Hazard. — m : Bourre de laine. — Étoffe en bourre de laine.

Hérisson — m : Sorte de peigne qui servait à étirer la laine.

Hozeaux. — m : Ciseaux pour tondre le drap.

I

Impériale. — m : Sorte d'étoffe fabriquée à quatre marches, et trois fils en broche.

Inde. — m : Bleu, gris de lin.

J

Jallouarde. — a : Dévidoir. pleine de jarres. V : ce mot.
Jarres. — m : Poils pointus, roides, mêlés à la laine et qui la gâtent.
Jeannette. — m : Machine qui sert à lier ensemble les loquettes. — V. ce mot.
Jarreuse, laine. — m : Laine

L

Lacs. — m : Nœuds dans lesquels on passe les fils de la chaîne et faisant partie de la lame.
Lainage. — m : Opération dont le but est de ramener au dehors les fils de l'étoffe, froissés dans le foulage.
Laine de garde. — m : Laine qui peut se garder. — Laine cardée.
Laine en toison. — m : Coupée sur le dos d'un mouton vivant.
Laine lavée à dos. — m : Lavée sur le dos du mouton avant la tonte.
Laine courte. — m : Bourre, laine bonne pour les étoffes feutrées et foulées.
Laine à carde. — m : Laine courte.
Laine à peigne. — m : Laine longue.
Lainer un drap. — m: Ramener au dehors les filaments froissés dans le foulage.
Laisne. — m : Tissu précieux, où il entrait des fils d'or et d'argent.
Lame. — m : Partie du métier à tisser qu'on lève pour faire passer la trame, et faite en fil ou en laine.
Lamier. — m : Fabricant de lames.
Laminage. — m : Opération qui a pour but d'égaliser et d'étirer le ruban de laine.
Laneure, draps faits en. — m : Terme de l'ancienne fabrique.
Lange, langiex, langieux. — m : Langes, draps, étoffes.
Languel. — a : Serge, sorte de drap.
Lanner. — V : Lainer.
Lannier, lanneur. — m : Ouvrier qui travaillait au lainage. V : ce mot.
Laque. — m : Couleur rouge.
Lavage marchand. — m : Lavage de la laine après la tonte.
Laveuve, étoffe. — a : Etoffe qui déteint.
Léonnaise, laine. — m : Laine d'Espagne.

Lez. — m : Largeur d'une étoffe.

Lias. — m : Petites tringles de bois sur lesquelles sont montées les lames.

Lice. — m : Partie de la lame dans laquelle passent les fils de la chaîne. — On tissait à haute ou à basse lice.

Lice vide. — m : Défaut du drap qui se présente quand un fil de la chaîne n'entre pas dans la lice.

Lignement. — m, a : Fil de lin.

Lincel, linciaux, linceulx. — m : Drap, étoffe, lange.

Linge, drap. — m : Drap fin, léger.

Linier. — m : Ouvrier en fil de lin.

Linomple. — a : Linon, étoffe de fil de lin.

Linsant, passement à. — m : Ruban fait à Reims au 17e siècle.

Linteaulx. — m : Lisières d'un drap.

Lisage. — m : Préparation des cartons destinés à exécuter un dessin d'étoffe.

Liseur. — m : Ouvrier qui perce les cartons destinés à livrer passage aux fils de couleurs qui formeront un tissu.

Lisoir. — m : Grand bâton servant à dégraisser la laine, ou à mêler la teinture.

Lisse. — V : Lice.

Liste. — m : Bordure, lisière.

Listé. — m : Bordé, à lisière, uni.

Litel. — m : Marque que la ville de Reims faisait mettre au XIIIe siècle sur les étoffes fabriquées par ses habitants.

Litel, liteaux. — m : Lisière.

Litter. — m : Faire une lisière.

Loquet. — m : Écheveau.

Loquets, drap de. — m : Étoffe faite avec des débris de bourre et d'écheveaux.

Loquette. — m : Petit rouleau de laine, qui se forme sous la brosse du cardage.

Loup. — m : Machine armée de dents qui sert à battre et à nettoyer la laine.

Louvetage. — m : Opération qui a pour but d'assouplir la laine et d'enlever les corps étrangers qui s'y trouvent.

Luchais. — a : Pelotte, écheveau.

Ludes, étamine façon de. — m : Sorte d'étamine dont la pièce devait contenir II. aunes.

M

Machacoire. — m, a : Outil pour briser le chanvre.

Macher. — a : Briser le chanvre.

Machon. — a : Botte de chanvre roui.

Macquart. — a : Ouvrier qui brise le chanvre.

Macquer. — a : Briser le chanvre.

Maille. — m : Boucle qui livre passage à un ou plusieurs fils de la chaîne.

Maillon. — m : Même sens.

Mante. — m : Étoffe inférieure, faite de laine défectueuse. — Étoffe pour couverture.

Manuée, manvée. — t : Ce qu'on tient de filasse sur le doigt en dépouillant le chanvre.

Marbre, étoffe de. — m : Marbrée, veinée.

Marche. — m : Tringle de bois sur laquelle le tisseur appuie avec le pied pour faire jouer les lames et ouvrir le passage à la trame.

Marches, drap fabriqué à deux. — m : Drap lissé. — Il y avait des étoffes faites à vingt-quatre marches.

Maroc. — m : Étoffe faite de laine et de soie. On en faisait aussi en laine. — Rasée de Maroc : Étoffe dont la chaîne était de soie.

Maure. — m : Couleur brune, cuivrée. — Gris de maure : Brun doré, maure doré.

Medulienne, flanelle. — m : Flanelle douce, moelleuse.

Menus de laine. — m : Débris de laine.

Mère. — m : Marque d'un fabricant.

Mère-laine. — m : Laine de mouton ou de brebis, tondue en Mai ou en Juin.

Mesentrait — m : Défaut dans le rentrayage d'une pièce.

Meseluere. — m : Mélange de drogues pour la teinture.

Mise en carte. — m : Opération qui consiste à mettre les étoffes entre deux cartons chauds pour leur donner du lustre.

Molette. — m : Petit rond en bois, garni de crans, analogue aux éperons, sur lequel tourne la corde du touret du fileur.

Moncayart. — m : Étoffe légère que les merciers pouvaient vendre.

Montage de chaîne. — m : Opération qui consiste à attacher les fils de la chaîne avec ceux du chef d'une autre pièce fixé sur le métier.

Montage de métier. — m : Ajuster toutes les pièces qui composent un métier.

Monter un métier. — m : L'organiser.

Monter une pièce. — m : Préparer la chaîne et la trame.

Monture. — m : Chaîne de l'étoffe.

Mortelaine. — m : Laine tondue sur le mouton mort.

Moulin, tirer un drap au. — m : L'allonger à l'aide d'une roue tournant comme celle d'un moulin. — Moulin : Mécanique qui sert à retordre le fil.

Moulin, tissu fait au. — m : Sorte d'étoffe.

Mouliner. — Réunir plusieurs fils pour les tordre.

Moulinet. — m : Partie du dégraissoir, qui sert à tordre la laine pour en faire sortir l'eau de savon.
Moure. — m : Moire.
Mourée, étoffe. — m : Moirée.
Musc-minime. — m : Couleur composée de gris et de brun.
Musette. — m : Demi-portée.
Mysoye, toile. — m : Étoffe contenant de la soie et de la laine.

N

Naiser. — l : Faire rouir le chanvre.
Naisoir. — l : Routoir.
Naqueter. — m : Tirer avec les dents les boutons qui se trouvent dans la laine peignée.
Naqueteur, naqueteuse. — m, v : Naqueter.
Navette. — m : Outil de bois pointu, qui conduit la trame dans le tissu.
Navette, trou de. — m : Défaut dans une pièce.
Negrepelisse. — m : Étoffe lisse dont la chaîne était de fil et la trame de coton.
Nez, avoir mal au. — m : N'avoir pas mesuré une étoffe exactement.
Nixte, nixe, étoffe. — m : Étroite.
Noix du touret. — m : Partie du métier de bobineur et de celui du fileur.
Noper. — m : V. Epeutir.
Nouage. — m : Opération qui consiste à attacher au chef d'une pièce les fils d'une chaîne.

O

Œuvre. — m : Ouvrage du tisseur dans la journée. — l, t : Filasse : Ce qu'on peut filer en un jour.
Offroy. — m : Broderie.
Ondée, étoffe. — m : Étoffe moirée.
Orfroy. — m : Broderie, garniture, relief d'une étoffe.
Organcin. — m : Soie naturelle non teinte.
Organcinée, soie. — m : Soie naturelle non teinte.
Orier, orière. — m : Bord, lisière d'une étoffe.
Ostade. — m : Étoffe, où il existait du fil et du coton.
Ostade, demy. — m : Sorte d'étoffe.
Ostadine, ostandine. — m : Sorte d'étoffe.
Ourder, ourdir. — m : Placer les fils de la chaîne aussi parallèlement que possible.
Ourdissage. — m : V. Ourdir.
Ouvrier, grand. — m : Fabricant.

P

Pain bis. — m : Couleur grise.

Panne. — m : Étoffe, drap.

Panne de raz. — m : Serge unie, — Étoffe de soie lisse.

Pantine. — m : Masse de soie, gros écheveau de soie.

Parage. — m : V. Parer.

Parée. — m : Colle délayée qui sert à lisser les fils de chaîne quand on les tisse.

Parer. — m : Lisser, fortifier les fils de chaîne avec de la colle liquide.

Pas. — m : Partie de la lame contenant plus ou moins de fils suivant les dessins à reproduire en tissant.

Passe. — m : Commission due au facteur qui faisait vendre une pièce d'étoffe.

Passefils. — m : Outil de fabrique destiné à placer les fils d'une chaîne.

Pavillet, vert. — m : Nuance de vert.

Pecoul. — a : Quenouille.

Peignage. — m : Opération qui a pour but de nettoyer la laine. — Autre opération qui tend à redresser et aligner la laine.

Peigne. — m : Outil à dents de fer, qu'on fait chauffer pour lisser la laine.

Peigne de tisseur. — m : Réunion de lames métalliques ou de roseaux, entre lesquelles passent les fils de la chaîne. — V. Ros.

Pelade, pelage, peleure, pelure. — m : Laine coupée sur des peaux de moutons tués peu après la tonte.

Peluche. — m : Étoffe de laine.

Penchinat. — m : Étoffe de laine.

Penez. — m : Laine de rebut.

Penne. — m : Drap, serge.

Perieaux. — m : Sorte de tissu.

Pers. — m : Bleu. — Pers de Provins : Nuance très estimée au moyen-âge. — Fil pers : Fil bleu pour marquer le linge.

Peson. — m : Balance, — romaine pour peser la laine.

Peson. — Morceau de pierre ou de métal, taillé en rond, percé au centre, garnissant le sommet du fuseau pour lui donner du poids et le faire tourner.

Pied de bleu. — m : première teinture en bleu.

Pied de cuve. — m : Teinture.

Piquer. — Cette expression s'appliquait aux étoffes dont la chaîne était d'une autre couleur que la trame.

Plateaux. — m : Rondeaux qui servent à retenir la chaîne sur le roseau. — V. ce mot.

Pliage de la chaîne. — m : Mise en paquet des fils de chaîne.

Plis. — m : Laine coupée sur des peaux de moutons tués quelques mois après la tonte.

Plomb. — m : Sceau de plomb attaché à la pièce d'étoffe et indiquant sa longueur.

Ploques. — m : Petites portions de laine, qu'on réunit pour en faire le fil.

Ploqueur. — m : Jeune ouvrier de filature qui renoue les boudins de laine les uns aux autres.

Pochet. — m : Fil entourant la broche du touret du fileur.

Poil mort, poil de chien. — m : Poils mêlés à la laine, et qui la gâtent.

Poitrinière. — m : V : Caractère.

Porte-roquete. — m : Terme de fabrique.

Portée. — m : Nombre de fils qui composent la chaîne. — Demi-portée ou musette : Portion de la portée.

Pot. — Usine de foulon.

Pot. — m : Vase de terre contenant du charbon pour chauffer les peignes du peigneur.

Pot, revenir du. — m : Revenir de la foulerie.

Poulie, tirer un drap à la. — m : L'allonger frauduleusement à l'aide d'une mécanique.

Poulier. — m : V : Poulie.

Poupée. — t : Chanvre qui garnit le fuseau.

Poyot. — t : V : Peson.

Pressage à chaud. — m : Opération, qui consiste à faire passer le drap entre deux cartons ou entre deux lames métalliques pour lui donner du lustre.

Pressage à froid. — m : Mise du tissu entre deux cartons ou deux lames de métal pour l'unir et le lustrer.

Presser un drap. — m : Le passer sous un cylindre chaud pour l'allonger (15e siècle).

Q

Quarante, filer en. — m : Tirer 40 écheveaux d'un kilog. de laine.

Quatorze tissu. — m : Étoffe de 1400 fils en largeur : c'était le minimum de la largeur légale des étoffes de la fabrique de Reims au 15e siècle.

Quelongne. — t, m : Quenouille.

Quenoille, quenoigne, quenorelle. — t, m : Quenouille

R

Rable. — m : Petite planche emmanchée d'un long bâton, qui sert à mêler les drogues de teinture.

Raccord. — m : Rapprochement des différentes parties qui composent un dessin imprimé. — Ensemble d'un dessin exécuté.

Racourt. — m : Défaut de dimension légale d'une pièce d'étoffe.

Radouere. — m : Outil de fabrique servant à raser ou à tondre les étoffes.

Rame. — m : Machine de bois autour de laquelle on étend les pièces d'étoffe.

Rame, tirer un drap à la. — m : Chercher à allonger un drap.

Ramer un drap. — m : Le soumettre à une pression humide pour lui donner la dimension voulue.

Rasseoir un drap. — m : Le tendre pour le tondre et l'unir.

Ratine. — m : Étoffe de laine et de fil sec.

Rau, raux. — V. Ros.

Rayé, drap. — m : Drap qui a un défaut dans le sens de la trame.

Rayette. — m : Lisière de laine blanche qu'on devait laisser au chef de chaque pièce pour y poser la marque du fabricant.

Raze. — m : Étoffe lisse. — On disait raze de veuve, raze de St-Cyr.

Razée grise. — m : Sorte d'étamine grise.

Remettage en échet. — m : Destruction d'une chaîne pour remettre les fils en échets.

Remise. — m : Ensemble des lisses combinées pour produire un effet.

Rempli. — m : Croisement de la trame et de la chaîne.

Rentraire. — m : Faire des reprises dans l'étoffe. — Rentraire une chaîne : Passer ses fils dans la lame.

Rentraite, rentraiture. — m : Reprise, réparation faite à un tissu.

Rentrayage. — Passage des fils de la chaîne dans la lame.

Rentrayeuse. — m : Ouvrière qui raccommode les tissus.

Rentrayer. — V. Rentraire. — Faire entrer les fils de la chaîne dans la lame.

Rentrer. — m : Se dit d'une d'une étoffe, qui se resserre après avoir été mouillée.

Rère. — m : Raser une étoffe, la tondre.

Restins, passement chevillé fait aux. — m : Sorte de ruban fait à Reims au 17e siècle.

Retendeur. — m : Ouvrier qui étend les pièces lavées sur des pièces de bois cylindrique.

Retendre. — m : V. Retendeur.

Retordoir. — m : Moulin à retordre.

Retordre. — m : Rendre le fil plus serré.

Retort, fil. — m : Fil tordu, serré, fin, solide.

Retraict, drap. — m : Mouillé et retreci.

Retraité, drap. — m : Drap qui a

subi deux lainages et deux tontes.

Revêche. — m : Etoffe de laine pour doublure.

Riaucourt, riocourt. — m : Roucoux, graine du roucouyer employée à teindre les étoffes.

Rissart. — m : Étamine bourgeoise.

Rissart, demi. — m : Sorte d'étamine.

Ro. — m : V. Ros.

Rochet. — m : Instrument qui servait à dévider la laine et la soie

Roder. — a : Rouïr le chanvre.

Roe vuide. — m : Défaut dans une pièce d'étoffe qui obligeait au XIIIe siècle l'ouvrier à payer indemnité au fabricant.

Roe, roue. — m : Rouge.

Roet. — a : Rouet.

Roie du drap, avaler et monter la. — m : Terme de l'ancienne fabrique.

Roié. — m : V. Rayé.

Roise, roissoir. — m : Petite pièce d'eau où on fait rouïr le chanvre.

Romagne. — m : Laine d'Italie.

Rondeaux. — m : Terme de l'ancienne fabrique.

Ros. — m : Réunion de lames, de roseaux, de fer, ou de cuivre entre lesquelles passent les fils de la chaîne : c'est ce qu'on nomme aussi peigne.

Rose. — m : Marque représentant une fleur, apposée autrefois par le teinturier sur la pièce qu'on lui confiait à teindre, et indiquant par sa nuance celle du fond de l'étoffe.

Roseau. — m : Rouleau de bois sur lequel est montée la chaîne de l'étoffe à tisser.

Rot. — V. Ros.

Roteur, rotière, rotour, routoir, rutoir. — m, a, t : — V. Roise.

Rouillette. — m : Instrument de l'ancienne fabrique.

Royal, drap. — m : Drap léger.

Royale, étamine à la. — m : Étamine lisse.

Royet. — m : Sorte d'étoffe.

S

Saison, saisson, drap. — m : Drap de Saxe, ou de laine de Saxe.

Samit. — m : Etoffe de soie très précieuse.

Sangle, fil. — m : Fil simple.

Sarpilière, serpilière. — l : Grosse toile. — Toile mise sous le métier pour recevoir les débris de laine.

Sarrette. — m : Plante employée pour teindre en jaune.

Sautriot. — m : Défaut dans le tissu. — Tisser par sautriot.—

m : Faire passer la trame irrégulièrement dessus la chaîne pour faire des dessins.

Sayette, poil de. — m : Coton, fil de coton.

Sechage à la rame. — m : Opération qui consistait à étendre et faire sécher l'étoffe dans les dimensions qu'elle doit avoir.

Seche, année. — m : Année de travail sans résultat.

Ségovie. — m : Laine d'Espagne, laine de première qualité : on donnait autrefois le nom de Ségovie à tout ce qui était très bon. — Ségovie : Étoffe de laine très fine.

Sendal. — m : Étoffe de soie.

Senevez, seneveuse. — m : Plante employée en teinture.

Seranger. — a : Peigner la chanvre.

Serans, serantz, seris. — a. m : Sorte de peigne à dents de fer pour peigner la laine ou le chanvre.

Serge. — m : Étoffe de laine croisée et commune.

Serge drapée. — m : Serge moëlleuse.

Serge raze blanche. — m : Lisse, sèche ; la pièce devait avoir en longueur 20 aunes de Paris, et en largeur une demi-aune et un demi-quart. — On faisait aussi de la serge demi-soie.

Sergette. — m : Sorte de serge, nommée aussi raz de Pologne.

Sergetterie. — m : Fabrique de serge.

Sergier. — m : Ouvrier en serge, fabricant de serge.

Sibérienne. — m : Drap épais croisé.

Signeau. — m : Division d'une pièce d'étoffe. — Chaque signeau devait contenir vingt dents.

Silésie. — m : Sorte de drap.

Six vingts, filer à. — Faire cent vingt échets avec quatorze livres de laine.

Soie. — m, a : Coton.

Soie d'Amérique. — m : Coton. — Courte soie.

Soie, courte. — m : Coton.

Soie du levant. — m : Grande soie.

Solognote. — m : Laine de Sologne.

Sorgeon, sourgeon, surgeon. — m : Paquet de chanvre non dépouillé.

Sortir du pot. — m : Revenir du foulage. — Étoffe sortant du pot : Raccourcie et retrécie.

Sourtonture. — m : Bourre, courtes laines dont l'emploi était interdit dans la fabrique du drap.

Stile de grain. — m : Couleur végétale.

Suin, laine en. — m : Laine non lavée.

Suint, syn, synt. — m : Laine grasse non lavée. — Graisse naturelle de la laine.

Suir. — m, V : Assevir.

Sultane. — m : Drap léger.

T

Table à tondre. — m : Métier sur lequel travaille le tondeur de drap.

Table sèche, drap tondu en. — m : Tondu sur le comptoir du marchand de drap. C'était autrefois celui-ci, qui faisait lui-même subir au drap la dernière tonte.

Tacon. — m : Flocon de laine embrouillée.

Talot. — m : Lisière.

Tanné. — m : Nuance brune.

Taquet. — m : Terme de l'ancienne fabrique.

Tare. — m : Somme retenue sur le prix d'une pièce d'étoffe en indemnité des défauts qui s'y trouvent.

Taré, drap. — m : Drap défectueux.

Tavelle, tissu fait à la. — m : Etoffe, ruban fabriqué à Reims dans le 17e siècle.

Teinturier de grand teint. — m : Au moyen-âge les teinturiers formaient deux corporations : les teinturiers de grand teint teignaient les étoffes fines et employaient les couleur de haut prix. — Les teinturiers de petit teint employaient les couleurs communes et teignaient les étoffes grossières.

Telier, tellier. — m : Tisseur de toile, fabricant de toile.

Telle. — t : Toile.

Temple. — m : Morceau de bois long et étroit faisant partie du métier et servant à limiter la largeur de l'étoffe.

Tessier, texier. — m, a : Tisseur. — Tisser.

Thibaude. — m : Tissu de laine épais et commun, pour doubler les tapisseries. — Manteau de roulier en laine rayée.

Til. — m : Chanvre, fil de chanvre ; fil d'écorce de tilleul.

Tiller, tilloter. — m : Dépouiller le chanvre de son fil.

Tiltre. — m : Tisser.

Tire. — m : Portion des anciens métiers.

Tire, métier à la. — m : Ancien métier qui servait à tisser les étoffes façonnés.

Tire. — m : Sorte d'étoffe de laine. — Tire de Tyr : Étoffe faite en Orient, ou imitée de celle fabriquée à Tyr. — Sorte de tiretaine.

Tirer à poil. — m : V. Lainer.

Tirer un drap. — m : Chercher à l'allonger.

Tireur de lacs. — m : Ouvrier qui faisait lever certains fils pour faire passer la trame et former un dessin.

Tiretaine. — m : Étoffe commune ayant la chaîne en fil et la trame en laine.

Tisserand. — m : Surnom donné

aux Albigeois du xiii⁰ siècle.

Tisserand d'automne. — m : Insecte qui produit les fils blancs nommés fils de la Vierge.

Tisserie. — m : Tissu, fabrique d'étoffe.

Tissi. — m : Tissu, étoffe.

Tissier, tixier. — m : Tisser.

Tissir, tissier, tixier. — m : Tisser.

Tissutier. — m : Tisseur. — Maitre tissutier : Fabricant.

Tistanis. — a : Tissu.

Tistre, tixtre. — m : Tisser.

Tixter en seize cent. — m : Tisser une étoffe dont la chaîne contient 1,600 fils.

Toaille. — V : Touaille.

Tocque. — V : Tosque.

Toielle. — m : Toile fine.

Toile. — m : Tissu, étoffe.

Toile, drap en. — Toile de laine. — m : Tissu non foulé sortant du métier.

Toilette. — m : Etoffe légère de toile pour envelopper.

Toilinette. — m : Étoffe de laine et coton pour gilet.

Toison, laine en. — m : Laine tondue sur le mouton vivant.

Tondage. — m : Opération qui consiste à couper les filaments trop longs sortant du tissu.

Tondeur. — m : V : Tondage.

Tondisse, bourre. — m : Bourre, poils provenant de la tonte des étoffes.

Tordoir. — m : Machine qui sert à faire sortir de la laine l'eau dans laquelle on l'a lavée.

Tordois frisé. — m : Étoffe de laine frisée.

Tortebande. — m : Étoffe.

Tortillonage. — m : Opération dont le but est d'étendre et de consolider le ruban de laine.

Tosque. — m : Étoffe où il entrait des fils d'or et d'argent.

Touaille. — m : Serviette, toile fine.

Touaillon. — m : Toile grossière, torchon.

Touret. — m : Rouet.

Touret. — m : Empreinte du sceau de la fabrique de Reims au xv⁰ siècle.

Touret de fileur. — m : Tour du fileur à la main, rouet. — Touret : Rouet de bobineur.

Tousxule. — a : Tissu.

Toyette. — m : Serviette, toile fine.

Traime. — m : Trame.

Traiter. — m : V. Lainer. — Traitement : V. Lainage.

Tramaillé, drap. — a : Fait avec chaîne et trame.

Traniels, draps. — m : Étoffes de mauvaise qualité, dont la fabrication était prohibée.

Travailler à pas clos. — m : Terme de l'ancienne fabrique.

Travailler à pas ouverts. — m : Terme de l'ancienne fabrique.

Travers, tondre un drap au. — m : Terme de l'ancienne

fabrique.

Traversage, drap en. — m : Drap non ramé.

Travouil. — a : Dévidoir.

Travouiller. — a : Dévider.

Trayme. — m : Trame.

Trefil. — m : Ruban de fil.

Treille. — m : Croisement de la trame et de la chaîne.

Treiller. — m : Tisser, croiser.

Treillis. — m : Étoffe tissée, croisée.

Tremaillée, étoffe. — m : Faite à la trame.

Trème, treime, tresme. — m : Trame. — Ballot de 14 livres de laine dont le fileur devait faire de 110 à 120 échets.

Tremès, tremes, tremis. — m : Trame. — Tissu. — Tissé, croisé. — Epoulet : voyez ce mot.

Treslis. — m : Tissu fait avec chaîne et trame.

Tresmé, drap. — m : Drap fait à la trame, opposé à drap feutré.

Tridaine, tridenne. — a : Tiretaine, étoffe de laine.

Triolis. — m : Sorte d'étoffe.

Trippe de velours. — m : Sorte de velours dont la chaîne était de fil, et la trame de soie ou de coton.

Triqueballe. — m : Petite corbeille qui sert à secouer les débris de laine qui tombent sous la claie du batteur de laine, et les séparer de la poussière.

Triqueballer. — m : Secouer la laine pour la séparer de toute poussière. — V. Triqueballe.

Tristamie. — m : Couleur brune.

V

Vaisseau à fouler. — m : Pot de foulon, usine de foulon.

Vaude, écorce de. — m : Teinture jaune. — V. Gaude.

Veluel. — m : Velours.

Verge. — m : Mesure légale qui servait à auner les draps.

Verger. — m : Mesurer les draps avec la mesure légale.

Vergeur. — m : Auneur juré.

Vermaux, vermeux. — m: Rouge.

Vermeiller. — m : Teindre en rouge.

Versains, versaines, draps à.

— m : Etoffe de l'ancienne fabrique.

Versains, fin gris à. — m :

Versuis, draps à. — m : Étoffe de l'ancienne fabrique. Quand ce drap était fait en blousse blanche, la pièce devait avoir 38 portées à 13 fils. S'il était fait en laine longue, la pièce devait avoir 45 portées à 13 fils.

Versuis, fin gris à. — m : Etoffe de l'ancienne fabrique.

Versuis, moyen gris.— m : Etoffe de l'ancienne fabrique.

Vert. — m : On teignait à Reims en vert celadon, en vert pomme, en vert de mer, en vert naissant, en vert gai, en vert pavillet, en vert brun, en vert choux.

Vertillon. — m : V. Peson.

Viaurisse, laine. — m : Laine longue.

Vilton, vilton croisé, viltoné. — m : Étoffe de laine.

Voede, voide, vouede. — m : Guede, couleur bleue foncée, bleu noir, pastel.

Voidotte. — m : Pastel, plante qui donne une couleur bleue.

Voie. — m : Passage d'un drap sur les chardons.

Voile, voilette. — m : Sorte d'étamine fabriquée pour faire des voiles aux religieuses.

Volant. — m : Partie du dégraissoir qui sert à tordre la lame pour en faire sortir l'eau de savon.

Voté. — m : Morceau de bois garni de dents, entre lesquels passent les fils de chaîne au moment du collage.

W

Wade, waede, waude, wayde, wede. — m : Voyez Voede.

Warance. — m : Garance, couleur rouge.

Wouwle. — a : Teinture jaune.

X

Xiston. — a : Vert de gris, couleur verte.

Xir. — Couleur noire.

Y

Ynde. — m : Couleur bleue.

Z

Zéphir, drap. — m : Drap léger, casimir.

GLOSSAIRE

ANCIEN & MODERNE

Du Berger Champenois.

A

Aborter. — t : Avorter.

Affilée. — t : Maladie des agneaux, qui ont bu le premier lait de leur mère.

Affiner, s'. — t : S'achever, prendre du goût.

Agne, agné. — m : Agneau.

Agnelage, aguelement. — t, m : Mise bas de la brebis.

Agneler. — m : Mettre bas l'agneau.

Agnelet. — t : Petit agneau.

Agnelle. — m : Jeune brebis.

Aigne. — a, m : Bête à laine.

Aigneler. — t : V. Agneler.

Aingnelier. — m : Berger d'agneaux.

Aliton. — m : Jeune porc.

Allouvière. — a : Piége à loup.

Amble. — t : Décoction d'herbes et de son pour les vaches.

Amette. — a : Auge, mangeoire.

Anhet, anoux. — a : Agneau.

Antenoise, bête. — t, m : Bête de 15 à 24 mois.

Appatis. — m : Pâturage, fourrage.

Aran. — a : Bélier.

Aranc. — m : Toit à porc.

Aroy, arroy. — m : Bélier, bouc.

Atestar. — a : Porc châtré.

Atropeler. — t : Mettre en troupeau.

Aumaille. — t, m : Bête à corne.
— m : Genisse.

Aumalière, aumaline, aumeline, bête. — t, m : Bête à corne.

Avertin. — t, m : Maladie de tête des bestiaux.

Avorton. — t : Agneau qui n'est pas venu à terme.

Azi. — a : Composition destinée à faire cailler le lait.

B

Bachoe, bachoue. — t, m : Vase de bois à mettre le lait.

Bacon. — t : Porc.

Bacottée. — m : Fourrage pour les brebis.

Bagnolet. — m : Baquet à mettre le lait.

Barattée. — m : Ce qui reste de laitage, quand on a fait le beurre.

Baratton. — m : Vase à battre le beurre.

Barbillon. — m : Excroissance qui vient sur la langue des bestiaux.

Barraque. — t : Cabane de berger.

Bartil. — m : Instrument destiné à battre la crême.

Bat-beurre. — m : Outil à battre le beurre.

Battebure. — m : Vase à battre le beurre.

Battoire. — l : Vase de bois dans lequel on fait le beurre.

Bature. — l : Laitage restant, quand on a fait le beurre.

Belie. — a : Berger.

Belin. — a : Mouton.

Bequereaulx. — a : Agneau d'un an.

Berbis. — m : Brebis.

Bercier. — m : Berger.

Bergeret. — a : Houlette.

Bergerot. — a : Berger.

Bergis. — m : Brebis.

Bergine. — a : Brebis.

Beric. — a : Bergerie.

Bertard — m, a : Mouton châtré.

Bertondé. — m : Tondu.

Besaigre, lait. — m : Lait fermenté.

Bestial. — m : m : Bétail.

Bestourner. — m : Tordre les parties génitales d'un animal de manière à les paralyser.

Bet. — t : Premières gouttes de lait données par la brebis, qui vient de mettre bas.

Beudy. — a : Étable.

Beutier. — m : Bouvier.

Beuty. — a : Bouvier.

Bezaine. — a : Brebis de deux ans.

Bicat, bichat, bichetas. — a, t : Chevreau.

Bierbis. — m : Brebis

Bierre. — m : Ratelier de la bergerie, mangeoire.

Bime. — a : Vache.

Biquat. — m : Chevreau.

Bique, biquet, biquette. — m : Chèvre, chevreau, chevrette.

Bisaille de couvraine. — m : Vesces semées avant l'hiver pour la nourriture du bétail au printemps.

Blanche, bête. — m : Mouton.

Boerie. — a : Étable, ferme.

Bœutier. — m : Vacher, bouvier.

Boirat. — a : Bouvier.

Bouchet. — t : Maladie des agneaux

qui boivent le lait des brebis fatiguées.

Bouquette. — a : Chèvre, chevrette.

Bouquin. — m : Fromage passé.

Bourousse. — t : Auge extérieure d'un toit à porc.

Bourrel. — m : Veau de 6 à 12 mois.

Bourret. — m : Agneau de 6 à 7 mois.

Bouse, bouset, bousot, bousse. — m, t : Fiente.

Boutaqueux. — t : Ver de fromage.

Bouvelet. — m : Jeune bœuf.

Bouveraude. — t : Herbe qui croît au mois de mars, dangereuse pour les brebis. — Maladie de gorge qui atteint celles, qui mangent de cette herbe.

Bouveret. — a : Culture avec des bœufs.

Boyle. — a : Chèvre.

Brebial. — a : Troupeau de moutons.

Brèche. — m : Mouton qui perd ses dents.

Brecier. — a, t : Berger.

Bregier. — a : Berger.

Brehain, brehaigne. — m, a : Stérile, impuissant.

Bride. — m : Linge placé sous le ventre du bélier pour l'empêcher d'approcher des brebis.

Brider. — m : Attacher la bride. — V. ce mot.

Broce de mamelle. — t : Bout du pis.

Brout. — m : Jeunes pousses d'arbres, bonnes pour les bestiaux.

Broust. — t : Action de brouter; pâture.

Brugier. — a, t, l : Beugler.

Bu, bûe. — a, m : Bœuf.

Bugle. — a : Bœuf.

Buissier. — a : Lieu où on trait les vaches.

Bulée. — m : Mélange d'orge, de pois, et de lentilles pour les bestiaux.

Burre. — m, t : Beurre.

Butier. — a : Bouvier.

C

Cabot. — m : Corne du pied de la vache.

Cabre, cabri. — m : Chèvre, chevreau.

Cabrette. — m : Chèvre.

Cabriolé. — a : Moucheté.

Cageret. — m, t : Moule de bois ayant un fond d'osier dans lequel on pose le fromage pour le faire égoutter.

Caillette. — t : Estomac de veau tué quand il tétait encore, salé et desséché pour faire de la présure.

Cajette. — V. Cajotte.

Cajère. — t : V. Cajotte.

Cajot. — t : Tissu de jonc ou de paille sur lequel on pose le fromage quand il est consolidé.

Cajotte. — t : Claie en osier sur

laquelle on pose le fromage pour le laisser sécher.
Calabre. — m : Vieux mouton qui perd ses dents.
Canivet. — t : Lancette du berger.
Casiot. — t : Caillette de veau pour faire la présure.
Castrat. — a, m : Mouton.
Cayebotte. — t : Lait à demi caillé.
Cayot. — t : Caillette de veau pour faire la présure.
Cazeret. — t : V. Cageret.
Chaceleu. — a : Louvetier.
Chaigle. — a : Parc à moutons.
Chaillate. — m : Mélange de légumes séchés.
Cham. — a : Petit banc où s'asseoit la bergère qui trait une vache.
Champaigne. — m, t : Plateau d'osier sur lequel on pose le fromage.
Champlier. — t : Mener le bétail aux champs.
Champoyer. — t : Pâturer, mener le bétail aux champs.
Chastris, chastron. — m, t : Mouton.
Chazeret. — t : Panier d'osier à plusieurs étages sur lesquels on pose les fromages pour les faire sécher.
Chazeron. — t : Moule en terre cuite ou en osier pour faire le fromage.
Chazerotte. — t : V. Cajotte.
Chazière. — V. Chazeret.
Chevrette. — t : Instrument de musique dont jouaient les bergers.
Clair lait. — m : Petit lait.
Clabaux, clabot. — a, t : Clochette mise au col d'un mouton.
Claquembec, claquembet, claquembert. — m, t : Fromage mol.
Claveau, clavel, clavelée. — t : Maladie contagieuse dans les troupeaux de moutons.
Claveler, claveliser. — m, t : Communiquer la clavelée.
Clisson. — a : Bâton de berger.
Coche. — m, t : Truie châtrée.
Cocleman. — t : Mouton au col duquel pend une sonnette.
Codzon. — m : Cochon.
Cohit, coït. — t : Accouplement.
Coins. — m : Dents du fond de la bouche du mouton.
Commun, fromage. — t : Fait avec le lait non écremé.
Conge. — m : Mangeoire creusée dans une poutre.
Conseigle. — m : Mélange de froment, de seigle et de pois.
Coteau. — m : Porc.
Cotron. — m : Cochon.
Couillu, mouton. — m : Bélier.
Crame. — t : Crême, écume.
Craye, fromage de. — m : Sorte de fromage dur, séché au four.
Crêche. — m : Mangeoire, auge.
Crèpe. — a : Mangeoire, auge.
Creute. — m : Bergerie taillée dans un roc.
Cuiret. — t : Collier de cuir pour le chien de berger.

D

Dagorne. — a : Vache, qui n'a qu'une corne.

Darnie. — t : Maladie du mouton, vertige.

Dauve. — t : Herbe marécageuse, contraire aux brebis. — Maladie de celles qui en mangent.

Déparc. — t : Changement de place d'un parc à moutons.

Dépiauter un mouton. — m : L'écorcher.

Dernerie, dernuerie. — m : V. Darnie.

Doublier. — m : Mangeoire double.

Doublon. — t, m : Veau de 12 à 24 mois.

Dragée. — m : Mélange d'avoine, de vesces et de pois.

Dravière de couvraine. — m : Vesces semées avant l'hiver pour la nourriture du bétail.

Dzenisse. — m : Génisse.

E

Eclisse. — t, m : Moule d'osier ou de bois pour faire le fromage.

Ecouflure. — m : Colique du bétail.

Effourer. — t : Donner du fourrage.

Effourures. — t : Débris de fourrage.

Emparcher, emparquer. — t : Enfermer les moutons dans un parc.

Encœur. — t : Maladie inflammatoire des vaches.

Endauvée, brebis. — t : Malade pour avoir mangé de la dauve. — V : ce mot.

Enfissielé, fromage. — m, t : Fromage mou, non passé.

Engement. — t : Veau né d'une vache donnée à cheptel.

Engrais d'herbes. — m : Nourriture du bétail dans les pâturages.

Eperneaux. — m : Ouverture dans les claies du parc des moutons.

Esburé, fromage. — m : Fait avec du lait écrémé.

Escourre les moutons. — t : Les secouer pour les réchauffer quand on vient de les tondre.

Estahieux. — t : Agneau malade.

Estime. — m : Science des heures à l'aspect du ciel, familière aux bergers.

Etaule. — m : Etable.

Etine. — t : Brebis vierge.

Etranguillon. — m : Esquinancie de bestiaux.

F

Faite-lait. — m : Lait caillé.
Faonner. — t : Mettre bas.
Fassiele. — t, m : Claie d'osier, sur laquelle on posait le fromage pour le faire égoutter.
Fecelle, feisselle, fessielle. — m, t : V. Fassiele.
Feu. — m : Maladie des porcs.
Feuillée. — m : Fourrage composé de feuilles sèches.
Feurre. — m, t : Fourrage.
Feurrel. — t : Herbe qui fait enfler les moutons.
Filée. — t : Maladie des moutons.
Fin, fromage. — m : Fait avec du lait non écrêmé, et de la crême qu'on y ajoute.
Fiscele. — m, t : V. Fassiele.
Foicelle. — t : V. Fassiele.
Foie pourri. — m, t : Maladie des moutons.
Foindre. — t : Couler, s'amollir.
Fointier. — m : Grenier à foin.
Formage. — m : Fromage.
Forme, fourme. — t, m : Fromage, moule pour le faire égoutter.
Former, se. — Se cailler, se consolider.
Fouetter. — m : Châtrer les moutons à l'aide d'un bout de fouet dont on leur lie les parties génitales.
Fourbure. — m : Mal de ventre des moutons.
Fourmage de presse. — m : Fromage pressé dans un moule.
Fourmigier. — m : Marchand ou fabricant de fromages.
Freumège. — l : Fromage.
Fromagée, fromagie, fromagiez, fromagire. — a, m : Jatte de lait et de crême dans laquelle on émiette du pain.
Froumage, froumège. — m, t : Fromage.

G

Gade. — a : Chèvre.
Gaillot, gayot. — m : Chevreau.
Gain, fromage de. — V. Grain.
Gamère. — a, m : Maladie des moutons.
Gluie, gluis. — m : Fourrage.
Gode. — a : Vache.
Godin. — a : Jeune taureau.
Godinette. — a : Génisse.
Gore. — a : Truie.
Goret. — a : Petit cochon.
Gouri. — m, t : Petit cochon.
Gouyère. — m : Mesure de crême.
Grain, fromage de. — m, t : Fromage fait après la récolte, en septembre.
Graisse d'herbe. — m : Nourriture du bétail dans les prés.

Graisse sèche. — m : Nourriture du bétail à l'étable.
Gras, fromage.— t, m : Fait avec le beurre.
Gras beau, gras bouc, gras houc, gras veau. — m, a : Cri des bouchers dans les villages quand ils cherchent des veaux gras.
Gravielle. — m : Fourrage de vesces.
Grelette. — t : Brebis vieille et maigre.
Gremelet. — m : Bouteille de lait et de mie de pain.
Griefve, bête. — t : Bête pleine.
Grivelé. — t : Moucheté.
Grumeleux, fromage. — m : Rempli de grains durs.
Grumelot. — m : V : Gremelet.
Gueurlette. — t : Brebis.
Guoitron. — t : Partie de la gorge des moutons.

H

Hairdi. — a : Vacher.
Hannoyeux. — m : Berger.
Harde, hairde. — a : Troupeau communal.
Henue bonne. — t : Herbe qui guérit les moutons de la clavelée.
Herbe à cochon. — m : Plante bonne pour le bétail.
Herbe dure. — m : Plante recherchée des moutons.
Herbier, herbis. — a : Pâturage.
Herdal. — a : Chemin pour le troupeau communal.
Herde.— a : Troupeau communal.
Herdier.— a : Vacher communal.
Hersant, dame. — m, t : La louve.
Houardeux. — m : Berger. — Houarder : Garder un troupeau.
Houler la terre. — t : Ramasser un peu de terre avec la houlette pour la lancer aux moutons.
Hourdage. — m : Plancher de perches placé au dessus des bergeries pour supporter des bottes de foin.
Hyable. — t : Herbe que les moutons mangent au mois de décembre.

I

Issangrin. — m, t : Le loup.

J

Jaseron. — m : Moule d'osier pour faire le fromage.
Juscarime. — t : Herbe bonne contre le claveau.

L

Laffilée. — t: Maladie des agneaux qui ont bu le premier lait de leur mère.

Laiche. — m : Foin de mauvaise nature.

Landon. — t : Bâton que l'on met au col des bêtes pour les empêcher de fuir.

Lat. — m : Lait.

Latte. — m : Outil qui sert à mêler la crême.

Lauche. — m : V : Laiche.

Leche. — m : V : Laiche.

Lentillat. — m : Fourrage composé de seigle et de lentilles.

Leu. — m, a : Loup.

Loeste. — t : Luette, partie de la gorge.

Loquette. — a : Bâton de berger.

Louvel, frère. — m, t : Le loup.

Lovel. — m : Loup.

Litte, brebis. — t : Brebis qui a conçu.

M

Maêton. — m : Mouton.

Maige, fromage. — t : Fait avec du lait écrêmé.

Maigue. — a : Petit lait.

Maladie rouge. — m : Hydropisie des moutons.

Mangeole. — t : Herbe appétissante pour le bétail.

Maout. — a : Mouton.

Marran, marreau, marrot. — a : Mouton.

Mate, matte, — maton. — m, t : Lait caillé, fromage à la crême.

Maucorne. — m : Mélange de pois et de vesces.

Megue, megui. — a, m, t : Petit lait.

Melotte. — t : Peau de brebis avec sa laine.

Meot. — a : Mouton.

Méotie. — a : Droit féodal sur les moutons.

Méridienne. — t : Repos des moutons à midi.

Mesgue. — m : Petit lait.

Mitoyennes. — m : Dents situées à droite et à gauche de la mâchoire du mouton.

Mol, fromage. — m : Lait caillé.

Mogin. — a : Lait caillé.

Moncorne. — m : Mélange de pois et de vesces.

Morfonture. — t : Réfroidissement du bétail.

Mouchon. — a : Ce qu'une vache donne de lait.

Mouillure. — m : Écoulement qui indique qu'une brebis va mettre bas.

Mouton de ranc. — t : Mouton engraissé à la bergerie.

Moutonne. — m : Brebis châtrée.

Moutonneau. — m : Mouton de 15 mois à 2 ans.
Muguet sauvage. — t : Plante qui ressemble au trèfle, mais nuisible aux moutons.
Muisson. — a : V. Mouchon.

N

Noue, nouée. — a : Pâturage.
Nouet de linge. — m, t : Linge dans lequel on enferme la présure.
Nourri, le. — m : Pâturage communal. — Le troupeau qu'on y conduit.
Nourrien, nourrisson, nourriture. — m, t : Pâturage, fourrage.
Nourriguier. — a : Nourrisseur de bétail.

O

Oeille. — m : Brebis.
Officier, petit. — m : Petit berger.
Ogniau. — m : Agneau.
Ombroier. — t : Faire reposer un troupeau à l'ombre.
Orond. — m : Mouton qui a toutes ses dents.
Ouailles. — m : Moutons.
Ovailles, oves. — m : Brebis.

P

Padoence. — a : Pâturage communal.
Padouer. — a : Mener un troupeau dans un pâturage communal.
Paisson. — m : Pâturage.
Paquis, pasquis. — t, m : Pâturage communal.
Parc, coup de. — m : Déplacement du parc.
Parquer. — t : Dresser le parc, y enfermer le troupeau. — Parquer en blanc : Arrêter le troupeau sans l'enfermer.
Passer un fromage, faire. — t : Le faire fermenter.
Pastis, pâtis. — m, t : Pâturage.
Pauler. — l : Nettoyer un toit à porc.
Pesat. — m : Mélange de légumes secs pour les bestiaux.
Petelles. — a : Fientes de chèvre.
Peutils. — m : Fourrages.
Picorée. — a : Combat de bestiaux.
Piétain, piétin. — m : Maladie du mouton.
Pillard. — m, t : Petit berger.
Pinces. — m : Dents placées au centre de la mâchoire du mouton.
Piquette. — m : Lait caillé mêlé avec de la crème.
Plaine. — m : Pâture communale, plateau d'une montagne.

Poacre. — t: Maladie qui attaque le museau des agneaux.

Poicher. — t : Paître.

Poicholle. — t : Herbe courte, recherchée des moutons.

Porcelet. — m : Petit porc.

Porcelette. — Petite truie.

Portière, bête. — t : Brebis pleine.

Posson. — t : Amble pour les porcs. — V. Amble.

Poucel à tige rouge. — t : Herbe nuisible pour les moutons, fleurissant en juin. — Poucel à tige verte : Herbe bonne pour le bétail.

Poucet. — t : Maladie des agneaux.

Pouchelet. — a : Petit porc.

Pourçai. — a : Porc.

Pourriture. — m : Maladie des moutons, cachexie aqueuse, hydropisie.

Pouture, engrais de. — m : Nourriture du bétail dans la bergerie.

Prainte, brebis. — a : Brebis pleine.

Prangelier. — a, m : Faire reposer le troupeau.

Prangie. — a : Troupeau, repos du troupeau.

Prangière. — t : Heure du repos pour les moutons.

Preignant, brebis. — a : Pleine.

Preime, brebis. — a : Pleine.

Prendre. — t : Se former, se consolider.

Préure. — t : Présure.

Primal. — t : Agneau parvenu à sa première tonte.

Prise, vache chassée et. — t : Qui a conçu.

Proye. — a : Bétail surpris en délit.

Putrin. — m : Eau de fumier.

Q

Quars. — a : Mouton, bélier.

Quazerette. — a : Panier d'osier où l'on fait sécher les fromages.

Quetine. — t : Brebis vierge.

Queue, mouton qui se manie bien à la. — t, m : Bon à manger, dont la queue est large et moelleuse.

R

Rabbardeure. — t : Tête de mouton.

Rafourage, donner le. — a : Donner du fourrage.

Ran. — a : Bélier.

Ranc, rang, range. — m, a : Toit à porc, étable, bergerie. — Mettre au ranc : Mettre à l'engrais ; attacher une bête au ratelier.

Rate, la. — m : Maladie du mouton.
Ressuier, se. — m : Se sécher.
Retenir. — m : Concevoir, engendrer.
Retenues. — l : Bestiaux donnés à cheptel.
Ringer. — m : Ruminer.
Roch, roche, rocquet. — m : Fourrage.
Rond. — m : Mouton qui a toutes ses dents.
Rongne. — m : Maladie qui attaque le dos des moutons.
Rossignol à glands. — m : Porc.
Rouamer. — a : Ruminer.
Rouge, bête. — m : Bête à corne.
Routis. — a : Route pour les moutons.
Runge. — t : Rumination.
Runger. — m : Ruminer.

S

Saue. — m, a : Toit à porc.
Sausserotte. — t : Vase de bois qui sert à lever la crême.
Saut. — m : Accouplement du bétail.
Sauvres. — t : Herbe nuisible au bétail.
Sener. — a : Châtrer.
Seu, seute. — m : Toit à porc.
Sinaux, sinet, sinot. — m : Grenier à foin établi sur des perches faisant le plafond des bergeries.
Sonnaillier. — t : Mouton qui porte la sonnette.
Sonre, porc de. — m : Porc d'un an.
Sou, soue. — l, a : Toit à porc.
Soure. — m : Troupeau de jeunes porcs.
Stalt, staule. — a : Etable.
Suivant d'une brebis. — m : Son agneau.

T

Tablier. — m : Linge attaché sous le ventre du bélier pour l'empêcher de saillir.
Taivin. — l : Taon, mouche.
Tardillon, tardon. — m : Agneau en retard.
Taur, taurai. — a, m : Taureau.
Taure, taurie. — a, m, y : Genisse, vache.
Taurin. — m : Jeune taureau.
Tauriner. — a, m : Féconder la vache.
Tect à porc. — m : Toit à porc.
Tecter. — m : Allaiter.
Tendre, fromage. — t : Fromage de Brie.
Tendron. — m : Veau ayant moins de six mois.
Tenelette. — a : Vase de bois à

mettre le beurre.

Tenratre. — t : Agneau chétif.

Terçon. — m, t : Veau de 24 à 36 mois.

Tet à porc. — m : Toit à porc.

Tondaigeon, tondaille, tondoison. — m, a : Saison de la tonte.

Tor, torai. — a : Taureau.

Tore, torie. — a, m, y : Genisse.

Toriau. — m : Taureau.

Torin. — m : Taureau.

Torvatte. — t : Herbe bonne contre la clavelée.

Torve, veue. — t : Regard de travers, maladie du mouton.

Tournis. — m : Maladie du mouton, vertige.

Toutebonne. — t : Herbe pour guérir les moutons du mal de tête.

Touzard. — m : Agneau en retard.

Trainard. — m Petit berger.

Traite. — m : Action de traire.

Traveure, travure. — a : Plancher de perches supportant le foin au dessus des bergeries.

Trayon. — a : Bout du pis.

Trayot. — a : Pot pour traire le lait.

Treucher. — t : Frapper de la corne.

Tribar. — a : Bâton attaché au col des bestiaux pour les empêcher de courir.

Tricol. — a : Bête dont la peau a des taches de trois couleurs.

Tropai, troupai. — a : Troupeau.

Troupe. — m : Troupeau.

True. — a : Truie.

Tume. — t : Herbe bonne contre le claveau.

U

Umbraier, umbrager. — t : Faire reposer le troupeau à l'ombre.

Usages, Usuelles. — a : Pâturage communal.

Ure. — a : Bœuf sauvage.

V

Vachelin. — l : Sorte de fromage.

Vachère. — a : Etable. — Vacher.

Vacherie. — a : Troupeau de vaches.

Vachis. — a : Vacher.

Vagant. — m : Petit berger.

Vain, fromage de. — m, t : Fromage fait après les récoltes.

Vairiolé, vairolé. — t : Moucheté.

Vais. — a : Veau.

Vaque. — m : Vache.

Vaquerie. — a : Etable.
Vassive. — a, m : Jeune bétail à corne.
Vatche. — m : Vache.
Véel. — m : Veau.
Véeler.— m : Mettre bas un veau.
Véelier, véeslier. — t, m : Berger, éleveur de veaux.
Veiche, vêche. — t : Vache.
Veixe. — a : Vache.
Verrau. — m, a : Verrat.
Vey. — m : Veau.
Viau. — m : Veau.
Vivres. — m : fourrage.
Voie. — m : Ouverture dans les claies du parc.
Voin, fromage de. — V. Grain.

W

Wain, fromage de. — V. Grain.
Warder, wouarder.— m, a : Garder un troupeau.
Wouardeux. — a, m : Berger.

Y

Yringnier. — t : Maladie des brebis : Enflure et mal de tête.
Yssangrin. — t, m : Le loup.

GLOSSAIRE

ANCIEN & MODERNE

du Cabaretier et du Vigneron de Champagne.

A

Abeuvrage. — a : Impôt levé sur le vin et les boissons.

Abeuvron. — a : Verre, tasse.

Ablet. — m : Raisin qui commence à mûrir.

Ablet, la bête à l'. — m : Éclair de chaleur dans les beaux jours de septembre.

Aboire. — t : Boisson.

Acerbe, vin. — m : Fait de raisins verts.

Acevelle. — a : Verre, écuelle.

Achabler. — a : Planter des échalas ; battre avec un échalas.

Ache, ace, asse. — m : Hachette, outil de tonnelier.

Accoller. — m, t, y : Attacher la vigne à l'échalas. On donne à cette opération le nom d'accolage.

Ados. — m : V. Dos, à.

Advoutrer la vigne. — a : La tailler.

Aerole. — a : Cruche.

Aeuiller. — a : Remplir un tonneau jusqu'à l'œil, c'est-à-dire jusqu'au bondon.

Afaul. — a : Bouchon, enseigne d'un cabaret.

Afeurage, aforage. — a : Droit prélevé sur les boissons. — Mise à prix du vin.

Agregi, vin. — m : Vin vert, aigre.

Agrenet, vin. — m : Vin aigre.

Aigrat, aigret. — a : Raisin vert.

Aigrevin. — a : Vinaigre.

Aigrun. — m, a : Raisin vert.

Aiguardin. — a : Eau-de-vie, esprit de vin.

Aine. — m : Peaux et pepins du raisin, marc.

Aisil. — a, m : Vinaigre. — t : Échalas.

Albane. — t : Raisin à longue queue, sorte de chasselas.

Amaige. — a : Impôt perçu sur les tonneaux vendus en détail.

Amassage. — a : Impôt mis sur le vin.

Ambêcho. — a : Verre.
Ambourg. — a : Bière.
Amphore. — a, m : Cruche, bouteille.
Ampoule. — m : Bouteille.
Anchette. — m : Entonnoir.
Ancroche. — t : Latte de bois placée horizontalement dans une treille abritant une allée.
Andanse, andause. — a : Serpe.
Anière. — a : Cuve, tonneau.
Annelé, cep.— m : Vigne malade, au pied de laquelle se forme une exostose.
Ansée. — a : Seau ou panier à anse pour les vendangeurs.
Anteille. — t : Taille de la vigne.
Aouté, sarment. — m : Marcotte de vigne.
Appetissement. — m : Impôt mis sur le vin vendu en détail.
Apre, vin. — m : Fait de raisins verts.
Arbane, arbone. — t : Sorte de raisin bon et abondant, qui se récolte après les premières gelées.
Arc. — m : Sarment taillé et recourbé.
Aristoloche. — m : Plante dont le voisinage passe pour donner un mauvais goût au raisin.

Artillon. — m : Amende contre le tonnelier, dont les tonneaux n'étaient pas faits suivant les règles.
Assade. — a : Hoyau.
Assat. — t : Outil de tonnelier, hachette.
Assis, droit d'. — m, t : Impôt mis sur les vins, qui voyageaient par eau.
Assises de la vigne. — m : Façons de la vigne, attache. — a : Échalas.
Ausch. — t : Sorte de raisin aussi nommé meslier doux. Voyez ce mot.
Auxois. — m : Raisin analogue au pineau gris. Voyez ce mot.
Avaler un tonneau. — m : Le descendre à la cave.
Avaleur de vin. — m : Homme de peine, dont le métier était de descendre le vin à la cave.
Avé.— m : Sorte de raisin.
Avernas. — a : Raisin noir, originaire d'Auvergne.
Avoultrer. — a : Tailler la vigne.
Awernas. — a : V. Avernas.
Ayme. — a : Mesure de vin.
Aysil. — a : Vinaigre.

B

Bachel rouge.— Raisin de qualité médiocre.
Baioi.— a : Hotte de vendangeur.
Bairigne. — a : Rangée de ceps garnis d'échalas.
Bajoe. — a : Hotte de vendangeur.
Balonge, balotte. — l : Ustensiles

de vendange.

Ban de vendange. — m : Permission publique de vendanger.

Banne. — Panier de vendangeur.

Bannée. — m : Permission de vendanger.

Banvin. — y : Droit du seigneur de vendre ses vins exclusivement avant les autres : quand il avait fini sa vente, il publiait le Banvin, c'est-à-dire la permission de vendre.

Bar-sur-Aube. — m : Sorte de chasselas.

Barillat, barillier. — a : Tonnelier.

Barlon. — m : Cuvier mis sous le pressoir pour recevoir le vin.

Barrage, droit de. — m, t : Droit du seigneur sur les vins vendus.

Barre. — m : Partie de cerceau.

Bassenage. — m : Droit féodal d'un bassin de raisins.

Bassière. — m, l : Fond du tonneau.

Batier. — m : Petit cheval employé à la culture des vignes.

Baver. — m : Laisser couler le vin.

Beaunois. — y : Raisin blanc de qualité médiocre, nommé ailleurs pineau blanc ou gamet blanc.

Bec-mare. — m : Ver qui ronge la vigne.

Bêche. — m : Insecte nuisible à la vigne. (Famille des Rhynchitis.)

Becher le marc. — m : Le couper, y mettre de l'eau pour en tirer une liqueur.

Benne. — a, m : Panier de vendangeur.

Berthouzet, plant de. — m : Sorte de raisin noir.

Besivre. — a : Deux fois ivre.

Beuastre. — m : Pot à boire.

Beuère. — a : Ivrogne.

Beuerie. — a : Ivrognerie.

Beuverage. — a : Boisson, offrande, ou redevance en vin.

Bevrage. — m : Pot de vin.

Biberon, bibeton. — m, a : Verre, tasse à goûter le vin.

Biertan. — a : Impôt sur la vente de la bière.

Binage. — m : Culture du sol de la vigne au hoyau.

Biner. — m : Cultiver la vigne au hoyau.

Binette. — m : Hoyau, bêche.

Bione. — m : Sorte de raisin blanc.

Blanc doré. — a : Raisin blanc, nommé ailleurs pineau blanc.

Bobillon. — m : Petit tonneau.

Boete. — t : V. Boite.

Boisseau. — Mesure de vigne contenant environ six verges.

Boite. — l : Provision de vin pour une année, — boisson.

Boite, vin en. — l : Vin bon à boire dans l'année.

Bon blanc. — m : Raisin analogue au pineau blanc.

Bon noir. — m : Raisin nommé

ailleurs Franc Pineau.
Bondine, bondon. — m : Bouchon, goulot de bouteille.
Borde noir. — m : Sorte de raisin noir.
Bostelage. — V. Bouttelage.
Botte, bottage, bottelage. — m : Tonneau de vin.
Boucel, bouchel. — m, t, a : Bouteille, tonneau.
Bouchon. — m : Enseigne de cabaret, cabaret.
Boudenat. — m : Bondon d'un tonneau.
Bougelot. — t : Petit baril.
Bouhade, bohade. — V: Bovade.
Bouire. — m : Bouteille de terre.
Bouquet. — m : Parfum du vin.
Bourchier. — a : Pot de vin en étain.
Bourdelois. — m : Raisin d'outre-mer, à gros grains blancs, cultivé en treille.
Bourguignon. — a, l, m : Raisin noir.
Bourru blanc. — y : Bon raisin cultivé à Joigny.
Bourru, vin. — m : Vin qui sort de la cuve en fermentant.
Boutage. — V. Bouttelage.
Bout, raisin en. — m : En fermentation.
Bouteris. — a : Tonneau.
Boutte. — a, m : Tonneau.
Bouttelage. — m : Droit sur la vente des tonneaux de vin ou des bouteilles.
Bouvieux. — m : Raisin de seconde pousse, qui se présente à l'extrémité des branches.
Bovade. — t, y : Droit du seigneur de faire conduire ses vins par ceux qui possédaient une charrette et deux bœufs.
Bras, braux. — a : Grains préparés pour faire de la bière.
Breis. — a : V. Bras.
Brimbelle. — l : Teinture pour colorer le vin. — Fruits qui ont cette propriété.
Brimés, raisins. — V. Taconnés.
Brinde. — a : Santé, toast.
Brindesingue. — a : Ivresse.
Broc, broche, broché. — t, m : Pot de vin.
Broche, vendre le vin à. — m : Le vendre en gros.
Brochette. — m : Sarment taillé sur pied.
Broisseron. — a : Robinet, bouchon.
Bromardier. — a : Ivrogne.
Brometz. — a : Grappe de raisin.
Broquelet. — m : Bouchon de bois du tonneau.
Brout. — m : Pousse de la vigne.
Brulure. — V. Rougeau.
Brunche. — m : Insecte nuisible à la vigne.
Bruyère de Mailly. — m : Raisin estimé pour faire le vin mousseux.
Bucjol. — a: Forêt.
Buffet, vin de. — m : Vinaigre.
— Buffeter : Altérer le vin, le gâter.
Buffetier. — m : Vinaigrier.
Buge. — a : Voiture pour con-

duire le raisin au pressoir.
Buhe. — a : Cruche.
Buire. — a, m : Bouteille en terre.
Bungne. — m : Bois du cerceau.
Bureau. — t : Sorte de raisin analogue au pineau gris.
Buse. — m : Tonneau.
Bussart. — m : Tonneau. — Ivrogne.
Bustarin. — m : Ivrogne.
Buvraige. — m : Vin, boisson.
Buze. — m : Entonnoir.
Byon.— a : Pot de vin, bouteille.

C

Cambage. — a : Impôt mis sur la bière.
Cambe. — a : Bière, brasserie.
Cambier. — a : Brasseur.
Caque. — m : Petit tonneau qui devait être haut de 25 pouces, 4 lignes. — Mesure de vin contenant 1 hect., 3 lit., ou 126 pintes.
Carité. — m : Pot de vin.
Carpot. — m, t : Impôt mis sur les vignes, et sur le vin vendu en détail.
Carrette. — a : Outil pour mettre un tonneau en perce.
Cartage. — m, t : Impôt mis sur la vente du vin.
Casier. — a : Cellier, chantier de cave.
Casse. — m : Explosion du vin de Champagne mousseux, qui brise la bouteille.
Caucadoire. — a, m : Cuvette où l'on foulait le raisin avant de le mettre en cuve.
Cauve. — a : Cave.
Cave, chef de. — m : Ouvrier qui dirige les travaux du commerce de vin.
Caviste. — m : V. Cave.
Ceinture de la reine. — t, m : Impôt mis sur le vin et destiné aux dons faits à la reine lors de son mariage.
Celerage. — m, t : Droit dû lorsqu'on mettait le vin en cellier.
Celet.— m : Seau de vendangeur.
Cepage.— m : Taille de la vigne.
Cerceau. — a : Enseigne de cabaret, cabaret.
Cerchel. — m : Cerceau.
Cercle. — m : Cerceau. — Vin en cercle : vin en tonneau.
Cérigny. — t : Sorte de raisin aussi nommé Servinien. V : ce mot.
Cerne, cernel, cernelière. — a : Cerceau.
Cervoise. — a, m : Bière.
Cervoisier. — a, m : Fabricant de bière.
Chablis. — a, y : Échalas, treille.
Chacqueux. — a : Pressoir, ouvrier qui y travaille.
Chamboler. — m : Chanceler comme un homme ivre.
Chambris. — a : Treille.
Chanet. — a : Sorte de raisin.

Chanteau, chantel. — m, t : Impôt mis sur le vin vendu en détail. — Planche de bois pour faire un tonneau : elle devait avoir de 5 à 6 pouces de large.

Chantelage. — m, t : Impôt mis sur les chantiers de cave, sur le vin vendu en détail.

Chantier. — t : Pièces de bois disposées de manière à recevoir les tonneaux.

Chaoutrer la vigne. — m : Couper ses branches inutiles.

Chapeau de la vendange. — m : tout ce qui s'élève au dessus de la cuvée.

Chaptel. — a : Pressoir.

Chardonnet. — t : Sorte de raisin.

Charité. — a : Vin d'un marché.

Charnier. — a : Échalas.

Chasselas croquant. — m, t : Variété de raisin blanc.

Chassoux. — m, a : Outil de tonnelier.

Chastrer la vigne. — m : Couper les brins inutiles.

Chaume. — y : Sorte de raisin commun, gros plant.

Chauqueur. — V. Chacqueur.

Chavan. — a : Panier de vendange.

Chenet. — a : Mesure de vin contenant quatre pots et une pinte.

Chenevoteau. — t : Vin cuit, liqueur.

Chenu. — t : Cave qui reçoit le vin sortant du pressoir.

Cherchel. — a : Berceau.

Cherigny. — t : Sorte de raisin. — V. Cérigny et Servinien.

Chevelu. — m : Filaments des racines.

Chevet. — m : Terre amassée au sommet d'une vigne pour regarnir le sol.

Chevre. — 1 : Cannette. — Cheville.

Chief d'un tonneau. — m : Sommet d'un tonneau.

Chimé. — t : Mercuriale, plante dont le voisinage nuit à la vigne.

Chopaine. — m : Chopine.

Chosqueur. — V. Chacqueux.

Chuler. — t : Boire d'un trait.

Citre. — m : Cidre.

Clairet. — m : Vin de Bordeaux. — l : Sorte de vin assez médiocre.

Clerc, vin du. — m : Gratification donnée aux clercs des officiers de justice.

Collerette. — m : Droit dû avant de mettre un tonneau en perce.

Collet. — Point où la jeune pousse sort du brin de l'année précédente.

Collier le vin. — a : Le couler.

Commande. — m : Partie du cerceau.

Comptant. — m : Impôt mis sur les vignes.

Compost. — m : Amas de terres entraînées au pied de la vigne par la pluie, que l'on mélange avec des engrais pour fumer le sol.

Coulage, coulée, coulure. — m : Destruction des jeunes grappes par la pluie.

Couler. — m : Se dit de la grappe

dont la pluie emporte le fruit.
Couleux noir. — m : Sorte de raisin peu estimé.
Coulisse, temps. — m : Temps qui fait couler le raisin.
Coulois, vin. — a : Vin coulé, fait.
Congé, vin de. — m : Vin que l'on boit en se séparant.
Corée, courée. — m : Portion du cep étendue à terre et courbée. — t: Tige de vigne en treille.
Corsé, vin. — m : Vin fort, généreux.
Courai. — t : Racine de vigne.
Courgée. — m : Sarment taillé et courbé.
Courseau, courson. — m, t : Petit sarment, auquel on laisse de 1 à 3 yeux.
Couturier. — m : Insecte qui ronge la vigne.
Cowe. — m : Queue. V. ce mot.
Craper. — m : Grapiller.
Croutte. — m, t : Bouture de vigne de la dernière pousse avec un talon de bois de la pousse extérieure.
Croye. — m : Substance blanche qui se trouve le matin sur les raisins mûrs.
Cruquignon. — m : Cruche de vin.
Cuder. — t : V. Queuder.
Cueillette. — m : Vendange.
Cuet. — t : Cuveau.
Cueviaulx. — a : Cuve, tonneau.
Cuider. — t : V. Queuder.
Cuile, plant de. — m : Sorte de raisin cultivé à Châtillon-sur-Marne.
Culcrotté. — m : Insecte nuisible à la vigne (famille des Otiorinques).
Cunche. — m : Insecte nuisible à la vigne (famille des Rhynchites).
Curette, curotte. — t : Petite serpette.
Cuvelle. — a : Cuve contenant deux hottées de raisin.

D

Dameret. — t : Sorte de raisin.
Damery. — l, t : Sorte de raisin.
Dames, vin des. — m : Vin blanc doux.
Dandlin, danderlin. — m: Vaisseau en forme de cône renversé servant à porter le vin de la cuve au tonneau.
Davy. — t : Outil de tonnelier, semblable au sergent des menuisiers.
Débourber le vin. — m : En retirer la lie.
Decuder, decuider. — t : V : Dequeuder.
Dégorger le vin. — m : Tirer le vin au clair, le dégraisser.
Dequeuder. — y : Faire moins de vin qu'on ne croyait.
Dessomachage. — l, t : Voyez

Ebourgeonnement.

Détalage. — l, t : Taille de la vigne.

Détour. — m : Raisins de rebut.

Deuve. — a : V : Douvain.

Dezay. — m, l : Fausset, robinet.

Didier, Facan de St. — l : Bon raisin, analogue au gros Pineau blanc.

Doé. — a, l : V : Douvain.

Doisil. — a : Fausset, robinet.

Doré, plant. — m : Raisin noir délicat.

Dos, à. — t : Intervalle existant entre deux fossés creusés pour le provignement.

Dose. — m : Mélange d'esprit et de sucre destiné à donner au vin les qualités qui lui manquent.

Doser. — m : Mêler au vin de l'esprit et du sucre pour lui donner les qualités qu'il n'a pas.

Douce, boire à la. — m : En mêlant de l'eau au vin.

Douille. — m : V. Douvain.

Dousil. — m, l : Fausset, robinet.

Douvain, douve. — a : Bois pour faire les tonneaux. — Planchettes préparées pour les construire.

Douzemage. — a : Impôt du douzième denier mis sur la vente du vin.

Douzemier. — a : Officier qui levait le douzemage.

Drauche. — a : Résidu des grains qui ont servi à faire la bière.

Droyen. — y : Sorte de raisin médiocre cultivé à Joigny.

E

Ébourgeonnement. — t, m : Taille de brins inutiles à la vigne.

Ébrancher. — m : Rogner les brins de vigne qui dépassent l'échalas.

Ébrouter. — m : Tailler les pousses inutiles de la vigne.

Échalas. — m : Il devait autrefois être long de 4 pieds : il fallait tirer 50 échalas à la botte.

Échaller, échalatter. — m : Mettre les échalas à la vigne.

Échame, échameis. — t, y : Vigne dont les échalas sont liés entre eux par des perches parallèles au sol.

Échampelé, bouton. — m : Bourgeon de vigne en retard.

Échampillée, vigne. — m, y : Vigne dans laquelle la grande chaleur a empêché les bourgeons de se former pour l'année suivante.

Echalas. — l : Échalas.

Eclire. — m : Passer un tonneau à l'eau pour voir s'il ne fuit pas.

Ecoller. — t : Attacher l'échalas à la vigne.

Effanage. — a : Coupe des feuilles et des branches qui fatiguent la vigne et cachent le fruit.

Effaner. — a : Débarrasser la vigne des feuilles et des branches superflues.

Effeuillure. — m : Bois dont il était défendu de faire des tonneaux.

Egrappage. — m : Vendange. — Grapillage.

Egrapper. — m : Vendanger, grapiller.

Eigrin, eigrun. — a : Raisin vert.

Emouchement. — m, y : Opération qui consiste à rogner le sommet des bourgeons inutiles.

Enchevaler un tonneau. — m : Fixer des cerceaux doubles à ses deux jables. — V. ce mot.

Enfoncer un tonneau. — m : En faire le fond.

Enfonçure. — m : Planchettes qui forment le fond du tonneau : elles devaient avoir 2 pieds de long et 6 à 7 pouces de large.

Enfumé. — m : Sorte de raisin gris, dont le vin est facilement malade de la graisse. V. ce mot.

Enfumé noir. — a : Sorte de raisin dont le vin est médiocre.

Enjallée, vigne. — a : Maltraitée par la gelée.

Ensommeler un tonneau. — m : Fixer les cerceaux doubles aux deux jables du tonneau. —
V. le mot jable.

Enteille, entaille. — t : Taille de la vigne.

Enveuille. — t : Grappe avortée.

Epamprer. — m, t : Arracher les bourgeons inutiles.

Epaulon. — y : Grappe avortée.

Epicier blanc. — y : Raisin estimé.

Epicier noir. — y : Raisin estimé.

Epinette. — m : Raisin blanc, analogue au Pineau blanc.

Erinée. — m, y : Maladie de la vigne : taches rousses, qui paraissent sous la feuille.

Erzain, erzan. — m : Raisin.

Eschalasser, eschelatter. — V : Échalasser.

Escharson. — m : Échalas.

Espallement. — m : Mesurage d'un tonneau.

Esplein vert. — m : Raisin médiocre et tardif.

Essai. — m : Petite fiole du vin remise à l'acheteur comme échantillon.

Esse à parer cuveaulx. — m : Hachette, outil de tonnelier.

Etape au vin. — m : Halle au vin.

Event, goût d'. — m : Goût du vin dont la bouteille est mal fermée.

Eventé, bois. — m : Bois gâté dont il était défendu de faire des tonneaux.

Evêque, plant l'. — m : Sorte de raisin noir, analogue au Franc pineau.

199

F

Facan. — l : Raisin blanc, analogue au gros Pineau.
Feoder. — a : Tonneau.
Feulette. — l : Tonneau.
Feuille ronde. — l : Sorte de raisin blanc.
Feuillette. — y, m, t : Tonneau.
Fette de vigne. — t : Mesure de terrain, contenant 5 ares 37 centiares.
Ficher. — t, y : Planter des échalas.
Fier, vin. — m : Acide, vert.
Fiers. — a : Sorte de raisin âpre.
Fil d'argent. — t, m : Sorte de raisin.
Fiouler. — t : Boire à petites gorgées.
Flache. — t : Échalas trop faible.
Flatron, flatrou. — t : Tablier de vigneron, garni de poches.
Flattin. — t : Couteau de vendangeur.
Flourence. — m, y : Moisissure du bois du tonneau.
Focan. — l : Raisin analogue au gros Pineau blanc.
Foier une vigne. — m : La piocher.
Forage, fourage. — a, y, m : Droit sur le vin vendu en détail.
Fou, vin. — m : Vin blanc nouveau.
Fouder, foudre. — l, a : Tonneau.
Fourche. — t, m : Grappe avortée.
Franc Pineau. — m : Raisin noir de bonne qualité.
Français. — t : Raisin de qualité médiocre.
Fratin. — a : Monceau de vieux échalas.
Fromenté. — m : Raisin blanc estimé.
Fromenté violet. — t : Raisin délicat.
Fromentin. — m : Raisin blanc fin.
Frustratoire. — t : Vin cuit, vin sucré.
Fumé. — a : Sorte de raisin.
Fust, fut. — a, m : Tonneau, bois du tonneau. — Goût de fust : Goût du vin, qui sent le bois du tonneau.
Fustaille. — m : Tonneau.
Fustaillier. — m : Tonnelier.

G

Gagi, gagui. — a : Cuve, cruche.
Galiez. — m : Boisson fermentée.
Galle. — m : Maladie de la vigne.
Game, gamé, gamet. — m, t, l : Raisin de qualité médiocre, mais très abondant. — Gamet blanc :

m, t : Peu estimé. — Gamet noir : m, t : Raisin médiocre. — Gros gamet : l, y : — Petit gamet: m, l :— Gamet de Bourgogne : l.

Gamery rouge. — t : Raisin estimé.

Gamière. — t : Vigne cultivée en gamet.

Gauts. — a : Raisins peu estimés.

Gavieaux, bois. — m : Bois défectueux dont il était défendu de faire des tonneaux.

Gayette. — t : Vigne.

Gentil blanc. — l : Sorte de raisin estimé.

Gerçure. — m : Bouton dur qui ne s'ouvre pas.

Gettes. — m : Chantier de cave.

Geule. — y, t : Maladie de la vigne, galle.

Ginguet. — a : Sorte de vin léger.

Godaillle, godalle. — t, m : Mauvais vin, boisson fermentée.

Godailler. — m : Vivre en ivrogne.

Gode, godet. — m : Verre.

Goet. — m : V. Goués.

Goués, gouais, goues, gouet. — m, y, t : Sorte de raisin qui donne du vin rude. — Gouais noir : t, m : Raisin abondant et médiocre. — Gouais Bourguignon : t, m : Raisin peu estimé. — Gouais de Mareuil : m : Fruit médiocre. — Gros gouais blanc : a, m, t: Raisin abondant mais peu estimé.

Gouet. — a : Serpe.

Goulie. — t : Gorgée, contenu d'un verre.

Goulté, vin. — a : Premières gouttes sorties du raisin au pressoir.

Goulx. — a : Raisins peu estimés.

Goupillure. — m : Maladie de la vigne.

Goutte. — t : Premier vin sorti du pressoir. — V. Mère.

Graisse du vin. — m : Maladie du vin. Substance huileuse qui s'y manifeste.

Graisser, se. — m : Devenir huileux.

Grapillon. — m : Grappe avortée.

Gribouri. — m : Insecte nuisible à la vigne. (*Eumolpus vitis.*)

Grioler. — t : Commencer à mûrir.

Gros Colas. — m: Sorte de raisin.

Gros vin. — l : Vin commun.

Grosse nature. — m : Raisin analogue au gamet noir.

Grosse vigne. — y, t : Vigne qui ne se provigne pas et dure plus ou moins longtemps.

Grume. — t, y : Grain de raisin.

Guerçoi, guersai. — t : Provocation à boire. — Guerçailler : Se provoquer à boire, porter des santés.

Guèle. — m, y : Maladie de la vigne, nielle.

Gueoir. — a : Griser.

Guilleri. — t: Goulot de bouteille.

H

Halleboter. — a : Grapiller.
Halleboteur. — a : Maraudeur de vignes.
Hanap. — t, m : Verre, coupe.
Hanapée. — t : Contenu d'un verre.
Haquet. — a : Voiture, qui sert à porter les tonneaux.
Harcelle. — a : Échalas.
Hautin. — y, t : Vigne grimpante.
Havé. — m : Sorte de raisin.
Hetissement. — m : Droit sur le vin vendu en détail.
Hommée de vigne. — m : Ce qu'un homme peut piocher en un jour ; contenance de 10 verges.
Hotte de deux huez. — m : Hotte de cuir double pour les vendangeurs.
Hotteriau. — y : Petite hotte de vendangeur.
Houche pourrissante. — y : Raisin peu estimé.
Houe, houer. — m : Hoyau, pioche de vigneron.
Houté, houteux. — y : Vendangeur qui porte la hotte.
Houteriau, houteriot. — y : Petite hotte.
Huchage de vin. — Proclamation des bancs relatifs à la vendange, à la vente du vin.
Huitième. — m : Impôt mis sur le vin vendu en détail.
Huitiemier. — m : Percepteur de cet impôt.
Hutin. — V. Hautin.

I

Impossible. — m : Verre à tige mince, de forme longue, dont le fond était très étroit, et difficile à vider entièrement.
Isère. — m, y : Maladie des racines de la vigne.

J

Jable. — t : Extrémité du tonneau, fond.
Jacqueçon. — m : Casaque vigneronne.
Jalage. — m : Impôt mis sur le vin vendu en détail. — Jaugeage du vin.
Jale, jalle, jallée, jalon, jallon. — m : Mesure de vin, cuveau, cuve.
Joindoux. — t : Pince avec laquelle on force le dernier cerceau du tonneau.
Justes. — y, m : Mesures légales du vin.
Juter. — m : Rendre du jus.

13*

K

Kunche. — m : Insecte nuisible à la vigne. (*Attelabe Bacchus.*)

L

Labouré, vin. — m : Vin fait, chargé et déchargé à destination.

Lacque. — a : Citerne destinée à renfermer du vin.

Lampée. — t : Gorgée, verre de vin.

Lamper. — t, m : Boire.

Languedoc. — a : Raisin peu estimé.

Larmier. — l : Soupirail de cave.

Lesse — t : Treille sur une allée.

Liage. — m, j : Impôt mis sur la vente de la lie de vin.

Liqueur. — m : Mélange d'esprit et de sucre avec lequel on modifie la nature du vin.

Liqueur, vin de. — Vin doux, sucré.

Lisette. — m : Insecte nuisible à la vigne. (*Attelabe Bacchus.*)

Lolus, vendre du vin à. — m : Vendre en fraude, sans payer les droits.

Lombard blanc. — t, y : Sorte de raisin.

Lombard rouge. — t : Raisin médiocre.

Lot. — m : Mesure de vin contenant deux pots de Paris.

Lot, demi. — m : Pot de vin.

Loubeau. — m, y : Bourgeon stérile.

Louchet. — m : Hoyau.

Lunequin. — m : Boisson fermentée, bière.

M

Madelaine. — m : Raisin hâtif.

Madre. — m : Coupe.

Madrinier. — m : Fabricant de coupes.

Magasin. — V : Compost.

Mahonne, vigne qui. — t : Vigne qui dépérit, qui se sèche.

Mai. — t, m : Table du pressoir.

Maiade, maiesque. — a, m, t, y : Droit du seigneur de vendre seul son vin pendant le mois de mai.

Maigle. — m, t, y : Pioche.

Mairriain, mairrien. — m : Bois pour faire les poinçons : il devait avoir 32 pouces de haut.

Maitre noir. — m : Bon raisin, analogue au pineau franc.

Maizières. — a, m : Clôture de vigne en pierres.

Majenesque. — V : Maiade.

Malessus, goût de. — : Goût du vin tiré d'un tonneau mal nettoyé.

Malin. — l : Sorte de raisin dont on fait du vin rouge.

Mamier. — y : Sorte de raisin.

Mand. — t : Pot, mesure de vin.

Marché, vin du. — m : Pot de vin.

Marcou. — t : Pièce du pressoir.

Marger, marget, margeu. — V : Merget.

Margouillat. — t : Arbre de pressoir,

Marmot blanc, marmot noir. — a, m : Raisin de mauvaise qualité.

Marre. — y, t : Hoyau.

Marrée, vigne. — y : Vigne cultivée au hoyau.

Marteau. — t : Compartiment du treille élevée.

Marteaux. — y : Fossés creusés au pied des vignes, où on arrête les terres entraînées par la pluie.

Matou. — V. Marcoux.

Mauzat. — a : Sorte de raisin.

Megle. — t, y : Sorte de pioche, hoyau.

Melier noir. — m : Sorte de raisin.

Melier vert. — m : Raisin cultivé à Châtillon-sur-Marne.

Melon blanc. — l : Sorte de raisin.

Ménage, menée de vin. — m : Obligation imposée en certains lieux aux vassaux de transporter le vin du seigneur. — Voiture de vin, transport de vin.

Mend. — t : Pot, mesure.

Mercuriale. — m : Plante dont le voisinage passe pour nuire au raisin.

Mère goutte. — m : Vin le plus pur, celui qui sort le premier du pressoir.

Merger. — l, y : Mettre en tas les pierres, qui sont dans le sol de la vigne.

Merget, mergey. — l : Tas de pierres dans une vigne. — De là le proverbe : La pierre va toujours au mergey.

Merrain, merrein, merrien. — m, t : V : Mairriain.

Meslier. — V : Melier. — Meslier doux : t : Raisin de bonne qualité. — Meslier : m : Raisin peu estimé.

Meu. — a : Muid, jauge.

Meunier. — y, m : Sorte de raisin peu estimé.

Meus. — a : Muid, jauge.

Meutier. — a : Jaugeur.

Mezerande. — t : Liqueur fermentée.

Michaut, plant. — m : Raisin cultivé à Châtillon-sur-Marne.

Mielat. — Maladie de la vigne.

Migraine, vin de. — y : Premier crû de l'Auxerrois.

Millier. — m : Les douves (V. ce mot) se vendaient au millier, un millier devait en contenir 1560.

Minage de vin. — m, t, y : Mesurage de vin, droit dû pour le mesurage.

Miner une vigne. — m : La défoncer pour la replanter.

Moaye. — a : Tas d'échalas.

Moayée, mouyée. — a : Tas d'échalas suffisant pour garnir la huitième partie d'une journée de vigne.

Moelleux, vin. — m : Entre le vin sec et le vin sucré.

Moison. — m : Mesure de vin, jauge.

Moîterier. — m, t, y : Vigneron qui partage avec le propriétaire.

Momasser. — y : Retrancher les bourgeons inutiles.

Montagne, vin de. — m : Vin récolté sur les coteaux de Sillery.

More, morée, moret — m : Raisin noir, vin chargé de couleur.

Morillon. — y, l, m : Sorte de raisin noir et blanc.

Mouée de vigne. — m : Journée de vigne. — V. Moayée.

Moust, mout. — m : Vin doux.

Muison. — m, y, t : Droit dû sur le vin porté chez l'acheteur.

Murget. — V : Merget.

Muter. — y, t : Souffrer un tonneau.

N

Napperon. — t : Enseigne de cabaret.

Naye, nayotte, nayure. — t : Bande de linge roulée et appliquée autour du jable des vieux tonneaux. — Nayer : Attacher ce linge. — Nayoux : Outil qui sert à le fixer.

Nef, neif. — a : Tonneau.

Nérien, nériés. — t, y : Sorte de raisin estimé.

Nielle. — m : Maladie de la vigne.

Nille. — a : Filet qui sort du bois de la vigne, quand elle est en fleur.

Noueux, nouous, nouos. — y : Bourgeons, qui partent du collet de la racine.

O

Octual. — a : Mesure de vin.

Œil. — m, t : Pousse laissée au sarment après la taille; bourgeon.

Œil d'un tonneau. — m : Bondon.

Œuvre. — a : Façon de la vigne.

Œuvrée. — m : Ouvrage d'un vigneron en un jour.

Ordon. — t, m : Rang de vendangeurs, ligne de ceps.

Orient, plant d'. — m : Chasselas.

Orléans, plant d'. — y : Vin chargé de couleur.

Ost, vin d'. — Impôt mis sur le vin en cas de guerre.

P

Pachaix. — t : Echalas.
Pachau, pachel. — t : Échalas.
Pacheler. — t : Planter des échalas.
Pachelière. — t : Tas d'échalas.
Paillés, pailleux, vins. — m : D'un jaune pâle.
Pairciaulx. — a : Échalas.
Paissel, paissiau. — a : Échalas.
Pampinée. — a : Filet, qui sort du bois, quand la vigne est en fleur.
Panneau. — t : Treille de vigne sur une allée.
Parçaux. — a, m : Échalas.
Pariaux. — a : Échalas.
Parisien. — l : Sorte de raisin dont on fait du vin blanc.
Passereille, passerille. — a : Raisins séchés au soleil. — t, y : Sorte de raisin sans pépins.
Patrigotage. — l : Altération du vin.
Patrigoter. — l : Frelater le vin.
Pegade. — a : Mesure de vin.
Pelage. — y, t : Droit dû pour charger du vin en bateau ou pour le décharger.
Pendillard noir. — m : Sorte de raisin peu estimé.
Perchée. — y : Ligne de fossés préparés pour le provignage.
Perlusot. — m : Sorte de raisin estimé.

Persir. — m : Pressurer.
Pertuisance. — y, t : Droit payé quand on mettait le vin en perce.
Pesseau, peissiau. — t : Petit échalas.
Petit blanc. — a : Raisin de bonne qualité.
Picher, pichier. — a : Verre en terre cuite.
Pièce. — t, m : Tonneau contenant 2 hectolitres et 6 litres, ou 2 caques. — La pièce de grande jauge renfermait 260 bouteilles. Il n'y en avait que 240 dans la pièce de petite jauge. — Vendre le vin la pièce toute vetue : Le vendre avec le tonneau.
Pincer la vigne. — a, m : La tailler, rogner les branches trop hautes.
Pineau. — m, t, y : Bonne espèce de raisin riche en variétés. — Pineau gris. l, t. — Pineau blanc. l, t. — Gros pineau blanc. l. — Pineau rouge. t. — Pineau d'ailly. t. — Pineau à feuille d'érable. y. — Pineau de Collonge. y. — Pineau commun. y. — Pineau sucré. t. — Franc pineau. a, m. — Vrai Pineau noir. a, m. — Tous ces raisins donnent de bons vins.

Pinte. — m : Mesure contenant 714 millilitres.

Pioche prompt. — y : Sorte de hoyau.

Piouler. — a : Goûter le vin.

Piot. — m. Boisson, vin.

Pipeau. — m : Chalumeau.

Pique, piquette. — m : Boisson faite avec des raisins verts, vin aigre.

Plant doré. — a : Sorte de raisin. — Plant doré d'Ay. — m : Raisin estimé. — Petit plant doré. a : Raisin estimé analogue au Franc Pineau. — Gros plant doré noir. a : Bon raisin — Gros plant doré noir d'Ay. m : Raisin estimé.

Plant doux. — a : Raisin peu estimé.

Plant noir, demi. — a : Bon raisin.

Plant vert. — y : Sorte de raisin. Petit plant vert. — a : Raisin médiocre. — Gros plant vert. — a : Raisin assez bon.

Plant gris. — a : Sorte de raisin. — Gros plant gris. a : Raisin analogue au Franc Pineau.

Plat, vin. — m : Vin sans feu.

Pleyon. — a : Osier préparé pour lier la vigne.

Plion. — t : Sarment taillé et courbé.

Ployant. — m, y : Sarment taillé et courbé pour arrêter la sève.

Ployon. — t, a : Sarment taillé et courbé. — Osier préparé pour garnir les cerceaux.

Pochard. — m : Ivrogne.

Pocillateur. — a : Échanson, celui qui verse à boire.

Pocon. — a : Verre.

Poignée. — y, l, m : Quantité de bois nécessaire pour faire 5 douves.

Poinçon. — V. Pièce.

Popine. — a : Cabaret.

Pot. — m : Mesure de vin contenant 1 litre et 428 millilitres. — Le pot bourgeois contenait un pot ordinaire, plus un quart de pinte.

Potement. — t : Escalier de cave.

Potot. — t : Mesure de vin contenant un quart de pinte.

Pourriture. — m : Maladie de la vigne.

Presseuil, pressuel. — m : Pressoir.

Princesse, vin de la. — l : Vin estimé, récolté à Aubigny.

Provin, prouvin. — m : Cep de vigne couché et couvert de terre pour faire une marcotte. — Provigner : Marcotter la vigne. — Provigner en sautelle, y : Faire des marcottes qu'on ne sépare du pied qu'au bout d'une année.

Purion. — t : Sorte de raisin blanc peu estimé.

Q

Quartel, quarteau, quartault. — m, t : Petite pièce de vin. — Mesure de vin égale à un quart de pinte.

Quarte. — t, y : Mesure de vin égalant quatre pots et un quart de pinte.

Quatrième. — m, t : Impôt mis sur le vin vendu en détail.

Queuder. — y : Faire plus de vin qu'on ne croyait.

Queue, quewe. — y, a, m : Cuve, cuvier, tonneau contenant 2 poinçons, ou 4 hectolitres, ou 480 bouteilles.

Queue d'anneaux. — Sarment taillé et courbé pour arrêter la sève.

Quille. — m : Maladie de la vigne. Taches jaunes et rouges, paraissant sur les feuilles.

R

Raichîn, raissin, raixin. — a : Raisin.

Rainette à marquer vin. — m : Outil aigu et tranchant à l'aide duquel on gravait des marques sur le bois du tonneau.

Rajin. — t : Raisin.

Rang. — m : Tonneau de 25 douves.

Raparoir. — a : Tonneau.

Rapée. — y : Mauvais vin.

Rapuroir. — a : Tonneau.

Raveller, ravelter. — t : Être percé, ne pas garder le vin, baver en versant.

Rebêche, vin de. — m : Vin fait en jetant de l'eau sur le marc, coupé et pressé de nouveau.

Recoulage. — t : Dernier labour de la vigne.

Recercelcr. — a : Remettre en cercle.

Regrappage. — m : Dernière visite des vendangeurs aux pieds de vigne.

Remplage, rempliage. — a, m : Vin ajouté au tonneau pour réparer ses pertes.

Renser un échalas. — m, y : L'effiler pour le faire entrer en terre.

Revergier. — m : Mesurer du vin pour la seconde fois.

Riboud. — m, y : Grappe dépouillée de ses grains.

Ripopée, ripopette. — a, y, m : Mauvais vin.

Rijin. — m : raisin.

Risin. — m : Raisin.

Rivière, vin de. — m : Vin récolté sur les bords de la Marne.

Rigouler. — t : Couler sous le pressoir.

Ro, rob, vin. — m : Vin rouge.

Robin. robine. — m : Robinet.
Rochelle verte. — m : Sorte de raisin blanc.
Roe, vin. — m, a : Vin rouge.
Roi, plant de. — y : Raisin médiocre.
Roissin. — a : Raisin.
Romain. — y : Sorte de raisin.
Romeré. — m : Sorte de raisin blanc estimé.
Romilly. — y : Sorte de raisin blanc.
Ronce. — m : Plante qui passe pour donner mauvais goût au vin.
Roquie, roquette. — m : Verre de vin, de liqueur.
Rouage. — t, m : Impôt mis sur le transport du vin.
Rouge doré. — a, m : Raisin estimé.
Rougeau. — m : Maladie de la vigne. La feuille devient rouge ou jaune, et tombe.

S

Sainguin blanc. — y : Sorte de raisin estimé.
Sapet. — a : Vin cuit, raisiné.
Sapine. — y : Hotte de vendangeur en sapin.
Sappe. — a : Cep de vigne.
Sarpotte. — y, t : Serpette.
Saugier. — m : Poirier à cidre.
Sautelle. — m : Sarment taillé et courbé pour faire une marcotte.
Saulvoultrer la vigne. — a : Retrancher les bourgeons inutiles.
Sec, vin. — m : Vin pur, tonique, sans velouté, ni moelleux.
Serre. — m : Mise du raisin sous le pressoir. — Première serre : Premier jus sorti du raisin. —
Sève du vin. — m : Esprit qu'il contient.
Servinien. — y, t : Sorte de raisin.
— Servinien rouge, servinien cendre — t : Sicotes : m, t : Bourgeons, qui partent du collet de la vigne.
Soiffard. — m : Ivrogne.
Sombrage. — Premier labour de la vigne.
Sommier. — t : Cerceau double fixé aux deux jables du tonneau. — Sommet d'un berceau de vignes.
Sophistiquer. — m : Altérer le vin.
Soquet, souquet. — y, t : Impôt mis sur le vin.
Souci. — m : Plante dont le voisinage passe pour nuisible à la vigne.
Souffrer. — m : Faire brûler du souffre à l'aide d'une mêche dans un tonneau à moitié plein pour que l'odeur pénètre dans le moutet arrête la fermentation.
Soutirer le vin. — m : Le tirer au clair, le dégraisser.
Stappe au vin. — a, m : Halle au vin.
Subille, sybille. — t : Vases de bois qui servent à recueillir le

vin au pressoir.

Subites. — a : Enseigne de cabaret.

Surmot, surmout. — a : Vin doux.

T

Tache. — t : Tablier à poche du marchand de vin.

Taconné, raisin. — m : Raisin séché, quand la vigne est malade du rougeau.

Taillage. — t : Taille de la vigne.

Taille, vin de. — m : Obtenu par le dernier pressurage.

Tailler la vigne à bec de flûte. — m : Donner à l'extrémité du sarment taillé la forme d'un bec de flûte.

Tailler la vigne à vin. — m : Tailler de manière à obtenir beaucoup de fruits.

Talle. — t : Jeune pousse de vigne.

Tallé, raisin. — a : qui commence à prendre de la couleur.

Taller. — m : Avoir des rejetons.

Tain, taine, tainette. — l, a : Petit tonneau.

Tandlin, tandelin. — m, a : Hotte de bois pour transporter le vin.

Tanoires. — m : Sorte de raisins noirs.

Tasdevin, tatevin. — l : Tasse pour goûter le vin.

Tavernage. — a : Amende contre les cabaretiers qui vendaient le vin trop cher.

Teigne. — m : Insecte qui nuit à la vigne.

Tein, teine. — V. Têneau.

Teinte, teinse, teinte, vin de. — m : Vin chargé de couleur, qu'on mêle aux vins pâles pour les colorer.

Teinturier. — y, m : Raisin noir, peu estimé, destiné à colorer le vin pâle.

Teneau, tene, tenette. — m, a : Hotte de bois, petit tonneau.

Tenon. — a, m : Filot de la vigne, grappe avortée.

Tentiveux. — a : Ivrogne.

Terseuil. — m : Mesure contenant cinq chopines de vin.

Tiers. — m : Mesure de vin contenant un peu moins de deux chopines.

Tiersesse, tieresse. — a : Vigne louée au tiers franc.

Timonage. — m, y : Droit levé sur le transport des vins.

Tin, tine, tinelette, tinet, tinette. — m, a : Hotte de bois, petit tonneau.

Tingler. — m : S'aigrir.

Tirage, faire un. — m : Entreprendre pour une année le commerce de vin mousseux.

Tirer. — m : Mettre le vin en bouteille.

Tisanne de Champagne. — m : Vin mousseux de qualité in-

férieure.
Tocane. — m, a : Vin doux. — Mauvais vin.
Toinnelet. — m : Petit tonneau.
Tonosvier. — a : Tonnelier.
Torche d'osier. — m : Botte de 180 brins.
Tounay, touney. — a, m : Tonneau.
Tourner. — m : S'aigrir, s'altérer.
Tourrée. — y : Amas de terre au sommet d'une vigne.
Trainage, traisnage. — y, t : Droit dû sur le transport du vin d'une maison dans une autre.
Traix. — a : Treille, vigne abandonnée dont les brins se mêlent.
Treille. — a, m : Mesure de bois à tonneaux, elle devait contenir 520 douves et suffire à 40 poinçons.

Treix, trexe. — V. Traix.
Trentain, trentein, trenté. — a, m : Tonneau qui contenait 60 setiers de vendange rendant un poinçon de vin ou 36 setiers de vin.
Tresuel. — m : Mesure contenant 5 chopines.
Treub. — a : Pressoir.
Trincaige. — a : Ivrogne.
Trisseau. — y : Sorte de raisin.
Troyen. — t, y : Raisin assez estimé.
Truiller. — a, y : Presurer le vin.
Trullée. — a : Raisins pressurés. — Soupe à la bière.
Tuteau, tutin. — m : Chalumeau.
Tuter. — m : Pomper le vin avec un chalumeau.

U

Urebec. — t : Insecte nuisible à la vigne.

V

Vacheau, vachiot. — t : Tonneau.
Vaissiau, vaissiot. — t, y : Tonneau.
Valisanne. — m : Sorte de raisin blanc.
Vamboire. — l : Cuve.
Van. — m : Vin.
Vas-devant, faire du. — m : Faire du vin avec les premiers raisins mûrs.
Vcherie. — a : Droit dû sur le transport du vin.
Veigne. — y, t : Vigne.
Veignier. — y : Garde vigne. — m : Insecte vert qui court dans les vignes.
Veillette. — t : Filet de la vigne.
Velte. — a, m : Jauge du tonneau.
Velteur. — a, m : Mesureur de vin.
Vendand. — m : Vendange.

Vendangeoire. — m : Bâtiment contenant ce qui est nécessaire pour la vendange.

Vendauche. — m : Vendange.

Vendemier, vendomier. — a : Vendanger.

Venoinge — a, l : Vendange.

Venoingier. — a : Vendanger.

Ventoir. — a : Échalas.

Ventrage. — y, t : Droit dû pour faire entrer ses vins sur la terre du seigneur.

Ver de la fleur, ver de la Saint-Jean. — m : Insecte nuisible aux vignes.

Verdillas. — a : Sorte de raisin médiocre.

Verdure. — l : Jeunesse, âpreté du vin.

Vergage, vergaige. — m : Office, fonctions, droits des mesureurs de vin.

Verge. — m : Mesure légale du vin.

Verger, vergier. — m : Mesurer le vin.

Vergeur, vergier. — m : Mesureur de vin.

Verjuter, faire. — t : Écraser le raisin.

Verreau d'Aillent. — y : Sorte de raisin assez médiocre.

Versai, versoi, versez. — t, m : Provocation à boire.

Versoyer. — m, t : Provoquer à boire, porter une santé.

Vert blanc. — m : Raisin tardif, peu estimé.

Vertau. — m : Bonde de tonneau

Verveine. — m : Plante dont le voisinage passe pour donner un mauvais goût au vin.

Vicaire. — l : Boisson, vin.

Vientrage. — y, t, v : Ventrage.

Vignerie. — a : Vigneronne.

Vignier. — m : Garde vigne.

Vignorer. — a : Vigneron.

Viguerie. — a : Impôt mis sur le vin.

Vin gris. — m : Vin blanc ou peu coloré en rose. — Vin paillé : Vin blanc un peu jaune.

Vin vert. — m : Jeune, âpre.

Vin-pierre. — m : Dépôt pierreux qui se forme dans le tonneau.

Vinade, vinage. — m, t, a : Fermage payé en vin. — Pot de vin. — Impôt sur le vin. — Droit à payer avant de mettre le vin en cuve. — Charroi des vins du seigneur dû par ceux qui possédaient deux bœufs et une charrue. — Impôt dû pour déplacement de vin.

Vinée. — m, t : Cellier, vendangeoir.

Vinette. — t, m : Sorte de grive, oiseau qui mange le raisin.

Vingne. — m : Vigne.

Vingue. — m : Vigne.

Vinosité. — m : Nature du vin, sa force, réunion de ses qualités.

Vintrage. — v : Vinade.

Virte. — a : Mesure légale pour mesurer le vin.

Virvancher. — t : Marcher comme un homme ivre.

Voirre. — m, a : Verre.
Voirrier. — Verrier.
Vrille, vrillette. — t, y : Grappe avortée, filet de la vigne.
Vuair, vuerre. — a : Verre.

W

Wart, Woire. — a : Verre.

X

Xauvoultrer la vigne. — a : La tailler.

Y

Yvroin. — a : Ivrogne.

Z

Zythe. — a : Bière.

TABLEAU

Où sont réunies quelques-unes des variations subies dans les patois de Champagne par la prononciation de la langue française.

Français.	Béru.	Auve.	Somme-Tourbe.	Sainte-Ménéhould.	Possesse.	Alliancelles	Courtisols.	Aube.	Haute-Marne.	Ardennes.
a	o, ou, ai	au, é, ai, an, oa	i, o, y	an, y	é, ai, an, i	o, an, i, ai, é, au	i, é	ai, é	o, é, ai, cy	i, é, au, y, aa
â	o, a, an	a, i, oua	é, o, oua	a	i, in, a	a	. . .	o	é, a	au, oi
oin	on	. . .	on	on	on, oinlle	on	on	. . .	. . .	oin on
oir	uir, oi, oer	oi, oué, oue	oua, oir	. . .	oué, ouir	or	ey	oi	. . .	oi
on	ou, o, an	ou, un	ou, oun	ou, an	oun	un, ou	. . .	on, cn	ou	i, u, eu, un, oun
or	o	o, our	o, our	o	o, our	o, au	o	och, otch, o	. . .	o, os
ou	o, eu, u	o, eou, euil on	. . .	. . .	ou, u, on	aé, a	eo, eou, iou	è, u, eu	o, os, eu	o, aou
our	or, ou	ou, eur	ou	ou	ou	ou	ou	. . .	ou, o	ou
plu	pu, plou	puç, pé, pu	pu, puc	pu	pu	pu	pu	. . .	. . .	pe, pu
pre	. . .	peur	. . .	. . .	pru, peu	. . .	peur	. . .	. . .	. . .
re	er, ar	e, eur	ur, euz	eur, ez	ez, ué	euz, uz	. . .	ze, er, eur	o	e, er
s	g, j, ch	. . .	. . .	. . .	g, ch, j	j, ch	ch, j	z, g, j	g	g, j, ch
tre	te	te	te	te	te	. . .	te, ter	. . .	te	te
u	ou, i, o	eu, un, o	on	on, an	eu, oou	oi, i, in	i, cy	oi, ei, i, eu, ou	ci, eu	ou, é, eu, i
ui	i, y, oi	u, y, ue, ouil, ieul	u, ue, is	i, y, u	eu, euil, oui	euys, ou, u	uye, y	u, eu	u, eu, y	u, eu, y
un	ou, u, oun	in	un, iun	ein, yun	ein, in, iun	. . .	in, yn, iun	ein	ein	in, ein, ing
v	b	f	. . .	. . .	b	. . .	. . .	. . .	. . .	b

TABLEAU

Où sont réunies quelques-unes des variations subies dans les patois de Champagne par la prononciation de la langue française.

Français.	Béru.	Auve.	Somme-Tourbe.	Sainte-Ménehould.	Possesse.	Allancelles.	Courtisols.	Aube.	Haute-Marne.	Ardennes.
a	o, ou, ai	au, é, ai, an, oa	i, o, y	an, y	é, ai, an, i	o, an, i, ai, é, au	i, é	ai, é	o, ó, ai, cy	i, é, au, y, aa
ai	o, a, an, an	a, i, oua, ai	é, o, oua	a	i, in, a, aiulle	a	. .	o	é, a	au, oi, oin
ais	es, os	ous, aus	. .	. .	ins, ous	as, os	. .	os, as	ey	é, a, os, is
ait	ot	è, èt	ouat	ot, ouat	int, oas	ot, aut	ée	o, ie	o, ot, a	ot, oit
an	on, o	in	a	ain	. .	. .	ain	. .	a, in	on, in
ar	au, or	a	a	. .	a, au	o, au	. .	ac, ée, a, ach, atch	a	o, au, aur
ble	le	le, be	le, be	. .	le	le	. .	ve, be	. .	. .
bre	ber	ber, be	. .	. .	ber	. .	bier	ber, vre	. .	. .
c	. .	. .	. .	t	ch, t	. .	ch, t	ch	. .	ch
co	. .	que	quo	. .	. .	. .	. .	que	. .	que
cr	. .	gr	. .	. .	gr	. .	gr	. .	. .	. .
D	. .	. .	. .	t	t	. .	. .	dj	. .	. .
é, ée	o, a, i	oi, eil	eu, u, i	u	u, i, ie	ée, u, o, au	ieu, u	ers, ien, ier, eu, ey, ou, o	ai, o, a	i
eau	iau, ail	iau, é, iex	iau	iau	e, cix, ée	ey, ex	. .	ex, et, iau	. .	oi, a
ec	é, er	eu	u, cu	eux	. .	o, eu	eu, cur	é	. .	é, et
el	. .	al	é	. .	eil, é, il, ex	é, cy	ó, è, cu	al, ey	é	al
en	a, on	a	a, in	à	. .	. .	a, cin, in	. .	. .	é, a, in
ont	ont	ont	ont	ont	ont	ont	aint	ont	. .	ont
cr	ar, i, ié, is	eil, ail	é	é	eil, eir	. .	cur, eu, ay, ey, euir	ey, é, éer, et, ech, ei	re, ro, cy	ay, é, air
es, ez	. .	eil	é	. .	eil, is	o, au	eus	os	. .	ous, o, é, os
eu, eus, eux	ou, u	euil, un, ou u, œou	o, ou	euil, ou, au aoux	o, u, au, ae	. .	ou, aus	ou, ay, os	eiue, ue, oux	o, ai, au, é
cur	eu	œou	iau	eux	oux, aoux, au	ou, ous	ioux	ou, cy	cus	or, eux, eus
G	ch	. .	. .	s	. .	d, dz, z, hou	ch	. .	é	tj, ch, w, vu hou, d
i, il	. .	é	in, cil	ée, in, en	in	in, eil, ci, u	in	ai, in	in, ay	i, é, in
ie, ien	i, iau, ié, en	. .	. .	ié	. .	in	ié, é, in	ié	. .	ió, in, i
ier	i, iar, iey	. .	oier	. .	. .	. .	i, ie, ü	ey	. .	i, ié
in	an	. .	. .	. .	inlle	. .	. .	i	i, ié, ó	on
ir	i	i, in	i	j	i, in, er	i, in	i	. .	. .	air
is, ix	. .	ins	. .	ins	ins, eil	i, in, eye	ins	ins, iche, ige	. .	tj
j	ch	ch	. .	ch	. .	d, dz, z	. .	. .	. .	. .
le	lo, ne	leu, ne, eul	lu, ul, eul	ul, el	lu, ul	. .	eul	leu, lou	ie, leu	. .
n	. .	gne	. .	gne	. .	. .	. .	gn, l	gnc	. .
o	a	. .	ou	. .	on, u, ou	ou	. .	ou, eu	au, ô	a, ou
oi, ois, oit	o, é, an	oué, é, ai, u, on	oua, é, ié, oé	os, ot, oua	é, ou, oué	ot, oé, o, ou, i, in	in, oua, a, ié	oi, oé	a, o, oi, oz, ot	i, é, oé
oin	. .	on	. .	on	on, oiulle	on	on	. .	. .	on
oir	uir, oi, ocr	oi, oué, oue	oua, oir	. .	oué, ouir	or	cy	oi	. .	oi
on	ou, o, an	ou, un	ou, oun	ou, an	oun	un, ou	. .	on, cn	ou	i, u, eu, un, oun
or	o	o, our	o, our	o	o, our	o, au	o	och, otch, o	o, os	. .
ou	o, eu, u	o, eou, cuil on	. .	. .	ou, u, on	aé, a	eo, cou, iou	è, u, cu	o, os, cu	o, aou
our	or, ou	ou, eur	ou	ou	ou	ou	ou	. .	ou, o	ou
plu	pu, plou	puç, pé, pu	pu, puc	pu	pu	pu	pu	peur	. .	pe, pu
pre	. .	peur	. .	. .	pru, peu	. .	. .	. .	. .	. .
re	er, ar	e, eur	ur, cuz	eur, ez	ez, ué	euz, uz	ch, j	ze, cr, eur	e	e, er
s	g, j, ch	. .	. .	. .	g, ch, j	j, ch	. .	z, g, j	g	g, j, ch
tre	te	te	te	te	te	. .	te, ter	. .	te	ou, é, eu, i
u	ou, i, o	eu, un, o	on	on, an	eu, oou	. .	i, cy	oi, ei, i, eu, ou	ci, eu	ou, é, eu, i
ui	i, y, oi	u, y, ue, ouii, ieul	u, ue, is	i, y, u	eu, euil, oui	cuys, ou, u	uye, y	u, eu	u, eu, y	u, eu, y
un	ou, u, oun	in	un, iun	ein, yun	ein, in, iun	. .	in, yn, iun	ein	ein	in, ein, ing
v	b	f	. .	b	b	. .	. .	. .	. .	b

EXEMPLES

D'ALTÉRATIONS APPORTÉES EN CHAMPAGNE A QUELQUES NOMS ET PRÉNOMS.

Adam. — Adnet, Adin, Adinet.
Ægidius. — Gille, Gillet, Gilon, Wiles, Gillotin.
Alberic, Albert. — Aubry, Aubery, Aubriot, Auberon, Alberon, Aubrion, Aubelet, Aubertin.
Alix. — Alison.
Amé.— Amelot, Amin, Amiette.
Anne. — Annette, Nannette, Nillon, Ninon, Nanon, Ninette.
Antoine. — Toinot, Toinon, Toinette, Anuce, Antonin.
Arnould. — Arnold, Arnoul, Ernoul, Ernoux, Ernoulet.
Auguste. — Augst, Aoust, Awast, Awoust, Ayoul.
Barthelemy. — Barthémeus, Bertremius, Berthemieu, Bierthemin, Burthemu, Mahu, Mahieu.
Baudouin. — Baud, Baudet, Baldouin, Badowin.
Catherine. — Catherinette.
Charles. — Karl, Carlet, Charlet, Charlot.
Clarus. — Cler, Claret, Clarin.
Claude. — Glaude, Gloide.
Dominique. — Domenge, Domanget, Dommengnis, Dommenguet, Domengeot, Mangin, Mangeot, Manget.
Drogon. — Dreu, Drouet, Drouard.
Edouard.— Eudouart, Edward, Odoart.
Elisabeth. — Isabeau, Isabelet, Babet, Babette, Zabeth.
Emma.— Emmelot, Emmelette.
Etienne. — Estevre, Estenvette, Estenvenot, Tiennon, Toinette, Tiennot, Stevre, Stephanes, Stev, Stevenin.
Eustache.— Wistace, Huistace, Ystace.
Garnier. — Warnier, Guarneret.
Gauthier. — Wauthier, Gautheron, Gautherot.
Geneviève. — Javotte, Javon.
Geoffroy. — Geffroy, Guiffroy, Gueffray, Jauffret.
Gérard. — Guérard, Grard, Girard. Girardet, Girardot.
Gérome. — Gieraumin.
Gobert. — Jaubert, Gobin, Gobertin.
Guerin. — Garin, Gerin, Guerinet, Garinet.
Gui.—Guidon, Guyot, Guyet, Wido, Wuyet, Wuyart, Guillotin
Guillaume. — Guille, Guillaumin, Willerm, Guillemin, Willemin, Guilleminot, Wilminos.
Herbert. — Herbelot, Herbin, Herbillion.
Hugues. — Hugo, Huguet, Hue, Huet, Huon, Hugon, Huguenet, Higonet.
Jacques. — Jack, Jaquet, Jaquet, Jacot, Jacob, Jacquemin, Jacquemet, Jacquelin, Jaquemart, Jacotin, Jacquesson.
Jehan. — Jehannot, Jean·Jean, Jeannet, Jeannin, Jeannot, Jeannotin, Chon, Jennate, Juhan, Joannes, Jehennot, Jesson.

Jonas. — Yon, Yve, Yvonnet.
Lambert. — Lambin, Lambertin, Lambertet, Lambinet.
Léon. — Lié, Lieart.
Léonard. — Liénard, Linaud, Linard.
Louis. — Ludovic, Lodoÿs, Loéïs, Lowy.
Loup. — Leu.
Madelaine. — Manon, Manette, Manotte, Madelonnette, Mazelaine.
Marc. — Marquet, Marcotte, Mercq.
Marguerite. — Marguet, Margot, Margotin, Marque, Marquitte, Magueritte, Magrisse, Margueron, Gothe, Gogo, Gothon.
Marie. — Mairie, Mariette, Maroie, Maiotte, Mariotte, Marion, Mariole, Marionette, Mariain.
Martin. — Martinet, Martinot, Mertin, Martinon, Martine, Mertenate.
Mathieu. — Mahieu, Mahuichet, Mayeux, Maithion, Matheu, Mathies, Mathiex, Maheu, Mathion.
Mathilde. — Mahaut.
Ménéchilde. — Ménéhould.
Maximin. — Mamin, Mamy, Mesmin, Memin, Même.
Mommie. — Manget, Menget, Menjaud, Mengeat.
Michel. — Miche, Michelin, Michelet, Michelot, Minette, Michelette, Miquiel, Michiez, Miquelet.
Milon. — Mile, Miles, Milet, Milin.
Nicolas. — Nick, Nickel, Nicolais, Nicolle, Niclous, Nicle, Niclet, Niclot, Colas, Colin, Collinet, Colasse, Colet, Collair, Collesson, Collars, Collatte, Collot, Cotaux, Niclos, Nicou.
Odon. — Eudes, Odille, Odillon, Odillet, Odet, Oudin, Oudart, Oudet.
Paul. — Pol, Pau, Pou, Paol, Paoul, Paulet, Paulin, Poulet, Poulot.
Pierre. — Pierret, Pierrot, Pierron, Perron, Perrin, Perratte, Piérette, Perichon, Perrinet, Pierrine, Perronelle, Petronille, Pernelle, Pernot, Pernet, Person, Perricard.
Pons. — Ponsard, Ponsin, Poncelet, Poncelin, Ponsinet, Poinsinet.
Raoul. — Raulet, Raulin, Rollet, Rollon, Raoulet, Raulichet.
René. — Renat, Renas, Renard, Regnard, Regnier, Reynier.
Robert. — Robin, Robinet, Robinot, Robiers, Robertet, Robertot, Robelot, Robeçon, Robichet, Roberjot, Robertin.
Roger. — Rogelet, Roguet, Royer.
Sébastien. — Bastien, Bastine, Sebaistre.
Sigebert. — Soibel, Soibert.
Symon. — Symonet, Symonin.
Sulpice — Souplet.
Théodulphe. — Thiou, Thion.
Théodore. — Thierry, Thédry.
Trudon. — Trond, Tron, Trou, Truyon.
Vitalis. — Viault.

XIIIe SIÈCLE.

Exemples des surnoms et noms adoptés par les familles de Reims, recueillis dans les archives de cette ville.

Thomas Le Bœuf.
Th. Mor-la-Char.
Gille Cochelet.
Henry Chastelain.
Pierre Angelier.
Gilon Bersilain.
Foucaud Quilliet.
Nicolas l'Oiseau.
Henry le Queux.
Raoul Bernage.
Henry le Veau.
Gautier Charnier.
Gui Corbiaus.
Huet le Gras.
Thomas Bouviaus.
N. le Plat.
Adam Piollart.
Pierre le Gouverneur.
Thiebault Helluyns.
H. la Bille.
Garin Goujon.
Eudes Targes.
Gerard Truyette.
Jean Strabon.
Martin Sarnois.
V. dit Cauchon.
G. Goyn.
Jacques Buiron.
Hemard Guyon.
Gobin le Partoys.
B. Guimares.
Hugues Capet.
Henry Macart.
Henry Porte-vin.
Bertrand le Pelé.
Renaud Coquins.
Poncelin Picard.
Ernaud Prious.

Jehan Charpentier.
Richer li Pique.
F. li Paysans.
Aélis Corgine.
Pierre Cuyssart.
Raoult Buffet.
Marjaron Diwys.
J. li Gris.
Jehan li Petiz.
Ranier Vezins.
Rose la Willequine.
Perrot la Pine.
Raoul Bobelin.
Perrot li Keus.
Drouet li Blans.
Naudet le Convers.
W. Guillars.
Robelet Qui-ne-rit.
Henry le Chenu.
Lorin li Frilon.
Remy Estrille.
Haimonet Trongnard.
N. Bardoulet.
Hues li Baille.
Jehelot Erart.
Thiebaus Corée.
Giles Pichés.
Aubrion Puioule.
Ernoul Roussel.
Th. Cheffault.
Oudars Hocart.
Perrot li Nage.
Warnier li Gode.
Jean le Visous.
Colard le Grain.
Jehan Belin.
Guyot Cassine.
Drouet Brodel.

Robert Chenovel.
Ernoulet le Genre.
Jehan Maigret.
Oudet Grihart.
Thoumas Fafadeu.
Buevelet Raulet.
Garin le Taint.
Raoulet Acate-Tout.
Porion Coupeit.
Ernaul li Vrai.
Ponçard li Comte.
Herbert le Herviu.
N. Wautegay.
Heuduyn Cornet.
Gilebin Cantoufle.
Robert Mouton.
Pierre Tue-Buef.
N. Bouillard.
Robin la Personne.
Gile le Riche-homme.
Guy Manchet.
Th. l'Allemand.
Robert Le-Large.
Th. le Borgne.
N. Cuice d'Oie.
Herbert Coupe Bourse.
N. Pain de Seigle.
Labert Pois au Lait.
Aubry Cope-Sac.
Hugue Grosse Tête.

Henry Char de Buef.
Thomas Porcs.
Ellaud le Riche.
Elerembaud le Grignon.
Robin le Bon.
J. Juin.
Simon Pied de Loup.
Hues à la Tâche.
Doinet Talle-Bos.
Jehan Espinart.
Robert Coquelet.
Joffrois Quinquin.
N. Fier-à-Bras.
Hemanet Fagot.
Prieur As Grenons.
Robin Foutel.
Rogelot Jambette.
Jean Waigne Maille.
Waltier le Ramploumeit.
Thomas Thurelure.
Th. Manjue-Pois.
Robin Chopin.
Renier le Frison.
Th. le Buef.
Robin Pesche-Raine.
Harbert Crochet.
Aubry de l'Ostel.
Agnez la Grimaude.
Jehan Oison.
N. le Roi Artus.

XIVᵉ SIÈCLE.

Exemples de surnoms et noms de familles adoptés par les familles de Reims, recueillis dans les archives de cette ville.

R. Barbouillé.
Thomas le Juif.
Biautrix la Boi-l'iaue.
Jehan Courte-queue.
Pierre Courte-épée.

Jehennon, dit Courribet.
Wedeline la Bardine.
Henry le Gieus
Th. Cul par terre.
Jacquet Mouton.

Perresson l'Emperere.
Thierry Triquessel.
Jesson la Boulette.
Jehan le Bon compain.
Jesson Mal-vaut.
P. la Sauge.
Adenet Loial.
Richard Cuer de roy.
D. l'Effloureit.
Jesson l'Enfant.
Jehan le Tenre.
Jehan la Barbe.
Thomas l'Escot.
Rose la Coque.
Jehan la Cote.
Thomas Bien-faisant
Pierre le Cat.
Thomas le Pois.
Jehan le Noir.
Estène, dit le Poure tavernier.
Jehan Hure-lu.
Jehan la Maue.
Ponsart l'Arrabi.
Jehan Petit vallet.
Jehan Coque-dent.
Jehan le Hourlier.
Henry Paufilet.
Aubry Philippart.
Th. Jupin.
N. La Chapelue.
Jacques Culet.
Michiel li Gras.
Hersent la Brutine.
Robins le Buiteus.
Emmelot Grammaire.
Jehesson dit le Thiès.
Pierre dit Pascart.
Aubri dit Chevalier.
Giles Rouciaus.
Gerard dit Trochin.
Menessier dit Patine.
N. Plomme-coc.
Jehan le Picardiaus.
Aubri le Malot.

Gerars Truiette.
Robin dit le Paissioneus.
Jaques Grenier.
Jacques la Personne.
Jehan Allard.
Ernous Couilleri.
Erart la Gaite.
Huet Cabaret.
N. Hurtault.
Jehan dit Gaipins.
Jehan dit Chiffenet.
Guiot dit Levrier.
Hubert Coquebart.
Symon Mor-dret.
Jesson dit Moutonnet
Gilles dit Bouche de lièvre.
Wido dit Fernagut.
Estene dit Prestet
Hue dit Cort faus
Guillaume Yeux de bœuf.
Colin le Tignex.
Perrart Crotin.
Colart Patequin.
Th. Qui-se-maria.
J. Pochon.
J. Heruguet.
N. Fagot.
G. le Camus.
R. Hazard.
N. la Rousse.
Collin Mallaquin.
Martin Taon.
N. Herbin.
Perresson Havet.
O. Puissant.
N. la Baculeresse.
J. li Pipe.
N. Bonnart.
J. Gériné.
Henry la Chièvre.
Adan Crie-Maille.
Huet Blanchard.
N. Sallehadin.
N. Maschefer.

R. Tassin.
H. Laubijois.
Rolland Hanneqnin.
N. Domenget.
Renaut Julion.
A. Piz de Buef.
Ph. Paillart.
Gobert Sarrazin.
Jehan la Gobe.
Jehan Cligne Oreille.
N. Millet.
Jacques Cunchiar.
Jehan Margouillis.
P. Lemoine.
Th. Gauvain.

Colin Pince-Leu.
Th. Cornu.
N. Drouet.
J. Male-Part.
Colin la Cariolle.
Colart Charlier.
Raoul dou Chayne.
Herbin Waflard.
Thiébauld Bodille.
J. Patoulet.
Le grand Thierry.
Jehan Prévost.
J. Paté.
Jehan le Gallois.

EXEMPLES

DE SURNOMS HISTORIQUES DONNÉS A QUELQUES VILLES ET VILLAGES DE CHAMPAGNE. — LOCUTIONS PROVERBIALES LES CONCERNANT (1).

L'Armanson, mauvaise rivière et bon poisson.
Li bruneor d'Aucerre.
Les foireux d'Auxerre.
Les culs crottés d'Avenay.
Avenay les Dames.
Les huguenots d'Ay.
Le bon vin d'Ay.
Les faux de Saint-Basle.
Le patois de Boujacourt.
La Brie est la chambrière de la Champagne.
En Brie, les Piquebœufs.
Les fromages de Brie.

Les beuzons de Brienon.
Bussy-le-Repost.
Bussy-les-Mottes.
Bussy-l'Estrée.
Bussy-le-Château.
Les sorciers de Cernay.
A Cernay les cernigots.
A Châlons les belles femmes.
Les luz de Châlons.
Champagne la pouilleuse.
Les chevaliers de Champaigne.
Les embroués de Charmont.
Charmontois-l'Abbé.
Charmontois-le-Roi.

---

(1) Nous n'assumons en rien la responsabilité des épithètes peu flatteuses, que nos pères paraissent s'être adressées mutuellement. Nous n'y joindrons aucuns commentaires : notre publication n'est-elle pas déjà beaucoup trop longue ?

Le Chêne Populeux.
Les sorciers de Cheu.
Contault le Mau-pas.
Les ânes de Courgy.
Les sabotiers de Courlon.
Dampierre-le-Château.
Dommartin-la-Planchette.
Les veaux d'Ervy.
Etigny, où la brique prend le loup.
A Florent grand pot au feu, rien dedans.
Les ânes de Saint-Florentin.
Les borbotes de Saint-Florentin.
A la Saint George le fermier déloge.
Saint Georget, saint Marquet, saint Nicolaet sont trois mauvais garçonnets.
Les picavoines d'Hauterive.
Heiltz-le-Mau-rupt.
Heiltz-le-Hutier.
Les beuzons d'Héry.
Les maillotins de Joigny.
Les couteaux de Langres.
Les rais de Larchant.
Lignon. — V. Somsois.
Les seigneurs de Laon.
Saint-Lumier la populeuse.
Les bons hommes de Macheret.
Les glorieux de Mareuil.
Margerie. — V. Somsois.
Les anguilles de Marne.
Marquet. — V. Georget.
Saint-Martin l'heureux.
Saint-Martin l'horreur.
Saint-Martin la fosse.
Saint-Martin le boueux.
Saint-Martin le pauvre.
Saint-Martin le riche.
La crotte de Meaux.
Les maraudeurs de Sainte-Ménéhould.
Les pieds de Sainte-Ménéhould.
Les jolis cœurs du mont Saint-Sulpice.
Les sorciers de Montigny. — y.
Les ânes de Navarre. — m.
Nicolaet. — V. Georget.
On est rangé partout,
A Pomacle surtout.
A Pont tout larron — y.
Les sauteurs de Pontigny. — y.
Possesse la Florence. — m.
Les belles filles de Provins.
Les putains de Provins.
Le pers de Provins.
Les tanneurs de Provins.
Les personnes de Reims.
Les tapis de Reims.
Les faux dez de Reims.
Les beaux hommes de Reims.
Le pain d'épice de Reims.
Reims la brûlée. — m.
A la Saint Remy perdreaux sont perdrix.
Rilly-les-Oies.
Les corbeaux de Seignelay.
Les chétifs de Senlis.
Les crapauds de Sens.
Les cloistriers de Sens.
Les chanteurs de Sens.
Les docteurs de Serbonnes.
Serzy le Mau-pas.
Les ribauds de Soissons.
Sompy la Houzette.
Somsois. — Qui traversera Somsois sans être mocqué, Lignon sans être crotté, et atteindra Margerie sans monter, obtiendra une jolie fille sans la demander.
Les chopinaux de St-Souplet.
Li conteriaux de Troyes.
Les ribauds de Troyes.
Blanc de Troyes.
Les hures de Troyes.
Le fromage de Troyes.

Vanault-le-Chatel. — m.
Vanault-les-Dames. — m.
Vandy-la-Dolat. — m.
Les bons enfants de Vertus. — m.
Villeneuve-le-Roy. — y.
Les hiboux de Villeneuve-le-Roy.
Villeneuve-l'Archevêque.

Villers-Allerand, grande église et petites gens. — m.
A Villers-Allerand grandes filles à marier et rien à leur donner. — m.
Villers-aux-Anes. — m.
Vitry-le-Brulé. — m.
Vitry-le-François.
Les grenouilles de Voisines.— y.

EXEMPLES

DE MOTS USITÉS DANS LES DIALECTES DE CHAMPAGNE, QUI ONT MOINS QUE LES TERMES FRANÇAIS CORRESPONDANTS CONSERVÉ LA RACINE LATINE.

Redième.— Remède.— *Remedium.*
Ensanne.—Ensemble.— *Simul.*
Afant. — Enfant. — *Infans.*
Fim, fumi. — Fumier. — *Fumarium.*
Juni. — Jeuner. — *Jejunare.*
Oir. — Voir. — *Videre.*
Amin. — Ami. — *Amicus.*
Conte, conteure. — Contre.— *Contra.*
Det. — Doigt. — *Digitus.*
Groas. — Gras. — *Crassus.*
Gueurnier. — Grenier. — *Granarium.*
In, ein. — Un. — *Unus.*
Pa. — Par. — *Per.*
Pou. — Pour.— *Pro.*
Mié. — Miel.— *Mel.*
Vonte. — Votre. — *Vester.*
Mins-mis. — *Missus.*
Eune, ene.— Ne. — *Ne.*
Tale. — Table. — *Tabula.*
Té, tex. — Tel. — *Talis.*
Cadabre. -- Cadavre.—*Cadaver.*
Ieu. — Lieu. — *Locus.*
Yèvre. — Lièvre.— *Lepus.*
Uv. — Vous. — *Vos.*
Bue. — Bœuf. — *Bos, bovis.*
Majon.— Maison. — *Mansio.*
Soile. — Seigle. — *Secale.*
Meger, minger. — Manger. — *Manducare.*
Deigne. — Digne.— *Dignus.*
Digième. — Dixième.— *Decimus.*
Figni. — Finir. — *Finire.*
Hio. — Hier.— *Heri.*
Jeveau. — Cheval. — *Caballus.*
Mas. — Mais. — *Magis.*
Plagy. — Plaisir. — *Placere.*
Qué. — Quel. — *Qualis.*
Quémander. — Commander.— *Commendare.*
Tat. — Tant. — *Tantum.*
Vèche. — Vache. — *Vacca.*
Vive. — Vivre. — *Vivere.*
Vlin.— Venin. — *Venenum.*
Alost. — Alors. — *Ad horam.*
Figeons. — Faisons. — *Faciamus.*
Effin. — Enfin. — *In fine.*
Enai. — Anneau. — *Annulus.*
Venoinge. — Vendange. — *Vin-*

demia.
Vingne. — Vigne. — *Vinea.*
Erzain. — Raisin. — *Racemus.*
Tricol. — Tricolore. — *Tricolor.*
Chastris. — Castrat. — *Castratus.*
Affuler. — Affubler. — *Fibulare.*
Quéque. — Quelque. — *Qualiscumque.*
Chière. — Chère. — *Caro.*
Vié. — Vieux. — *Vetus.*
Aumaire. — Armoire. — *Armarium.*
Vinne. — Veine. — *Vena.*
Poureté. — Pauvreté. — *Paupertas.*
Pleume. — Plume. — *Pluma.*
Vé. — Vers. — *Versus.*
Cheminge. — Chemise. — *Camisia.*
Rouveson. — Rogation. — *Rogatio.*
Roye. — Raye. — *Radius.*
Fromer. — Fermer. — *Firmare.*
Fonme. — Femme. — *Femina.*
Fernête. — Fenêtre. — *Fenestra.*
Flau, flé. — Fléau. — *Flagellum.*

Exemples de termes originaires du latin abandonnés par le français, conservés par les patois de Champagne.

Itou. — *Ità, item.*
Oissor. — *Uxor.*
Aubier. — *Albus.*
Moult. — *Multum.*
Aubain. — *Album.*
Miche. — *Mica.*
Annue. — *In hoc die.*
A l'acoyau. — *Ad quietem.*
Géline. — *Gelina.*
Goulée. — *Gula.*
Etie. — *Iter.*
Ytrain, strain, estrain. — *Stramen.*
Quasi, quasiment. — *Quasi.*
Utinam! — *Utinam!*
Num? — *Num?*
Sanne. — *Signum* (cloche).
Clamer. — *Clamare.*
Ramon. — *Ramus.*
Rut, royat. — *Rivus, Ruere.*
Beyer, beer. — *Beare.*
Abarupte. — *Ab abrupto.*
Acourer. — *Ad curam.*
Je ne sume. — *Non sum minimè.*
Moyeu d'œuf. — *Medium ovi.*
Alipe. — *Alapa.*
Hucher. — *Vocare.*
Alquant, auquant. — *Aliquantus.*
Amey. — *Ad medium.*
Anate. — *Anas.*
Molan. — *Mola, molam.*
Anson. — *In sommum.*
Antan. — *Antè annum.*
Chescan. — *Quisque annus.*
Ante. — *Avita.*
Esse. — *Esse.*
Asson. — *Ad summum.*
Auque, yauque. — *Aliquod.*
Avesprement. — *Ad vesperum.*
Babelu, floveyeux. — *Fabulator.*
Bache. — *Bracca.*
Besaigue. — *Bis acuta.*
Bobée. — *Poppea.*
Campanier. — *Campanarius.*
Camplet. — *Campus.*
Capet. — *Caput.*
Coutre. — *Custodire.*
Raton. — *Radere.*

Cassine. — *Casale.*
Flaunière. — *Flavus.*
Chaineux. — *Canutus.*
Corbiner. — *Corvitare.*
Chalit. — *Casa lecti.*
Ennui. — *In hoc die.*
Auprume. — *Ad primum.*
Creuxier. — *Crux.*
Quoyon. — *Quietus.*
Dam. — *Damnum.*
Démicer. — *Mica.*
Délibérer. — *Liberare.*
Fournil. — *Fornix.*
Ecoyau. — *Quies.*
Egrot. — *Æger.*
Eissir. — *Exire.*
Eps. — *Apis.*
En estant. — *Stando.*
Ester. — *Stare.*
Esteule. — *Stipula.*
Euxer, exuer. — *Exire.*
Terras. — *Terra.*
Fau. — *Fagus.*
Foïr. — *Fodere.*
Fosser. — *Fossare.*
Fouace. — *Focus.*
Fusterie. — *Fustis.*
Fust. — *Fustis.*
Fustaille. — *Fustis.*
Gicler. — *Ejicere.*
Godailler. — *Gaudere.*
Goupil. — *Vulpes.*
Harper. — *Harpagare.*
Hougan. — *In hoc anno.*
Illec. — *Illic.*
Induizer. — *Indigere.*
Inquanter. — *In quantùm vendere.*
Jouste. — *Juxta.*
Let, lez. — *Latus.*
Vignier. — *Vinearius.*
Lumer. — *Luminare.*
Majeu. — *Majus, magis.*
Treube. — *Trabes.*
Vinée. — *Vinca.*
Marander. — *Merenda.*
Mérender. — *Merenda.*
Miton. — *Mitis.*
Naue. — *Navis.*
Novale. — *Novalis.*
Jachère. — *Jacere.*
Nun. — *Non unus.*
Pègre. — *Piger.*
Ayatzey. — *Ad viam.*
Vicaire. — *Victus.*
Paries. — *Paries.*
Raine des prés. — *Rana.*
Poplin. — *Populneus.*
Queire, quire. — *Quire.*
Quibus, du. — *Quibus.*
Queus. — *Queis* (Virgile).
Quoi. — *Quietus.*
Racoiser. — *Requiescere.*
Ramager. ramon. — *Ramus.*
Rassal. — *Rasus.*
Reciner. — *Rursus cœnare.*
Recoi. — *Requies.*
Soloir. — *Solere.*
Souvin. — *Supinus.*
Taie, taion. — *Atavus.*
Serveur. — *Servire.*
Traivotte, travette. — *Trabes.*
Seu, seute. — *Suile.*
Tripier, tripudier. — *Tripudiare.*
Mi, min. — *Minimè*
N'ème. — *Non est minimè.*
Moust. — *Mustum.*
Tripoter. — *Tripudiare.*
Foier. — *Fodere.*
Piot, potot, pot. — *Potare.*
Buge. — *Biga.*
Ure, ureau. — *Urus.*
Oùsque. — *Ubique.*
Vicquer. — *Victare.*
Vimaire. — *Vis major.*
Sapet. — *Sapidus.*
Vacant — *Vagans.*
Aspergès. — *Asperges.*

Capiton. — *Capito.*
Carper. — *Carpere.*
Surmot. — *Moustum.*
Duite. — *Ductus.*
Forces. — *Forceps.*
Macquer. — *Macerare.*
Nabine. — *Napina.*
Aliton. — *Alitus.*
Casiot, cazeret. — *Caseus.*
Chastron. — *Castratus.*
Chaseret, quazerette. — *Caseus.*

Fassiele. — *Fasciola.*
Quétine. — *Quieta.*
Sou. — *Suile.*
Soure. — *Sus.*
Taure. — *Taura.*
Torve. — *Torvus.*
Besivre. — *Bis ebrius.*
Bibeton. — *Bibere.*
Beurie. — *Biberius.*
Sapine. — *Sapinus.*

EXEMPLES

DE MOTS USITÉS EN CHAMPAGNE, CONSERVANT PLUS FIDÈLEMENT QUE LES MOTS FRANÇAIS CORRESPONDANTS LEUR RACINE LATINE.

Avene. — Avoine. — *Avena.*
Ben, bene. — Bien. — *Benè.*
Berbis. — Brebis. — *Vervex.*
Cabre. — Chèvre. — *Capra.*
Digette. — Disette. — *Indigere.*
Charre. — Chair. — *Caro.*
Ece. — Ce. — *Hicce.*
Eche, eje, euje. — Je. — *Ego.*
El. — Le. — *Ille.*
Mut. — Muet. — *Mutus.*
Je leus ai dit. — Je leur ai dit. — *Illis dixi.*
Ly. — Lui. — *Illi.*
Poine. — Peine. — *Pœna.*
Il ly disit. — Il lui dit. — *Illi dixit.*
Il fesit. — Il fit. — *Fecit.*
Mori. — Mourir. — *Mori.*
Flaon. — Flan. — *Flavus.*
Mu, mou. — mon. — *Meus.*
My. — Moi. — *Mihi.*
Servant. — Serjant. — *Serviens.*
Lée, leit. — Lit. — *Lectum.*

Pan. — Pain. — *Panis.*
Pis. — Pied. — *Pes.*
Saulx, — Saule. — *Salix.*
Ré, ren. — Rien. — *Res, rem.*
Je servo. — Je sers. — *Servio.*
Foaire. — Faire. — *Facere.*
Cœou. — Col. — *Collum.*
Iqui. — Ici. — *Hic.*
Solement. — Seulement. — *Solum.*
Agne. — Agneau. — *Agnellus.*
Qu'il diche. — Qu'il dise. — *Dicat.*
Assie, assiez. — Chez. — *Ad sedem.*
Venredi. — Vendredi. — *Veneris dies.*
Chapiex. — Chapeau. — *Capellus.*
Juene, june. — Jeune. — *Juvenis.*
Veuide. — Vide. — *Viduus.*
Chayère. — Chaise. — *Cathedra.*
Scrin. — Ecrin. — *Scrinium.*

Craire. — Croire. — *Credere.*
Tot. — Tout. — *Totus.*
Euste. — Ce. — *Iste.*
Lat. — Lait. — *Lac.*
Eus. — Ce. — *Hicce.*
Dœou, diou. — Deux. — *Duo.*
Meuil. — Mieux. — *Melius.*
Ej su. — Je suis. — *Ego sum.*
Soustet. — Sous le toit. — *Sub tecto.*
Il étouat. — Il était. — *Stabat.*
Ti. — Toi. — *Tibi.*
Ungle. — Ongle. — *Unguis.*
Viau. — Veau. — *Vitulus.*
J' sumes. — Nous sommes. — *Sumus.*
Toale. — Table. — *Tabula.*
Il donouat. — Il donnait. — *Donabat.*
Aine. — Ane. — *Asinus.*
Pauc, poc. — Peu. — *Paucum.*
Pœou. — Peur. — *Pavor.*
Millio. — Meilleur. — *Melior.*
Gau, co. — Coq. — *Gallus.*
Chouse. — Chose. — *Causa.*
Chaad, Chaod. — Chaud. — *Calidus.*
J'oa. — J'ai. — *Habeo.*
Péere, péare. — Père. — *Pater.*
Formage. — Fromage. — *Forma.*
Fouille. — Feuille. — *Folium.*
Neche. — Neige. — *Nix.*
Pichon. — Poisson. — *Piscis.*
J' sero. — Je serai. — *Ego ero.*
Boère. — Boire. — *Bibere.*
Hordeu. — Orge. — *Hordeum.*
Cnas. — Canard. — *Anas.*
Il plu. — Il pleut. — *Pluit.*
Hodjeu. — Aujourd'hui. — *In hoc die.*
Til. — Tilleul. — *Tilia.*
Meitian. — Moitié. — *Medium.*
Pau, paul. — Peu. — *Paulo.*
Louil. — Lui. — *Illi.*
Pocho, un. — Un peu. — *Paucum.*
Peuple, poplin. — Peuplier. — *Populus, populneus.*
Util. — Outil. — *Utile.*
Ad. — A. — *Ad.*
Sou. — Son. — *Suus.*
Cras. — Gras. — *Crassus.*
Stauve. — Etable. — *Stabulum.*
Nusette — Noisette. — *Nux.*
Tieule, teule. — Tuile. — *Tegula.*
Paschis. — Paturage. — *Pascere.*
Vendemier. — Vendanger. — *Vendemiare.*
Flayau. — Fléau — *Flagellum.*
Aborter. — Avorter. — *Abortare.*
Aroi, aran, ran. — Bélier. — *Aries.*
Bercier. — Berger. — *Vervex.*
Espinoche. — Epinard. — *Spinachium.*
Dret. — Droit. — *Directus.*
Fener. — Faner. — *Fenum.*
Telle. — Toile. — *Tela.*
Lingue. — Langue. — *Lingua.*
Envier. — Envoyer. — *In viam.*
Accrais. — Accroissement. — *Accrescere.*
Austarde. — Outarde. — *Avis tarda.*
Cadène, caëne. — Chaîne. — *Catena.*
Camise. — Chemise. — *Camisia.*
Oile. — Huile. — *Olea.*
Flache. — Flasque. — *Flaccidus.*

Crasser. — Engraisser. — *Crassescere.*
Gaudir. — Jouir. — *Gaudere.*
Scole. — Ecole. — *Schola.*
Mitan. — Milieu. — *Medium.*
Fiete. — Foi. — *Fides.*
Iche. — Ici. — *Hic.*
Hostieux. — Hôtel. — *Hospitium.*
Mole. — Meule. — *Moles.*
Nabine, nabot. — Navet. — *Napus.*
Neux. — Noix. — *Nux.*
Sommon. — Saumon de métal. — *Summa.*
Plueve. — Pluie. — *Pluvia.*
Pupu. — Huppe. — *Upupa.*
Rader. — Raser. — *Radere.*
Rape, rapois. — Rave. — *Rapum.*
Stoupe. — Etoupe. — *Stupa.*
Tect, tet. — Toit. — *Tectum.*
Séquer. — Sécher. — *Siccare.*
Erso. — Hier soir. — *Heri serò.*
Treulle. — Truble. — *Trulla.*
Vacque. — Vague. — *Vacuus.*
Vaucelle. — Vallon. — *Vallicula.*
Veher. — Voir. — *Videre.*
Vion. — Voie. — *Via.*
Vué. — Gué. — *Vadus.*
Courps. — Corps. — *Corpus.*

Il det, il debt. — Il doit. — *Debet.*
Wouaspe. — Guêpe. — *Vespa.*
Cap. — Chef. — *Caput.*
Faisommes. — Faisons. — *Faciamus.*
Carde. — Chardon. — *Carduus.*
Lentillat. — Lentille. — *Lenticula.*
Aguille. — Aiguille. — *Acus.*
Nourri. — Nourriture. — *Nutritus.*
Poicher. — Paître. — *Pascere.*
Taur. — Taureau. — *Taurus.*
Cherre. — Cheoir. — *Cadere.*
Vaque. — Vache. — *Vacca.*
Aouer. — Avoir. — *Habere.*
Vaquerie. — Vacherie. — *Vacca.*
Haour. — Heure. — *Hora.*
Advoutrer. — Altérer. — *Adulterare.*
Assade, assa. — Hache. — *Ascia.*
Bouchel. — Bouteille. — *Buccella.*
Raissin, raichin, raixin. — Raisin. — *Racemus.*
Ul, eul. — Le. — *Ille, illum.*
Y. — Lui, il. — *Illi.*
Ils arint. — Ils auraient. — *Haberent.*

COMME LES PEIGRES JASPINENT A REIMS QUAND ILS ONT LA TRAQUE D'ÊTRE ENTRAVÉS PAR LA MUSIQUE (1).

Air, se donner de l'. — Fuir.
Avitrer dans le sac. — Déménager par la fenêtre.
Babillarde. — Lettre.
Bain de pied, prendre un. — Se noyer.
Balles, vingt. — Vingt francs.
Barbotter. — Fouiller.
Berge. — Une année de prison.
Blavin. — Mouchoir.
Bogue en jonc. — Montre en or.
Bogue brifaudée. — Montre d'argent.
Broder. — Ecrire.
Brutal. — V : Larton.
Brifaudée. — V : Bogue.
Cadet. — Instrument pour enfoncer une porte.
Campagne. — V : Garçon.
Care. — Cachette.
Carme, filer du. — Donner de l'argent.
Carouble. — Clef.
Casserolle. — V : Remuer.
Chanter, faire. — Faire contribuer.
Chiffon rouge. — Langue.
Coloquet. — Chapeau.
Coloquinte. — Tête.
Couper dans le pont. — Se tromper, croire ce qui n'est pas.
Couvrante. — Casquette.
Crignol. — Viande.

Crucifix à ressort. — Pistolet.
Débine, être de la. — Être malheureux.
Décarer. — Partir.
Déguerpir. — Fuir.
Délourder. — Dépouiller, mettre nu.
Duraille. — V : Faucher.
Entraver. — Comprendre.
Epouser la veuve. — Être mis à mort.
Escarper. — Tuer, meurtrir.
Fabricant de poussière. — Faux monnoyeur.
Faucher la duraille. — Couper ses fers.
Ferlampier le sic. — Casser ses fers.
Fesar, faire le. — Faire des faux.
Filer. — V : Carme.
Filoche, friser une. — Voler dans la poche.
Flan, du. — C'est vrai.
Flouer. — Voler, jouer.
Fourgue. — Revendeur.
Fourguer. — Vendre.
Frangin. — Ami, camarade.
Frincmont. — Crime.
Friser. — V : Filoche.
Frottin. — Souteneur.
Fafe. — Guet.
Galegère. — Femme.

---

(1) Ce court glossaire d'argot a été recueilli dans la maison de détention de Reims.

Garçon de campagne. — Voleur de grand chemin.
Gars. — Chef de bande.
Gerber. — Condamner.
Gerber à la posse. — Condamner à mort.
Gigolette. — Femme publique.
Grinche. — Voleur.
Grinchir. — Voler.
Guérir de sa maladie. — Se sauver.
Jappe. — Langue.
Jaspiner. — Parler.
Jonc. — V : Bogue.
Lacets, marchand de. — Gendarme.
Lance. — Eau.
Largue. — Femme, épouse.
Larton brutal. — Pain bis.
Larton savonné. — Pain blanc.
Libet. — Portefeuille.
Lièvre. — Gendarme.
Lustre, veiller au. — Faire le guet.
Manger le morceau. — Révéler.
Marchand. — V : Lacet.
Marine, la petite. — Les galères.
Marquis. — Un mois de prison.
Mèche. — Moitié, demi.
Mecque. — Homme.
Messière. — Bourgeois.
Miché. — Souteneur.
Montant. — Pantalon.
Morceau. — V : Manger.
Morfiller. — Manger.
Musique. — Police.
Nicque, faire. — Saisir au col.
Ombre, être à l'. — Être en prison.
Peigre. — Voleur.
Pelure. — Redingotte.
Pied de biche. — V : Cadet.
Pivois. — Vin.
Placarde. — Place d'exécution.
Plombes, six. — Six heures.
Pont. — V : Couper.
Posse. — V : Gerber.
Poussière. — V : Fabricant.
Profonde. — Poche.
Raisiné. — Sang répandu.
Réfroidir. — Tuer.
Remuer la casserolle. — Faire une fausse déclaration.
Rengracier le chiffon rouge. — Se taire.
Ressort. — V. Pistolet.
Retailler. — Regarder.
Rifandel. — Complice, associé.
Riffe. — Feu.
Roodon. — Manteau.
Rouler sur la vergue. — Emporter le butin.
Roupillier. — Dormir.
Rousse. — Police.
Sac. — V. Avitrer.
Sac à viande. — Chemise.
Saigner. — Blesser, tuer.
Sanglier. — Prêtre.
Savonné. — V. Larton.
Sic. — V. Ferlampier.
Sifflet. — Gosier.
Silloner. — V. Sioner.
Simple, l'heure du. — La brune.
Sioner. — Donner un coup de couteau.
Sonder le libet. — Visiter le portefeuille.
Sorgue. — Nuit.
Soulager. — Tuer.
Surin. — Couteau.
Taffetas. — V. Tisser.
Tirans. — Bas.
Tisser du taffetas. — Voler à l'étalage.
Tocquante. — Montre.
Traque. — Peur.
Trifailles, mes. — Mes enfants.
Trimar. — Route.

Trottin. — Soulier.
Vergue. — V. Rouler.
Veuve. — V. Epouser.

Vingt-deux. — Poignard.
Vogue, donner du. — Raccro-
cher (1).

---

(1) A Varrèdes, près de Germiny en Brie, vivait vers 1650 un nommé Adam Dupuis, qui parvint à la dignité de grand maître des gueux du royaume, et qui la méritait. Il passait pour avoir inventé l'argot. Cette tradition est nécessairement erronée : Dupuis travailla peut-être au remaniement de cette langue mobile. — On trouve quelques détails sur ce personnage dans la Description de la France, par Piganiol de la Force, t. III, p. 357.

TABLE.

PREMIER VOLUME.

Recherches sur l'Histoire du Langage et des Patois de Champagne,	I.
Du Langage dans la Gaule Belgique avant l'arrivée de César,	I.
Du Langage en Champagne depuis l'arrivée de César jusqu'à celle des Francs,	xvij.
Du Langage depuis l'an 420 jusqu'à la fin du viiie siècle,	xxij.
Histoire du Langage depuis le ixe siècle jusqu'à la fin du xe,	xxviij.
Période du xie et du xiie siècle,	xxvij.
De la Langue française en Champagne depuis le xiiie siècle jusqu'à la réunion de ce comté à la couronne de France, en 1328,	xlix.
Période du xive siècle jusqu'à nos jours,	lvj.
Des Patois de Champagne,	lxj.

Monuments de l'ancien langage en Champagne et dans la province ecclésiastique de Reims,	1.
Noms gaulois antérieurs à l'ère chrétienne,	3.

Noms des chefs gaulois et belges postérieurs à la conquête,	4.
Noms extraits de divers monuments antérieurs à l'arrivée des Francs,	4.
Oraison dominicale en langue armoricaine,	5.
Langue des Francs avant 420,	5.
Lettre de saint Remi à Clovis,	6.
Testament de saint Remi.,	6.
Introduction de la langue des Francs dans la langue latine,	7.
Lettre des Pères du concile de Paris à Gilles, archevêque de Reims, 560,	7.
Charte de fondation du monastère de Saint-Michel sur Meuse,	8.
Fragment d'une charte de Clotaire II, 584,	8.
Charte du roi Dagobert, 620,	9.
Confessio cujusdam Genechiselo,	9.
Noms gaulois ou francs admis dans des textes latins du viie siècle,	10.
Fragment d'une charte du viie siècle,	10.
Noms du viie siècle,	10.
Diplôme de Childebert III, 698,	11.
Actes du concile de Lestines, 743,	11.
Langue des Francs,	11.
Mots et noms francs ou gaulois contenus dans des textes latins du viiie siècle,	13.
Litaniæ Caroliæ,	13.
Oraison dominicale en langue des Francs, 813,	14.
Mots et noms francs ou gaulois admis dans des textes latins du ixe siècle,	15.
Monuments des langues franque et romane, 842,	16.
Liber evangeliorum in Theodiscam linguam versus,	18.
Traité de paix de 860,	20.
Mots et noms francs et gaulois insérés dans des textes latins, ixe siècle,	21.
Chanson en langue Franque, 883,	22.

Noms romains et gaulois admis dans des textes latins,	22.
Charte d'Adalberon, evq de Metz, en roman, 940,	23.
Noms contenus dans une lettre d'Artauld, archevêque de Reims, 940,	23.
Id. Id. dans une charte d'Arnould, archevêque de Reims, 989,	23.
Noms français admis dans des textes latins, xe siècle,	24.
Boèce. — Poème en langue romane,	24.
Fragment en langue romane extrait d'un m^{lt} de Saint-Benoist-sur-Loire,	25.
Noms français compris dans divers actes du xie siècle,	27.
L'épistre de M. Saint Estienne, chantée à Soissons dans le xiie siècle,	29.
Fragment de la Passion en français, xiie siècle,	30.
Noms français extraits de textes latins du xiie siècle,	30.
Charte de Renaud, comte de Bar, 1118,	34.
Priviléges accordés par Louis-le-Gros aux habitants de Beauvais,	35.
Vers latins de Frowinus, 1100, 1150,	36.
Li secunds livres des Reis, 1080, 1150,	37.
Liber lapidum. — Traduction, 1125,	39.
Charte de l'abbaye de Hennecourt, 1133,	40.
Charte de Louis VII, 1137,	40.
Sermons de saint Bernard,	42.
Lettre de saint Bernard,	43.
Charte de Louis VII, 1147,	44.
Charte de Philippe-Auguste, 1180,	45.
Fragment du roman d'Aubery le Bourgoing,	46.
La charte Wilelmine (Reims), 1182,	47.
Chrestien de Troyes. — Fragment et chanson.	48
Le trouvère de Choiseul,	51.
Geoffroy de Villehardouin. — Fragment,	52.
Colin Muset — Chanson,	53.

Bertrand de Bar-sur-Aube. — Fragment,	55.
Charte de Gaucher, sire de Nanteuil, 1239,	57.
Philippe de Nanteuil. — Chanson,	58.
Charte de Guy, sire d'Arcy-le-Ponsart,	58.
Li Quens de Rouci. — Chanson,	59.
Style judiciaire à Reims,	60.
Robert de Rains. — Chanson,	61.
Traité entre l'archevêque de Reims et l'évêque de Liége, 1259,	62.
Chronique de Rains. — Fragments,	63.
Charte relative au comté de Rethel, 1249,	65.
Le sire de Joinville. — Fragments,	66.
Style judiciaire à Reims, 1302,	66.
Testament de François de Provins, 1346,	67.
Plais en prévosté de Reims, 1344,	67.
Philippe de Vitry. — Fragments,	68.
Le Clerc de Troyes.— Fragment, 1360, 1370,	69.
Guillaume de Machault. — Fragment, 1350, 1377,	73.
Lettre des Rémois au roi Jean, 1361,	74.
Eustache Deschamps, 1370, 1410,	75.
Lettre circulaire des arbalétriers de Sézanne, 1415.	77.
Style judiciaire à Reims, 1472,	78.
Statistique de Reims, 1482,	79.
Le mystère de la Passion à Reims, 1530,	80.
Les mémoires de Jehan Pussot. — Extrait,	81.
René de La Chèze. — Quatrains,	82.
Jean de Lafontaine,	83.
Jean Racine,	85.

Patois de Champagne,	89.
L'épitre de Monsieur Saint Etienne,	89.
Le Noël de Reims,	93.
Patois de la Marne,	96.
Patois de la commune de Béru,	97.

Patois de la commune d'Auve,	105.
Patois du canton de Sainte-Menéhould,	112.
Chanson de la commune des Islettes,	115.
Patois de la commune de Somme-Tourbe,	116.
Patois de la commune de Possesse,	122.
Patois de la commune d'Alliancelles,	127.
Patois du canton de Sompuis,	133.
Patois de la commune de Suippes,	134.
Patois de la commune de Courtisols,	135.
Patois de la Haute-Marne,	140.
Patois de la commune des Riceys,	144.
Patois des Ardennes,	151.
Patois de la commune de Sommepy,	163.
Patois de Troyes,	170.
Patois des environs de Sézanne.	171.

SECOND VOLUME.

Glossaire de Champagne, ancien et moderne,	1.
Glossaire ancien et moderne du fabricant de Champagne,	151.
Glossaire ancien et moderne du berger Champenois,	177.
Glossaire ancien et moderne du cabaretier et du vigneron de Champagne,	190.
Altérations apportées en Champagne à quelques noms et prénoms,	213.
Treizième siècle. — Premiers noms et surnoms adoptés par les familles de Reims,	215.
Quatorzième siècle. — id.	216.
Surnoms historiques de quelques villes et	

villages de Champagne. — Locutions proverbiales les concernant, 218.

Tableau, où sont réunies quelques unes des variations subies dans les patois de Champagne par la prononciation de la langue française, 220.

Exemples de mots usités dans les dialectes de Champagne, qui ont, moins que les termes français correspondants, conservé la racine latine,

Exemples de termes originaires du latin abandonnés par le français, conservés par les patois de Champagne, 221.

Exemples de mots usités en Champagne conservant, plus fidèlement que les mots français correspondants, leur racine latine, 223.

Comme les Peigres jaspinent à Reims, quand ils ont la traque d'être entravés par la musique, 226.

Table, 229.

REIMS. — IMP. DE P. REGNIER.

www.ingramcontent.com/pod-product-compliance
Lightning Source LLC
Chambersburg PA
CBHW060128170426
43198CB00010B/1083